高职高专"十三五"规划教材

商务礼仪与实训

第三版

罗树宁　主编　　李妙玲　梁长来　副主编

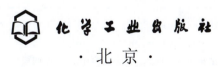

化学工业出版社

·北京·

本书根据高职高专院校人才培养定位以及商务行业服务人员的实际需要来设置教材内容，侧重实用性、可操作性，针对性强，注重技能训练。本书内容包括商务礼仪的基本理念、个人形象礼仪、日常交际礼仪、常用公务礼仪、商务仪式礼仪、餐饮礼仪、语言交际礼仪、应聘礼仪、商务娱乐休闲活动礼仪、商务涉外礼仪等十个学习情境。本书有配套的电子教案，可登录 www.cipedu.com.cn 免费下载。

本书主要适用作高职高专院校商务管理、市场营销、国际贸易、商务文秘、涉外文秘、电子商务、旅游管理等专业的学生教材，也可供企事业单位作为培训课程的教材使用。

图书在版编目（CIP）数据

商务礼仪与实训/罗树宁主编 . —3 版 . —北京：化学工业出版社，2018.1（2023.1重印）
ISBN 978-7-122-30723-1

Ⅰ.①商… Ⅱ.①罗… Ⅲ.①商务-礼仪-高等职业教育-教材 Ⅳ.①F718

中国版本图书馆 CIP 数据核字（2017）第 243690 号

责任编辑：蔡洪伟　　　　　　　　　　　　文字编辑：林　嫒
责任校对：边　涛　　　　　　　　　　　　装帧设计：王晓宇

出版发行：化学工业出版社（北京市东城区青年湖南街 13 号　邮政编码 100011）
印　　装：大厂聚鑫印刷有限责任公司
787mm×1092mm　1/16　印张 13¼　字数 269 千字　2023 年 1 月北京第 3 版第 7 次印刷

购书咨询：010-64518888　　　　　　　　　　　售后服务：010-64518899
网　　址：http://www.cip.com.cn
凡购买本书，如有缺损质量问题，本社销售中心负责调换。

定　价：29.00元　　　　　　　　　　　　　　　　　版权所有　违者必究

第三版前言
FORWORD

礼仪是指在人际交往中，自始至终地以一定的、约定俗成的程序、方式来表现的律己、敬人的完整行为。礼仪最基本的功能就是规范各种行为。西方人把它当作"人际关系的通行证"，而在职场中，遵循礼仪规范就是一张不可或缺的"职场通行证"。

礼仪看起来虽然是生活小节，但在某些场合却代表着个人、组织甚至是国家、民族的形象，成为一个国家和民族文明程度高低的标志，体现着人们的文化教养和道德水平。因此，要想在工作中成为一个懂礼仪、善交际、受尊重的人，就必须熟练地掌握各种礼仪规范，使自己身处不同场合，面对不同人群时，都能够游刃有余，轻松自如。

礼仪是一门综合性很强的行为科学，具有很强的可操作性。为了实现高等职业教育培养面向生产、建设、管理、服务第一线的高等技术应用性专门人才的目标，培养出合格的、高质量的新型实用型高等职业从业人员，我们组织编写了《商务礼仪与实训》教材。本教材自 2009 年出版以来，多次重印，得到了使用学校的一致好评。但随着教学改革的不断推进，有许多新的教学理念需要引入教材，以满足广大读者的需求，为此我们对本书进行了修订再版。

本次修订以就业为导向，以任务为引领，项目主导，创设符合岗位需求的学习情境，安排符合实际的实训内容，标准明确，体现岗位技能要求，注重提高学生操作能力的培养。在内容上，力求以基本概念和原理为主，注重理论联系实际，突出能力培养，兼顾知识性，努力提高教材的实用性和使用范围。本书主要适用于高职高专院校商务管理专业、市场营销专业、国际贸易专业、商务文秘专业、涉外文秘专业、电子商务专业、旅游管理专业，也可供企事业单位作为培训课程的教材使用。

本书由广西工业职业技术学院罗树宁负责组织编写并担任主编，河南鹤壁职业技术学院梁长来、广西工业职业技术学院李妙玲任副主编，广西工业职业技术学院的郭上玲和韦红宁、河南鹤壁职业技术学院的郭桂玲参加了本书的编写。全书共分十个学习情境，罗树宁编写学习情境一、四、六、七；郭桂玲编写学习情境二、三、九；梁长来编写学习情境五；韦红宁编写学习情境八；郭上玲编写学习情境十。全书由罗树宁、段莹、隆慧最后统稿并审定，配套电子教案由李妙玲制作。

本书在编写过程中，参考了大量礼仪方面的文献和资料，在此谨向相关的专家、作者表示衷心的感谢！

由于时间仓促，编者的知识水平有限，本书难免存在不足和欠妥之处，敬请读者批评指正，以臻完善。

编者
2017 年 9 月

目录 CONTENTS

学习情境一　了解商务礼仪基本理念　1

【学习目标】……1
【情境导入】……1
【项目任务】……1
【理论知识】……1
　一、礼仪的含义……2
　二、商务礼仪的作用……3
　三、商务礼仪应遵循的基本规律和主要原则……6
　四、商务人员的基本修养……9
小结……12
综合训练……12

学习情境二　塑造商务人员个人形象　15

【学习目标】……15
任务一　仪表礼仪……15
　【情境导入】……15
　【项目任务】……15
　【理论知识】……15
　　一、仪表的概念……15
　　二、注重仪表的意义……16
　　三、仪表美的基本要求……16
　【单项训练】……21
任务二　仪态礼仪……22
　【情境导入】……22
　【项目任务】……22
　【理论知识】……22
　　一、仪态的含义……22
　　二、表情礼仪……22
　　三、正确得体的体态……26
　【单项训练】……34
任务三　服饰礼仪……35
　【情境导入】……35
　【项目任务】……35
　【理论知识】……35
　　一、服饰穿戴的礼仪原则……36

二、不同场合的不同着装要求 ………………………………………………… 37
三、服饰色彩的搭配 …………………………………………………………… 38
四、潇洒的男士西装 …………………………………………………………… 39
五、端庄的女士西装套裙 ……………………………………………………… 40
六、高贵的礼服 ………………………………………………………………… 41
七、画龙点睛的饰品 …………………………………………………………… 43
【单项训练】 ……………………………………………………………………… 45
小结 ………………………………………………………………………………… 46
综合训练 …………………………………………………………………………… 46

学习情境三　运用商务日常交际礼仪　　　　　　　　　　　　　　　49

【学习目标】 ……………………………………………………………………… 49
【情境导入】 ……………………………………………………………………… 49
【项目任务】 ……………………………………………………………………… 49
【理论知识】 ……………………………………………………………………… 49
任务一　称呼与问候 ……………………………………………………………… 49
　　一、称呼礼仪 ………………………………………………………………… 49
　　二、问候礼仪 ………………………………………………………………… 52
【单项训练】 ……………………………………………………………………… 53
任务二　介绍礼节 ………………………………………………………………… 54
　　一、介绍应遵循的顺序 ……………………………………………………… 54
　　二、介绍的种类及方法 ……………………………………………………… 55
【单项训练】 ……………………………………………………………………… 58
任务三　日常交往中的见面礼节 ………………………………………………… 58
　　一、握手礼 …………………………………………………………………… 58
　　二、鞠躬礼 …………………………………………………………………… 60
　　三、合十礼 …………………………………………………………………… 61
　　四、拥抱礼 …………………………………………………………………… 62
【单项训练】 ……………………………………………………………………… 63
任务四　礼貌语言的使用 ………………………………………………………… 63
　　一、礼貌用语的概念 ………………………………………………………… 63
　　二、礼貌用语的基本形式 …………………………………………………… 63
　　三、礼貌用语的正确使用 …………………………………………………… 65
【单项训练】 ……………………………………………………………………… 66
任务五　名片礼节 ………………………………………………………………… 66
　　一、名片的主要作用 ………………………………………………………… 67
　　二、使用名片的礼节 ………………………………………………………… 67
【单项训练】 ……………………………………………………………………… 68

小结 ··· 68
综合训练 ··· 68

学习情境四　掌握常用公务礼仪　　　　　　　　　　　　　　　　70

【学习目标】 ··· 70
任务一　办公室礼仪 ··· 70
【情境导入】 ··· 70
【项目任务】 ··· 70
【理论知识】 ··· 70
一、办公室的布置 ··· 71
二、办公室人员的个人形象 ··· 71
三、办公室的人际关系 ··· 73
【单项训练】 ··· 73
任务二　商务交往中的位次排列礼仪 ··· 73
【情境导入】 ··· 73
【项目任务】 ··· 74
【理论知识】 ··· 74
一、行进中的位次排列 ··· 74
二、乘坐汽车的位次排列 ··· 75
三、会客时的位次排列 ··· 75
四、谈判的位次排列 ·· 76
五、签字仪式的位次排列 ··· 76
六、会议的位次排列 ·· 77
七、宴会的位次排列 ·· 78
八、旗帜的位次排列 ·· 79
【单项训练】 ··· 80
任务三　商务接待与拜访礼仪 ··· 81
【情境导入】 ··· 81
【项目任务】 ··· 81
【理论知识】 ··· 81
一、商务接待礼仪 ··· 82
二、商务拜访礼仪 ··· 84
【单项训练】 ··· 85
任务四　礼品馈赠礼仪 ··· 85
【情境导入】 ··· 85
【项目任务】 ··· 85
【理论知识】 ··· 85
一、选择礼品 ·· 85

二、赠送礼品 ·· 86
　　三、接受礼品 ·· 87
　　四、各国赠礼习俗 ·· 87
　　五、鲜花礼仪 ·· 89
【单项训练】 ·· 93
任务五　电话礼仪 ·· 93
【情境导入】 ·· 93
【项目任务】 ·· 93
【理论知识】 ·· 93
　　一、拨打电话 ·· 93
　　二、接听电话 ·· 94
　　三、代接电话 ·· 95
【单项训练】 ·· 97
任务六　商务谈判礼仪 ·· 97
【情境导入】 ·· 97
【项目任务】 ·· 97
【理论知识】 ·· 97
　　一、谈判准备 ·· 98
　　二、谈判之初 ·· 99
　　三、谈判之中 ·· 99
　　四、谈后签约 ·· 102
　　五、不同客商的谈判风格 ·································· 103
【单项训练】 ·· 105
小结 ·· 106
综合训练 ·· 106

学习情境五　实施商务专题仪式活动　108

【学习目标】 ·· 108
【情境导入】 ·· 108
【项目任务】 ·· 108
【理论知识】 ·· 108
　　一、签字仪式 ·· 108
　　二、开业典礼 ·· 111
　　三、剪彩仪式 ·· 112
　　四、商品展销会 ··· 115
　　五、新产品发布会 ·· 116
小结 ·· 118
综合训练 ·· 118

学习情境六　熟识各类商务餐饮活动　120

【学习目标】 120
【情境导入】 120
【项目任务】 120
【理论知识】 120
任务一　宴请礼仪 120
　一、常见的宴请方式 121
　二、宴请礼仪 123
【单项训练】 126
任务二　中餐礼仪 126
　一、菜单的选择 126
　二、中餐餐具的使用 127
　三、用餐的礼仪 129
【单项训练】 129
任务三　西餐礼仪 129
　一、5M 原则 130
　二、上菜顺序 131
　三、餐具的使用 132
　四、吃西餐的方法 135
【单项训练】 138
任务四　饮茶礼仪 138
　一、敬茶与饮茶 138
　二、绿茶冲泡饮用礼仪 139
　三、红茶冲泡饮用礼仪 140
　四、乌龙茶冲泡饮用礼仪 141
　五、各国饮茶礼仪 141
【单项训练】 142
小结 142
综合训练 142

学习情境七　掌握职场语言交际礼仪　145

【学习目标】 145
任务一　语言交际的基本要求 145
【情境导入】 145
【项目任务】 145
【理论知识】 145
　一、语言交际的基本要求 146
　二、语言交际的基本原则 146

【单项训练】 147
任务二　交谈礼仪 147
　　【情境导入】 147
　　【项目任务】 148
　　【理论知识】 148
　　　　一、选择话题 148
　　　　二、善于表达 149
　　【单项训练】 150
任务三　商务文书礼仪 150
　　【情境导入】 150
　　【项目任务】 150
　　【理论知识】 151
　　　　一、邀请 151
　　　　二、应邀 152
　　　　三、迎来送往 153
　　　　四、祝贺词 155
　　【单项训练】 156
任务四　商务演讲礼仪 156
　　【情境导入】 156
　　【项目任务】 157
　　【理论知识】 157
　　　　一、商务演讲的基本要求 157
　　　　二、商务演讲中的个人魅力 158
　　　　三、商务演讲的语言基本要求 158
　　　　四、商务演讲的训练重点 159
　　【单项训练】 160
小结 162
综合训练 162

学习情境八　掌握应聘面试礼仪　164

【学习目标】 164
【情境导入】 164
【项目任务】 164
【理论知识】 164
任务一　应聘面试开始之前的礼仪 164
　　一、写好求职信 164
　　二、准备好简历 167
　　三、服饰要得体 168

　　　　四、仪容要整洁 170
　　　　五、应聘要守时 170
　　　【单项训练】 171
　　任务二　应聘面试进行之中的礼仪 171
　　　　一、走进房间 171
　　　　二、与考官交流 171
　　　　三、面试结束 173
　　　【单项训练】 173
　　任务三　应聘面试结束之后的礼仪 173
　　　　一、致谢 173
　　　　二、查询结果 174
　　　　三、接收录取通知 174
　　　【单项训练】 175
　　小结 175
　　综合训练 175

学习情境九　了解商务娱乐休闲活动礼仪　　177

　　【学习目标】 177
　　【情境导入】 177
　　【项目任务】 177
　　【理论知识】 177
　　　　一、舞会礼仪 177
　　　　二、观看芭蕾、音乐会、歌剧礼仪 179
　　　　三、观看体育比赛的礼仪 181
　　　　四、商务旅游礼仪 183
　　小结 184
　　综合训练 185

学习情境十　熟悉商务涉外礼仪　　186

　　【学习目标】 186
　　【情境导入】 186
　　【项目任务】 186
　　【理论知识】 186
　　　　一、外国人见面交往习俗及体态体姿习俗 186
　　　　二、商贸业务礼仪 193
　　小结 200
　　综合训练 200

参考文献　　202

学习情境一
了解商务礼仪基本理念

【学习目标】

通过学习，应该达到以下目标：

（1）知识目标　了解礼仪的基本概念，掌握商务礼仪的含义及其作用。

（2）能力目标　熟悉并掌握商务礼仪应遵循的基本规律和主要原则，具备商务人员的基本修养。

【情境导入】

千惠购物中心是一家中外合资的大型商业零售企业，刘芸是购物中心的客户服务部主管。上午8点，刘芸开始为上班做准备。她把乌黑的长发用黑色发饰盘好，化了淡妆，穿好制服套装。9点，刘芸来到办公室，对办公室稍作整理，然后下楼对商场内部做了一番巡视，仔细检查有没有疏漏之处，会不会对客户造成不良影响。10点整是商场开门的时间，刘芸和员工们站在大门口、柜台前、电梯旁恭迎首批顾客的到来。随着顾客的增多，刘芸也愈加忙碌。下午4点，刘芸经过一个专柜，听到了一位女士的怒吼："你们卖的是什么产品?!衣服洗了一次就皱成这个样子，我花这么多钱买件衣服就只能穿一次吗？我要退货！"刘芸一看周围已经开始有人看热闹，赶紧对这位女士说："对不起，是我们工作没做好。请到我办公室来，我们一起来把问题解决好。"到了办公室后，刘芸先给顾客倒了一杯水，接着耐心倾听顾客的陈述，然后用轻柔的语气对顾客说："您看，这件衣服是棉麻质地的，是不能用洗衣机洗涤的。我们的服务员没有向您说明，这是我们的失误。您看这样好不好？我们负责帮您洗好熨好，您拿回家如果用手洗还是这个样子，我们一定给您退货。"听了刘芸的话，顾客气也消了，满意而归。晚上10点，刘芸和员工们一起恭送最后一批顾客之后，结束了既充实又劳累的一天。

【项目任务】

礼仪其实就是人与人之间如何交往，礼仪在人的交往中有什么作用？我们应该遵循哪些基本规律和原则？身为商务人员，应该具备怎样的素质和修养？

【理论知识】

我国是具有悠久历史的文明古国，素有"礼仪之邦"的美称。古人有云："中国有礼仪之大，故称夏，有服章之美，谓之华。"可见，我国有"华夏"之称来源于具有良好的礼仪风范和优美的文化传统。《荀子·修身篇》称"人无礼则不生，事无礼则不成，国家无礼则不宁"，更有古人曾经指出"礼义廉耻，国之四维"，将"礼"列为立国的精神要素之本，把无礼、失礼看成是令人羞耻的行为。唐宋以前，中华文化是优雅的代名词，中国是礼仪输出国。史载中国商人到东南亚去，被看作来自礼仪之邦的人上人，甚至免费食宿。日本和朝鲜对中华文化的模仿亦步亦趋。

在西方，"礼仪"一词最早源于法语 etiquette，原意是进入法庭时应遵守的规矩、秩序，通常写在一块长方形的纸板上，被当作"法庭上的通行证"。进入英文后，便有了规矩、礼节、礼仪之意，西方人把它当作"人际关系的通行证"，认为它"比最高的智慧，比一切学识都重要"（赫尔岑语）。

可见，无论是在中国，还是在西方，礼仪都具有悠久的历史，都伴随着人类文明而发展，是人类珍贵的财富。随着我国市场经济的日益发展，对外交往日益增多，礼仪在社会交往中起着越来越重要的作用。新加坡前总理李光耀先生曾经说过："礼仪能导致良好的人际关系，而良好的人际关系又是提高生产力的要求。"礼仪是具有双重性的，投桃报李，方有收获；礼仪是具有相互性的，互敬互爱，方能长久；礼仪是具有自律性的，修身养性，方能成才。礼仪是一门高深的学问，商务礼仪的学习和实践非常重要。因此，现代人要想在竞争激烈的社会当中站稳脚跟，遵循礼仪规范就是一张不可或缺的"职场通行证"。

一、礼仪的含义

何谓礼仪？礼仪是由"礼"和"仪"两个词组合起来的，一般说来，"礼"属于伦理道德范畴，是尊重人的道德要求，而"仪"则是表达尊重的交际技巧。与之相关的词通常有：礼、礼貌、礼节、礼仪。在实际生活中，我们经常将它们混为一谈。它们确实彼此联系，但也有区别，在学习商务礼仪之前有必要将它们区分清楚。

（一）礼

什么是礼？"礼之名，起于事神。"东汉许慎所著的《说文解字》对此也作了解释："礼，履也，所以事神致福也。"也就是说，礼起源于祭祀活动，本意为敬神，表示敬意的活动。由于古代祭祀活动都有一定的规矩和仪式，后来又产生了礼节、礼仪的概念。所以，礼是现实生活中表示敬意的通称，是人们在社会生活中处理人际关系并约束自己行为以示尊重他人的准则。

（二）礼貌

礼貌，是人们在交往时，相互表示敬重和友好的行为规范。一般是指在人际交往中，通过言语、动作向交往对象表示谦虚和恭敬。礼貌的本质是对人的体贴和尊重，它侧重于表现人的品质与素养，因此，良好的教养和道德品质是礼貌的基础。一个微笑，一个动作，一句问候，都可能成为礼貌的体现。一个人只有养成良好的礼貌习惯，才能于举手投足中令人赏心悦目。

（三）礼节

礼节，是指人们在交际场合，相互表示尊重、友好的惯用形式，是礼貌的具体表现方式。它与礼貌是相辅相成的，往往表现为具体的言行举止。没有礼貌，礼节就失去了存在的依托；没有礼节，礼貌的内涵就无法展现出来；有了礼貌，就必然伴有具体的礼节。因此，一个人只有讲礼貌、懂礼节，才能表里如一。

（四）礼仪

礼仪是个复合词语，由礼节和仪式两部分构成。它是指在人际交往中，自始至终地以一定的、约定俗成的程序、方式来表现的律己、敬人的完整行为，是由一系列的、具体的、表现礼貌的礼节所构成的，是一个表示礼貌的系统、完整的过程。礼仪最基本的功能就是规范各种行为。如大型的庆典活动、签字仪式、迎宾送客等均有固定的礼仪程序，对参与人员的仪容仪表、言行举止均有一定的规范和要求。由此可见，礼貌是礼仪的基础，礼节是礼仪的基本组成部分，但礼仪更系统，程序更复杂和规范，也更具文化内涵，而且对一定群体中的人们有着约束力，要求他们自觉遵守。

（五）商务礼仪

商务礼仪是公司或企业的商务人员在商务活动中，为了塑造良好的个人和组织形象而应当遵循的对交往对象表示尊敬与友好的规范或程序。它包含商务礼节和商务仪式两个内容，是一般礼仪在商务活动中的运用和体现。具体包括：①商务人员个人形象礼仪；②日常交际礼仪；③日常公务礼仪；④商务活动礼仪。

随着全球经济一体化的发展，特别是我国加入WTO之后，对外贸易日益增多，对外交往日益频繁，商务礼仪在商务活动中的作用日益明显。加强个人修养，按国际惯例行事已成为商务人员必须学习和掌握的"必修课"。在某种程度上，商务礼仪可以影响商务活动的成败。商务礼仪正越来越受到人们的重视。在中国，20世纪90年代初期，有礼仪培训需求的单位很少，多为外企。最近十年，礼仪培训的社会需求量激增，受训单位不再局限于服务行业，政府机构、国企、民企、高校、演艺机构都可能成为礼仪培训公司的客户，其中，商务礼仪是最大宗的培训项目。

二、商务礼仪的作用

（一）商务礼仪与个人形象

个人形象是指一个人的相貌、身高、体形、服饰、语言、行为举止、气质风度以及文化素质等方面的综合。其中有先天构成要素，但更多要素是需要通过后天不断努力来加以改善提高的。作为商务人员，我们应该给自己的角色定位为：服务他人的商务人员。这一角色定位要求我们必须在以下几个方面达到一定的礼仪要求，分别为：仪表、表情、举止动作、服饰、谈吐、待人接物。可见，商务礼仪与个人形象的塑造密不可分，商界人士平时所付出的全部努力，可以被归纳为一句话：想方设法在人际交往中，自觉塑造出完美的形象，并且尽心竭力地维护个人的形象。正如一位公关大师所说的那样:"形象是金。在世人眼里,每一名商务人员的个人形象如同他所在单位生产的产品、提供的服务一样重要。它不仅真实地反映了每一名商务人员本人的教养、阅历以及是否训练有素,而且还准确地体现着他所在单位的管理水平与服务质量。"如果说个人形象就是职业人士进行自我宣传的广告,恐怕一点也不过分。只有学习并掌握好商务礼仪,才能更好地提升自己的个人形象。

1. 遵守商务礼仪可以给人留下良好的第一印象

我们在生活中也许有过这样的体会,如果某个商店开业时定价很高,我们往往会把这个商店定位为高档商店,不会轻易进去购物,即使这个商店在以后调整了商品,调低了价格,我们仍然会觉得那个地方商品很贵,不符合大众消费。这种心理用在人与人之间的交往上也是普遍存在的。如果我们对某个人的第一印象很不好,那么即使那个人事后的表现再好,我们对他的评价也不会高。这就是礼仪学里所谓的"首轮效应",有时也称"首因效应"。它所探讨的,主要是一个人或一个单位留给他人的客观印象是如何形成的问题。其核心在于:人们在日常生活中初次接触某人、某物、某事时所产生的即刻的印象,通常会在对该人、该物、该事的认知方面发挥明显的甚至是举足轻重的作用。对于人际交往而言,这种认知往往直接制约着交往双方的关系。美国推销学会有这样一个统计,在第一次接近时成功与否,形象占55%、声音占38%、内容占7%。可见,在社会交往过程中,可能前30秒、10秒,甚至3秒都能决定你工作、交际的成败。充分认识到这一点,我们就不难理解商务礼仪对树立良好的第一印象所起的重要作用,从而在学习和工作当中更好地运用商务礼仪。

2. 遵守商务礼仪可以充分展示商务人员良好的教养与优雅的风度

个人形象说到底是由人的身材、长相、服饰打扮以及姿态、风度构成的,是一个人精神面貌和内在素质的外在表现。身材、长相是天生的,而服饰打扮以及姿态、风度却是可以通过后天培养的。一个人的外在美固然能引人注目,但只有将外在的美丽与内在美结合起来,个人的魅力才能长久不衰。商务礼仪不仅要求商务人员注重仪容仪表,更强调商务人员要培养良好的语言行为习惯,遵守社会公德以及法纪法规,符合社会规范。

3. 遵守商务礼仪可以更好地向交往对象表示尊敬、友好之意,赢得对方的好感

"礼仪"中"礼"字就是表示敬意、尊敬、崇敬之意,多用于对他人的尊重,体现着一个人对他人和社会的认知水平、尊重程度,是一个人的学识、修养和价值的外在表现。一个人只有在尊重他人的前提下,才会被他人尊重,人与人之间的和谐关系,也只有在这种互相尊重的过程中,才能逐步建立起来。这是礼仪的重点和核心,是对待他人的诸多做法中最要紧的一条。要做到敬人之心常存,处处不可失敬于人,不可伤害他人的尊严,更不能侮辱对方的人格。掌握了这一点,就等于掌握了礼仪的灵魂。

(二) 商务礼仪与组织形象

组织形象是指社会公众心目中对一个组织机构的总体评价。包括组织的价值观

念、组织的行为准则和规范、组织的传统习惯和道德修养、组织的礼仪文化。企业形象是企业最宝贵的无形资产，塑造和树立良好的企业形象是企业生存和发展的根本。因此，名牌企业对自己的组织形象格外重视，麦当劳的黄色大 M，员工整齐划一的服饰和操作流程；可口可乐使人过目不忘的 Coca-Cola 的标准字体、白色水线和红底色的图案，常变常新的代言人；"蓝色巨人"IBM 统一的服饰打扮……在一个成熟的买方市场中，消费者绝不会为一两个耀眼的广告、一两句动听的广告语而进行购买。在一个成熟的买方市场中，企业卖的或产的是什么？是企业形象。

礼仪是组织形象的核心内容之一，礼仪必须通过人来展现。所以，商务人员的个人形象与企业形象不可避免地紧密联系在一起。商务人员形象是企业形象的代表，商务人员是企业形象的主要塑造者，是企业连接消费者的"桥梁"。在职场上，商务礼仪不再仅仅是个人素质的外在表现，更是企业文化内涵的体现。大凡国际化的大企业，对礼仪都有着极高的要求，原因就在于企业希望通过形式规范的礼仪表现出企业的整体素质，从而获得良好的公众评价。商务礼仪能展示企业的文明程度、管理风格和道德水准，塑造企业形象。从某种意义上说，商务礼仪已经成为建立企业文化和现代企业制度的一个重要方面。

（三）商务礼仪与职业形象

职业形象是行业或组织的精神及文化理念与从业人员个体形象的有机融合，是个性化和规范化的统一。不同的行业和组织都有各自不同的文化和理念，这就要求其从业人员的个人形象必须服从于组织形象，其个性的凸显必须在符合企业要求的前提之下。因此，职业形象必须是个体形象与组织形象的完美结合，不同行业的从业人员，其个体形象必须符合某类特定职业角色的要求。

作为商务人员，我们必须对自己所从事的工作有一个清醒的认识，应该给自己定位为：服务他人的商务人员。每一个商务人员，都应该树立起与之相适应的职业理想、职业道德、职业信念，都应该具备与行业要求相吻合的职业素质、职业气质和职业仪表。

著名的形象顾问法兰克曾经说过："你在职场中的威信，有五成来自于别人如何看待你。"面对竞争激烈的现代商业社会，商务人员想要在职场中脱颖而出，必须与各种各样不同的人打交道，这就必须学会与人相处。商务礼仪的本质就是按照规范与人交往。你的服饰打扮不符合要求，别人拒绝与你为伍；你的举止谈吐粗俗，别人对你敬而远之；你不尊重他人的宗教习俗，会令你功败垂成。而良好的礼仪可以更好地向对方展示自己的长处和优势，往往决定了机会是否降临。为他人服务不是件简单而容易的事情，要赢得社会的认同和尊重，不断地学习，提高自己的素质，树立良好的职业形象非常重要。

（四）商务礼仪与国家形象

我们都知道，一个国家的实力包括软实力和硬实力。硬实力是指国家的 GDP、科技实力、军事实力等，软实力就是指文化、文明礼仪以及修养水平等精神要素。哈佛大学肯尼迪政府学院（Kennedy School of Government）前院长约瑟夫·奈（Joseph Nye）教授认为，可以将软实力表述为一国的文化、价值观念、社会制度、发展模式的国际影响力与感召力。如果软实力做得好，国家的文化就容易被别人吸收，文化辐射力就强，国家的政策也就容易被别人理解，对外交往受到的障碍就相对少得多。随着改革开放的发展，中国国力的提高，世界对中国的关注也加大了，可以说整个世界在分析和关注中国。所以，当我们的公民走出国门的时候，我们的公司走出国门的时候，就要严格遵循道德和文明礼仪规范，因为这涉及整个中国的形象问题。

一个国家的公民道德素质、文明礼仪涉及国家对外的信用，影响到整个民族、国家的对外形象。随着我国加入世界贸易组织，对外开放进一步扩大，我国与世界各国的交往日益增多，商务人员涉外服务也随之增加。我们的一言一行、一举一动，无不代表了国家的形象。孟子曰："恭敬之心，礼也。""中国"，"玉"在其中，我们要对得起这个名字。

三、商务礼仪应遵循的基本规律和主要原则

（一）商务礼仪应遵循的基本规律

1. 约定俗成律

所谓约定俗成律，是指各种礼仪规范都是在社会生活中共同议定、众所习用的。礼仪规范不是法律规范，它不能依靠强制的权力来维持，而是依靠社会成员的认同、认可和主动服从。不同的社会圈子、不同的行业有不同的礼仪要求，所以礼仪才会呈现出不同的形式，如社交礼仪、商务礼仪、公务礼仪、教师礼仪、餐饮礼仪、酒店礼仪等。它们既有共性，也有因不同的目的和行业要求而呈现出来的差异。但不管哪种形式的礼仪规范，都需要社会成员和行业从业人员自觉遵守、共同实施。礼仪规范一旦形成，虽然不具有法律效力，但却有着强大的制约力。"物以类聚，人以群分"，商务人员身处服务行业，当然必须遵循商务礼仪，否则将不被这个行业所接受。

2. 等级相称律

等级相称律指的是礼仪是划分为一定等级的，礼仪的等级与礼仪主体和客体的等级必须相称。所谓的等级一是指社会地位的高低，二是指家族地位的高低和年龄的大小。由于有了贵贱、上下、长幼之分，因此，礼仪的规模、规格和形式都应与之相适应。比如见到上司我们应该主动行礼问候，上司也应该点头回礼，这既体现出礼仪的等级必须与人的身份地位相符，也体现出彼此之间的互相尊重。

3. 时空有序律

时空有序律指一切礼仪行为中的时间、空间顺序都是有意义的。也就是说，礼仪行为和礼仪活动中的时间、空间顺序是礼仪主体和客体等级秩序的体现。等级次序往往就是通过时空有序律体现出来。社交礼仪中"女士优先"这一礼仪原则就是时空有

序律最典型的表现，商务礼仪中的客人优先、位高者优先也体现了这个原则，剪彩仪式、签字仪式等活动也充分展现出礼仪行为中时间、空间顺序的重要意义。

4. 客随主便、主随客意律

客随主便、主随客意律是指处于客位的礼仪当事人必须遵循处于主位的礼仪当事人所在地域的礼仪规范，而处于主位的礼仪当事人也必须本着互相尊重的精神，充分尊重客位当事人的礼仪规范和风俗习惯。这一规律在对外交往中尤为重要。它使不同民族、不同地区的人们在交往时有了一个共同认可的标准，体现了现代礼仪中互相尊重的精神，使人们在交往中不至于陷入盲目和无序当中。

当你身为客人，请尽量遵循所到地域的礼仪规范，才能得到主人的认同和欢迎。当你身为主人，也不能随心所欲，无所顾忌，而是应该充分考虑有关国家、民族的风俗习惯，尤其要了解客方的禁忌。

[补充资料1]

美国礼仪学家伊丽莎白·波斯特曾经说过："我们应当努力了解所到国家的风俗习惯，不应当认为我们的行为是唯一应当遵循的标准。""如果你对所到国家的风俗和景致表示赞赏和热情，你会在世界的任何地方受到热烈的欢迎。"俄罗斯有一句谚语："不要把自己的规矩带到别人家中。"非洲人则夸张地形容说："到了独脚人居住的村子就应该用一条腿走路。"欧洲则有"在罗马行如罗马人"的说法。

[补充资料2]

在一次印度官方代表团前来我国某城市进行友好访问时，为了表示我方的诚意，有关方面做了积极的准备，就连印度代表团下榻的饭店里也专门换上了舒适的牛皮沙发。可是，在我方的外事官员事先进行例行检查时，这些崭新的牛皮沙发却被责令立即撤换掉。原来，印度人大多信仰印度教，而印度教是敬牛、爱牛、奉牛为神的，因此，无论如何都不应当请印度人坐牛皮沙发。

(二) 商务礼仪遵循的主要原则

1. 尊重原则

(1) 尊重为本是商务礼仪最基本的原则　国家之间的相互认同，民族之间的相互接纳，人与人之间的互相尊重，是文明的重要标志。美国哲学家马斯洛博士提出了人的"五个需求层级理论"，其中第四个需求就是"自尊和受人尊重"。意思是说，任何一个人，在他满足了生理需求、安全需求和社会需求后，他接下来的需求必然上升到"自尊和受人尊重"这个层级上。也就是说，一个人如果没有自尊，又长期得不到别人的尊重，他就不可能实现人生的更高境界，即"实现自我"，实现个人想实现而又能够实现的一切。

(2) 尊重他人就是尊重自己　事实上，我们每个人都在努力寻找别人对自己的尊重，希望别人能尊重自己。那么，请你谨记商务礼仪当中的黄金法则——你希望别人怎样对待你，那你就应该首先那样地去对待他；白金法则——别人希望你怎样对待他，那么就请你在合法的前提下努力去满足他。这就是古代大教育家孔子所说的"敬人者，人恒敬之"的道理。

（3）无条件地尊重当事人 "无条件地尊重当事人"是美国人本主义心理辅导学派主要代表人罗杰斯的重要理念之一。也就是要求我们在与人交往的过程中要放下所有内外条件，以平等的身份，平静、温和、开放、宽容的心态，尽力站在对方的角度与人交往和沟通，而不是用自己的价值观和各种标准来判断他人。很多情况下，我们对他人的尊重是有条件的，只是每个人的条件多少不一。人们往往因为他人的地位高、权力大、金钱多、外貌帅、衣着美、学识博、能力强等各种内外条件才尊重对方，否则，可能会轻看、排斥、拒绝、侮辱、攻击没有条件或条件暂时弱势的人，让他们体验不到认同感、归属感、价值感、安全感，进而产生冷落感、孤独感、失落感、绝望感。1960年当选牛津大学校长的英国前首相哈罗德·麦克米伦曾提出过人际交往的四点建议：尽量让别人正确；选择"仁厚"而非"正确"；把批评转变为容忍和尊重；避免吹毛求疵。这些都是围绕尊重而言的。这就要求我们在商务交往中做到以下几个方面。

① 接受他人。当别人和自己的意见不同时，不要把自己的意见强加给对方，允许他人表达思想、表现自己。当你和与自己性格不同的人交往时，也应尊重对方的人格和自由。

② 重视他人。在交往中，要热情、真诚。热情的态度会使人产生受重视、受尊重的感觉；相反，对人冷若冰霜，会伤害别人。

③ 维护他人。每个人都有自尊心，失去自尊心对一个人来说，是件非常痛苦的事。伤害别人的自尊是严重的失礼行为。

2. 诚信原则

什么是诚信？诚，即真诚、诚实；信，即守承诺、讲信用。诚信的基本含义是守诺、践约、无欺。诚信是人类的一种具有普遍意义的美德，是公民道德的一个基本规范。世界各国均重视国民的诚信教育。我国古代就有"人而无信，不知其可也"的说法，把诚信当作是立身处世的准则。民间的"一言既出，驷马难追"，都极言诚信的重要。几千年来，"一诺千金"的佳话不绝于史，广为流传。美国从幼儿园和小学起就重视对孩子的诚信教育，设计的基础教材中就突出了"诚信"方面的内容。日本的诚信教育几乎贯穿人的一生，在家庭中父母经常教育孩子"不许撒谎"，到学校里耳濡目染的是"诚实"二字，到公司里"诚信"几乎是普遍的经营理念。

诚信是全体公民都应该遵循的基本道德规范。对一个有责任感的公民来说，诚信是为人的基本原则。社会由个体组成，每个人都以诚信要求自己，社会就会成为一个诚信社会。

3. 宽容原则

什么是宽容？《大不列颠百科全书》对它的解释为：宽容是指容许别人有行动和判断的自由，对不同于自己或传统观点的见解的耐心公正的容忍。启蒙运动之父伏尔泰说："宽容是认识到我们人的可错性的必然结果：人孰无过，我们一直在犯错误。因此让我们互相谅解对方的愚行。这是天赋人权的第一个原则。"所以，宽容是待人的一般原则，就是要严于律己，宽以待人。宽容是一种良好的心理品质，能以大局为重，甚至对个人的暂时损失也不计较，这是豁达大度的表现。美国前总统林肯对政敌素以宽容著称，后来终于引起一议员的不满，议员说："你不应该试图和那些人交朋友，而应该消灭他们。"林肯微笑着回答："当他们变成我的朋友，难道我不正是在消灭我的敌人吗？"在与人交往的过程中，善解人意，容忍和体谅他人，不苛求他人，会令你心境平和，广交朋友。

4. 适度原则

所谓适度，就是要注意感情适度、谈吐适度、举止适度。在人际交往中，过分热情和冷漠都会令人感到不舒服。当你步入商场，服务人员热情的笑脸和招呼会让你感受到如沐春风般的温暖；但如果服务人员对你贴身紧逼，亦步亦趋为你服务，则会令你倍感压力，甚至逃之夭夭。所以，我们与人交往时既要热情大方，又不能低三下四。彬彬有礼，保持适度的距离才是待人之道。古话说："君子之交淡如水，小人之交甘如醴。"此话不无道理。如果不善于把握沟通时的感情尺度，缺乏适度的距离，结果会适得其反。

四、商务人员的基本修养

作为服务他人的商务人员，首先要对自己所从事的职业有一个清晰的认识。每一个商务人员，都应该树立起正确的服务理念，具备良好的个人修养。

[补充资料]

"服务"这一概念的含义可以用英语 Service 的每一个字母所代表的含义来理解，其中每一字母的含义实际上都是对服务人员个人形象的一种礼仪要求。第一个字母 S，即 Smile（微笑），其含义是服务人员应该对每一位宾客提供微笑服务。第二个字母 E，即 Excellent（出色），其含义是服务人员应该将每一个程序、每一个微小的服务工作都做得很出色。第三个字母 R，即 Ready（准备好），其含义是服务人员应该随时准备好为宾客服务。第四个字母 V，即 Viewing（看待），其含义是服务人员应该将每一位宾客都看作是需要提供优质服务的贵宾。第五个字母 I，即 Inviting（邀请），其含义是在每一次接待服务结束时，都应该显示出诚意和敬意，主动邀请宾客再次光临。第六个字母 C，即 Creating（创造），其含义是每一位服务人员都应该想方设法精心创造出使宾客能享受其热情服务的氛围。第七个字母 E，即 Eye（眼光），其含义是每一位服务人员始终应该以热情友好的眼光关注宾客，适应宾客心理，预测宾客要求，及时提供有效的服务，使宾客时刻感受到服务人员在关心自己。

那么，商务人员应该具备什么样的个人修养呢？英国学者大卫·罗宾逊概括出了从事商务活动的黄金规则，具体表述可用 "IMPACT" 一词来概括，即：Integrity（正直），Manner（礼貌），Personality（个性），Appearance（仪表），Consideration（善解人意）和 Tact（机智）。

1. 正直

正直是指商务人员在商务活动中应该通过言行表现出诚实、可靠、值得信赖的品质。在职场中，经常会遇到对正直考验的时候。个人或公司或被迫或受到诱惑，会令你的人品、道德面临巨大考验。良好的商务举止的一条黄金规则就是：你的正直应是毋庸置疑的。你的机遇和成就也许正来源于此。

2. 礼貌

礼貌是指商务人员在与人交往中的举止模式。当商务人员与他人进行商务交往时，良好的气质、风度可以向对方表明自己是否可靠，行事是否正确、公正。待人粗鲁、自私、散漫则会令双方的交往无法进行下去。

3. 个性

个性是指商务人员在商务活动中表现出来的与众不同之处。商务人员在商务交往中必须遵循一定的行为规范，但并非是要求他们成为毫无创新意识、行为刻板的机器人。一个出色的商务人员应该对商务活动充满激情，但不能感情用事；应该勇于进取，但不能不忠诚；应该开朗幽默，但不能轻率轻浮；应该才华横溢，但不能惹人厌烦。

4. 仪表

仪表是指商务人员在商务场合必须做到衣着整洁得体，举止落落大方。所有人都会下意识地对交往者以貌取人，良好的个人仪表是给商务伙伴保留好印象的至关重要的因素。

5. 善解人意

善解人意是指商务人员在商务交往中能体谅人，能体贴人，学会换位思考。这是良好的商务风度中最基本的一条原则。善解人意，首先要与人为善，善待他人，而后才能理解人、谅解人、体察人、体现你人格的魅力。懂得相互接纳、相互合作、相互融洽。尊重他人的优势和才华，也宽容他人的脾气和个性。不能理解的时候，就试着去谅解；不能谅解，就平静地去接受。

6. 机智

机智是指商务人员在处理事务时要有智慧，能随机应变。在商务活动中，每个人都极有可能面临突发情况，要求我们立即做出反应。如果我们一时冲动，未能很好地处理，不但会令自己处于尴尬的境地，还会令企业遭受损失，最终后悔莫及。

［补充资料］

在二十国集团（G20）领导人杭州峰会的接待上，杭州索菲特西湖大酒店献上了一场别开生面的"夫人茶歇"盛宴。2016年9月5日，国家主席习近平夫人彭丽媛邀请出席G20杭州峰会外方代表团团长夫人参观中国美术学院，领略中国文化。随后，彭丽媛和来宾们来到美术馆欣赏"雨过天青"青瓷艺术，感受中国陶瓷美学之最高峰，品味"杭州韵味，西湖元素"之中西式茶歇。

据了解，这场盛宴十分难得，为了保证茶歇场地花艺氛围的清新，杭州索菲特西湖大酒店创作团队连夜至里叶村采摘荷花，使得粉色的荷花、绿色的莲蓬组合的花艺装饰与千年青瓷的青釉色相得益彰，娓娓道来。

在"雨过天青""夫人茶歇"这项活动正式呈现前，酒店经过了五次全要素实景演练，挑选当季新鲜食材，如艺术品般悉心雕琢，并且充分考虑茶点大小，得以优雅入口，慢品细咽。这场茶歇，从花艺布置到茶点品类，再到茶点装载，无一不体现着中国底蕴和杭州韵味。杭州索菲特西湖大酒店能够成功接待 G20 杭州峰会贵宾代表团，离不开前期的精心准备以及每一位酒店员工的尽心付出。一场 G20 杭州峰会，让法式浪漫遇上西子柔情，尽显索菲特的万种风情。

我们生活在一个日新月异的商品社会当中，商务活动是一种知识性、技术性要求很高的开拓性活动。高速发展的商品经济要求商务人员必须具备与之相适应的知识和才能。对于商务人员来说，商务礼仪是思想水平、文化修养、交际能力的外在表现；对于企业来说，商务礼仪是企业价值观念、道德理念、员工整体素质的集中体现，是企业文明程度的重要标志。因此，商务人员除了具备必要的基本修养之外，还必须具备以下能力。

（1）思想能力　主要是指在社会生活中人们的行为准则和规范。思想品质反映一个人的本质，是成为商务人员的首要条件——诚实的人品、较高的思想修养、热爱祖国、忠于职守、有良好的敬业精神和坚定的正义立场。因为他代表的不仅仅是个人，而是国家和企业形象。良好的思想品质，还决定了为人处世的风格和集体主义观念。

（2）文化能力　文化能力是人的知识水平，接受和更新知识以及把理论与实践相结合的能力。专职商务人员既是推销员又是售后服务员，要准备随时回答客户提出的商品技术问题。因此应受过正规的教育，除精通专业知识外，还应有一定的外语表达和计算机应用技能，同时还应了解国际经济法和国际商法、社会学、人际关系学、历史和地理等多方面的知识。

（3）工作能力　工作能力是一个人在具体工作环境中运用所掌握的知识、技能处理和解决问题的能力。包括专业技术能力、组织能力、社交能力和表达能力。

① 专业技术能力。商务人员应是一个综合型人才，业务上具有多方面的能力。

一个出色的商务人员，应该具备市场调查、市场开拓、结算、商品售后服务、收集情报信息等技能。

② 组织能力。组织能力是指为了有效地实现目标，灵活地运用各种方法，把各种力量合理地组织和有效地协调起来的能力，包括协调关系的能力和善于用人的能力等。组织管理能力是一个人的知识、素质等基础条件的外在综合表现。现代社会是一个庞大的、错综复杂的系统，绝大多数工作往往需要多个人的协作才能完成，所以，商务人员应该能疏通各方面的关系，具备调配人、财、物的能力，尽快开展工作。

③ 社交能力。人生活在世上，就必然要参与社会交往。社交能力是衡量一个现代人适应开放社会程度的标志之一，也是商务人员应具备的起码的条件之一。社交的范围与每个人的职业、爱好、生活方式及地理位置有很大关系。没有一定的社交能力，是难以建立业务关系的。

④ 表达能力。表达能力是指用语言来表达自己的思想、情感，以达到与人交流的目的的一种能力。商务人员经常要面对客户、对手、上司、同事，要经常从事谈判、汇报工作、接待来访、约见客户、打电话等活动。说话机会如此之多，这就必须要求讲究说话艺术，一要清楚明白，二要注意分寸，三要生动活泼。这样不但能达到良好的表达效果，而且能创造交流业务的融洽气氛和亲密无间的客户关系。表达能力是对商务人员的基本要求，除口头表达能力之外，良好的书面表达能力也不可或缺，如写市场调查报告、汇报材料等，也是商务人员经常要做的工作。

小　　结

本次教学情境学习了礼仪这一基本概念的内涵与外延以及与之相关的一系列概念，重点介绍了商务礼仪的作用以及商务礼仪应遵循的基本规律和主要原则，阐述了作为商务人员所应该具备的基本素质和修养。

综合训练

一、案例分析

杭州的酒店为 G20 杭州峰会做出了巨大的努力。从细节着手，将服务范围最大化、无缝对接，让服务更加精细化，让各国代表纷纷点赞，相关酒店在这一场"战役"中得到了历练和提升。

接待沙特阿拉伯贵宾团的杭州西溪悦榕庄在代表团入住之前，便让该酒店餐饮、客房、前台接待等一线部门的员工特别接受了相关礼仪培训，不仅在餐饮方面为客人们定制了清真菜单，还摆放了沙特阿拉伯朝拜的时刻表及朝圣指示牌。为了让沙特阿拉伯贵宾团更加了解中国传统文化，该酒店每天都安排了越剧、茶艺及画团扇等传统文化活动。

杭州雷迪森铂丽大饭店宾客关系主任曹奋收到一封邮件，邮件这样写道："我和我的同事对此次杭州峰会期间能够入住雷迪森铂丽大饭店感到非常的荣幸！尤其是您为了给我安排病人专用餐饮，一直等到晚上10点多钟。在我30多年的职业生涯中，入住过不少酒店，但是还从未感受到像贵酒店这样热情周到的服务，我十分感动！"安检人员将一位德国代表团记者的随身包裹打开查验，细心的曹奋发现里面有治疗糖尿病的药物。曹奋随后协助这位记者办理登记入住手续，并记下了这位宾客的房号和姓名。交流中他得知，这位记者存在尿糖偏高的情况。随后，曹奋与酒店总经理和相关部门沟通了此事，决定为这位客人定制一份低糖菜单，并由曹奋交给这位记者确认。自此，这位记者的每份餐食都是由该酒店西餐厅提供定制的低糖和无糖食品。不仅如此，杭州雷迪森铂丽大饭店还专门为素食客人设计了素食菜谱。

意大利总理马泰奥·伦齐的"杭州记忆"有一部分留在了杭州开元名都大酒店。2016年9月5日上午，杭州开元名都大酒店接到意大利驻华领事馆的通知，确定将于当天下午在该酒店召开新闻发布会。酒店立即成立了应急接待工作组，制订专项接待方案。负责会议厅的宴会组，检查各路电压、音响等设备的设备组，负责接待服务的礼宾组和高级宴会组马上各就各位。同时，酒店还安排了来自意大利的实习生Ludo作为特别接待员，参与接待工作。在交流中Ludo得知马泰奥·伦齐非常喜爱足球。于是，接待工作组灵机一动，临时去买了一件意大利球服和一本马可·波罗第一次游历中国后所著的《马可·波罗游记》。9月5日下午会议结束后，马泰奥·伦齐走出会议厅，他一见到酒店特地为他准备的意大利足球服和《马可·波罗游记》喜出望外，连连感叹：酒店真是太有心了，竟然准备了自己最喜欢的球队衣服。他还说，《马可·波罗游记》是他小时候百看不厌的书，从书中了解到很多中国文化。随后，马泰奥·伦齐在球服上写下了"Thank you"感谢酒店为他精心准备的一切。

每一个出门在外的人都希望在异乡的酒店收获家一样的温暖，参加G20杭州峰会的代表们也不例外。为此，杭州的这些接待酒店在G20杭州峰会召开前便进行了精心的策划和筹备，在酒店改造、安全保障、食品卫生、服务技能培训等方面狠下了一番工夫。如果将G20杭州峰会的接待工作比喻成一场战役，那么筹备期间酒店对员工的服务技能培训就是一场大练兵。酒店根据峰会接待预案制订了全面、系统的培训计划，并聘请行业专家、高星级酒店业者从国际礼仪、员工形象、服务品质、服务技巧、外语提升等方面进行一系列的培训，并特别邀请了专家为管理人员进行专业管家理念及实操技能培训。

1. 上述案例体现了商务人员应该具备哪些修养？
2. 上述案例是如何体现商务礼仪的基本规律和主要原则的？

二、请你判断以下情境中人物做法的正误，并说出理由

1. 在餐厅，小吴看见所等候的客人到来，立刻起身挥手致意，并高声叫道："李总，我在这里！"（   ）
2. 看到有客人来到，小孟立刻上前迎接："您好！欢迎光临！请随意挑选。"然后客人走到哪里，小孟跟到哪里，只要客人拿起商品，就立刻热情介绍。（   ）

3. 刘总烟瘾很大,李总来拜访他时,他很想吸烟,但因为李总是女士就忍住了。(   )

三、实训检测

实训内容:以小组为单位对本地零售业或餐饮业中的一家名牌企业、一家小企业进行调查。

实训要求:围绕企业的经营场所、识别标志、环境、设施、产品,企业员工的仪表、表情、举止动作、服饰、谈吐、待人接物等方面进行对比分析,写出调查报告,并在课堂上发布。

调查内容	名牌企业	小企业
经营场所外观		
企业识别标志		
企业环境		
企业设施		
企业产品		
员工仪表		
神态表情		
举止动作		
服饰打扮		
待人接物		

学习情境二
塑造商务人员个人形象

【学习目标】

通过学习，应该达到以下目标：

（1）知识目标 了解仪容、仪表、仪态的概念、作用，正确认识商务人员在仪容、仪表、仪态方面的内容及要点，熟悉并掌握服饰礼仪的基本原则及要求。

（2）能力目标 具备修饰和美化自己仪容仪表的基本技巧，能正确运用表情及手势，举止动作规范优雅，熟知商务着装的穿着搭配技巧，并能综合运用到实际工作中。

任务一 仪表礼仪

【情境导入】

一位35岁的女士在找工作时，发现招聘广告普遍要求年龄在30岁以下，她想先试一试。她走进千惠购物中心人力资源部，经理问她年龄，她想了想，还是说了实话："35。"经理看了看她，说："你有35岁吗？看起来也就二十七八岁吧。"她笑了笑，说："我认为你对我的经验和工作能力会更满意。"她最终获得了这份工作。其实她长得并不是很漂亮，但她化了淡妆，留了清爽的短发，显得十分精神，而且充满自信。

【项目任务】

在商务场合，商务人员应该具备什么样的个人形象？有哪些具体要求？情境中的这位女士在哪些方面符合仪表礼仪的要求？

【理论知识】

现代人生活在社会交往日益密切的地球村，怎样才能成为彬彬有礼、风度翩翩、备受欢迎的人呢？特别是与人交往的初级阶段，留给客人的第一印象是至关重要的。人们常说的"第一印象"的产生往往来自于对方的仪容、仪表和仪态，它会以鲜明的视觉感受给人留下深刻的记忆。因此，良好的个人形象是成功社交的基础和前提。

一、仪表的概念

仪容，指的是人体不着装的部位，是个人仪表的基本内容。仪表，就是人的外表，包括容貌、仪态、服饰、表情、谈吐等。仪表是美的展示，仪表堂堂，风度翩翩，历来为人们所称道。人际间的初次交往，仪表是最能引人注意的，是构成交际"第一印象"的基本因素，它包括三个层次的含义。一是指人的容貌、形体、体态等

15

的协调优美，如体格健美匀称，五官端正秀丽，身体各部位比例协调，线条优美和谐，这些先天的生理因素，是仪表美的基本条件。二是指经过修饰打扮及后天环境的影响形成的美。应该说，天生丽质这种幸运并不是每个人都能拥有的，但仪表美却是每个人都可以去追求和塑造的。三是指一个人淳朴高尚的内心世界和蓬勃向上的生命活力的外在体现。外在的仪表美要以内在的德行为本，有诚敬之心，才会有庄重、恭谨之色。

二、注重仪表的意义

1. 良好的仪表能够体现一个人的基本素质

仪容仪表是个性魅力的全面展示，它可以集中反映一个人的个性与气质、审美修养与文化品位。良好的仪容仪表会产生积极的宣传作用。

2. 良好的仪表是尊重他人的需要

注重仪表是尊重他人的需要，是讲礼貌礼节的具体表现。美好端庄的仪容仪表，可以给他人留下美好的印象，使人得到尊敬、受重视的心理能够得到满足。

3. 良好的仪容仪表有助于加深交往双方的第一印象，形成良好的首因效应

在人际交往过程中，最为重要的是第一印象，特别是初次见面的两三秒形成的第一印象往往会影响到他人对你的看法与评价，这就是所谓的首因效应。

总之，在一定程度上，端庄大方的仪容仪表反映了一个国家或一个地区、一个组织或一个企业的整体形象和管理水平与服务水平，乃至国家和民族的利益。

三、仪表美的基本要求

（一）头部修饰

人体的头部，是人物形象中最能体现人物特征的部位，而头发，则是我们每一个人的制高点。在人与人之间的交往中，我们对他人的判断，往往是从头开始的。

[补充资料]

日本著名企业家松下幸之助每次做头发都一定要到东京最高级的发型屋去，不是因为他有钱，而是因为他认为，个人形象代表了企业形象。如果身为企业的领导，给人以不修边幅的印象，那么，人们一定会认为这个企业的产品质量低劣，对企业产生不信任的感觉。可见，作为一名商务人员，一定要根据自身的形象、身份、职业、性别、年龄来设计发型，力求既符合职业需求，又符合审美需要。

1. 发型修饰的基本原则

（1）职业性与流行性 作为服务于他人的商务人员，在严肃的工作场合，面对客户、领导、同事，应该显示出自己良好的仪容、仪表、神态、风度。由于发型的选择必须适合于各种不同的场合与情况，对职业的考虑是非常必要的。因此，每个商务人员都应该以此为原则，时刻注意自己的身份，切勿过分追求潮流，以免夺去被服

务者的风采，引起他人的不快；也不要因时髦的发型影响工作，导致客户的不满；要尽量避免让人用"太"字来评价自己。如果发型太过于时髦，客户可能会想："这样的人能为我好好服务吗？能跟这样的人合作吗？可以信任这样的人吗？"当然，也不能蓬头垢面，与时代脱节，否则客户又可能会想："连自己都照料不好的人又怎能照顾好客人？"

（2）实用性与美观性　由于商务人员的职业特性，基本发型应偏重实用。商务人员的发型应当传统一些，规范一些，这已形成共识。但朴素端庄不等于落伍守旧，追求实用不等于抛弃美观。商务人员的发型无论在造型、梳理方式乃至用途上，都应当包含现代审美观念。男士在商务活动中，应当展示出符合时代要求的阳刚之气，或潇洒帅气，或朴实大方，或儒雅大气；女士则应端庄持重、干练大方而不失柔美。

（3）个性与特性　在各种商务场合，短暂的接触留给他人的印象往往是形象起主导作用，因此，发型要适合个人的性格特点和身体特征，并与追求的风格和谐统一，更能表现出一个人高雅的趣味和含蓄的风度。每个人的生活背景不同，从业环境不同，审美观念不同，在发型的选择上必然存在着差异，不应追求职业的共性而放弃个性的追求，也不应不管自身条件盲目追求所谓的个性。比如矮胖体型者不宜选择披肩长发、卷发或蓬松发型，而应选择短发、直发，减轻沉重感，显得活泼、俏丽；瘦长体型者选择长发、卷发则效果较好，既可掩饰体型的单薄，又显得潇洒、飘逸；圆脸形者宜将头发梳高，使脸部视觉拉长，避免刘海遮住额头；长脸形者则相反。只有根据自身的条件及个性选择合适的发型，才能获得最佳效果。

2. 发型修饰的基本要求

（1）干干净净　头发干净，这是最基本的要求。要做到这一点，只有勤洗头，常护理。要让头发闪闪发亮就要保持头发的清洁，养成周期性洗头的习惯。坚持洗头，可以减少头皮屑，减轻对衣领的玷污。头发的润泽是非常重要的，一头秀发，可以增加许多光彩，尤其是女性，一头秀发具有天然的美，比人工修饰要好得多了。秀发要常护理。洗发用一般的洗发液即可，不一定非用高级的护理药物，除非需要，不要用强热风吹，强风会使头发干燥，易于折断。

（2）整整齐齐　梳理头发是每天必做的事，而且还不止一次。不管从哪个方面说，一个人的头发凌乱不堪都会让人难以接受，感觉不舒服。在出门前、上岗前、摘下帽子时、下班回家时、其他必要时，都要自觉梳理头发，保持头发的整齐。

（3）长短适当　作为商务人员，头发宜短不宜长，更不要在耳朵前面故意留下一缕头发。除了艺人、文艺创作者、学生外，男士前部的头发不要遮住眉毛，侧部的头发不要盖住耳朵，后部的头发不要长过西装衬衫领子的上部，头发不要过厚，鬓角不要过长。女士也最好剪短发，头发长度不宜超过肩部，显得干净利落。如果是长发，面客的时候必须挽束在后，不宜披头散发。女士头发过长，一是容易乱，二是显得不够精神，三是有故意吸引他人注意之嫌。

（二）面部修饰

面部修饰的重点在眼部、口部、鼻部和耳部，通过修饰，应使之整洁、卫生、简约、端庄。

1. 眼部修饰

人们常说"眼睛是心灵的窗户"，是人们首先要注意的部位，所以应首先保持眼部的清洁，及时除去眼角出现的分泌物。

① 注意眼镜的佩戴。人们为了矫正视力、保护眼睛或追求时尚，常常会佩戴一副眼镜。从社交礼仪的角度讲，人们佩戴眼镜，一要注意眼镜的质量、度数、款式是否适合于本人；二要注意保持眼镜的清洁，经常擦拭和清洗；三要注意佩戴墨镜（太阳镜）的礼规。墨镜主要适合人们在室外活动佩戴，以防紫外线损害眼睛；但在室内工作或进入别人写字间、居室，则应及时摘下。

② 注意修眉。眉毛的形状是容貌的重要组成部分，它能表现人的个性，对人的脸形也起相当的作用。我们不提倡文眉，但可进行必要的修剪。精心修剪的眉毛让整个脸部显得平衡、清晰。

2. 口部修饰

口部除了口腔之外，还包括它的周边地带。口部修饰首要之务是注意口腔卫生，坚持刷牙，防止产生异味。从卫生保健角度讲，刷牙最好做到"三个三"，即每天刷三次，每次刷牙宜在饭后三分钟进行，每次刷牙用时三分钟。保持口腔清洁，当然也是自尊、尊人的表现。

与人交往应酬前应禁食容易产生异味的食物，如葱、蒜、韭、虾酱、腐乳及烈酒等，也不要吸烟。必要时可含茶叶、口香液以除异味。男士最好坚持每天剃须，这样既令自己显得精明强干，又充满阳刚之气。如果"胡子拉碴"与人交往，往往印象不佳。护唇，即呵护自己的嘴唇，防止嘴唇开裂、暴皮或生疮，还应避免唇边残留分泌物或其他异物。

3. 鼻部修饰

修饰鼻部重在保养，鼻上及其周围若是生疮、暴皮、生出"黑头"，则影响美观。鼻部是面部的敏感区，保养的正确方法是不要乱挤、乱抠。清理鼻垢时，应回避他人，不要当众擤鼻涕、挖鼻孔，或者乱抹、乱弹鼻垢。清理鼻垢宜用纸巾或手帕悄然进行。同时，要注意及时修剪鼻毛。

4. 耳部、颈部修饰

修饰耳部主要是及时清除耳垢和修剪耳毛。

颈部是人体最易显现年龄的部位，因此在进行眼、嘴、鼻、耳修饰的同时，也要同修饰脸部一样修饰脖颈，保持颈部皮肤的清洁，并加强颈部的运动与营养按摩，会使颈部皮肤绷紧，光洁动人。颈部的营养按摩一般从20～25岁开始为宜，如果年龄增大，皮肤衰老，待出现皱纹以后再寻找消除妙法，恐怕会事倍功半。因此，宜尽早护理，才能延缓衰老。

（三）化妆的有关知识

1. 化妆应与年龄相适应

不同年龄的女士应采用不同的化妆方法。如年轻的女性适于用清淡的化妆法。过厚的底色，过于浓重的眼影、腮红和唇色，会使少女失去应有的纯真和自然，淡雅的化妆却能保持少女的青春气息。中年女性的皮肤不如少女的柔嫩光洁，眼角等处也出现了细细的皱纹。适度的浓妆，对中年女性比较相宜。老年女性应使用乳液状化妆品来滋润皮肤，而绝对避免扑粉。为使皮肤保持一致，涂底色时要抹至喉咙或颈脖处。眼睑处的皱纹，可用乳状眼影膏或柔软的眼线笔加以掩饰。单纯光亮的口红会使中年女性的上唇皱纹更明显，而选用带珍珠色系列的口红，可以丰润嘴唇，使之富于光泽和显得年轻。

2. 化妆的浓淡要与时间、场合相协调

化妆不仅应随季节的变换而变化，而且白天和晚上亦有所不同。白天，在自然光下，一般女士略施粉黛即可；职业女性的工作妆也应以淡雅、清新、自然为宜。参加晚间娱乐活动的女士则宜着浓妆。处于不同场合，化妆亦有不同。大体说来，生活妆宜淡。清淡的生活妆，能给人友好、热情、开朗、健美的好印象，是增进与家人、邻居、同事以及上下左右情感的催化剂。因此，清淡的生活妆应持之以恒。社交妆宜雅。不论是公关活动、洽商公务、出差公干，还是走访亲友、赴约聚会、旅游度假，化妆均应"雅"。盛会妆宜浓。宴会、舞会大都安排在晚间，隆重热烈，不乏名媛淑女，竞相展示美。按照礼仪标准，要求浓妆艳抹，运用一切科学的化妆手段，使容貌明艳靓丽，光彩照人，这也是尊敬宾客的表现。

3. 化妆礼规与禁忌

（1）勿当众化妆　化妆属个人私事，只能在无人在场的情况下悄然进行。修饰避人，这是一条重要的礼仪原则。所谓修饰避人，是指维护仪容仪表的全部工作应在"幕后"进行。如在公共场合化妆，会显得缺乏教养，是既不自尊也不尊人的表现，有时还会招惹是非，甚至有辱自身。也不要在异性面前化妆，以免发生搔首弄姿、吸引异性之嫌，使自己形象失色。

（2）勿残妆示人　化妆要有始有终，维护妆面的完整性。为此，化妆后要常做检查，特别是在休息、用餐、饮水、出汗、更衣之后，要及时自察妆容；发现妆面残缺，要及时抽身补妆，切莫以残妆示人；补妆时也应回避他人，而且补妆方法要得当，重在补妆容残缺之处。

（3）勿评论他人　一个人化妆与否，怎样化妆，纯粹是个人自由。除了推销化妆品的销售人员以外，他人不得议论别人的化妆；除了别人主动讨教以外，也不得批评、指责别人的化妆；当然也不宜打探别人所用化妆品的品牌、价格及化妆的具体方法；也不要借用他人的化妆品，以免影响卫生。

（四）肢体修饰

1. 上肢修饰

上肢即手臂，手被称为人的第二张脸，在社交活动过程中，无论是握手寒暄、递送名片、献茶敬烟，还是垂手恭立，手始终都处于醒目之处。在人际交往中，有一双清洁、柔软的手，能增添他人对你的好感。根据礼仪的需求，我们对手部应注意以下几点。

（1）勤剪指甲　勤剪指甲是讲究卫生的表现，因此要养成"三日一修剪，一日一检查"的良好习惯。从卫生角度讲，留长指甲有弊无利；但从爱美出发，选留长指甲也未尝不可，但要注意清洁而富有光泽。

（2）不在指甲上涂饰彩妆　出于保护指甲的目的，可以使用无色和自然肉色指甲油。它能增强指甲的光洁度和色泽感。但若非专业的化妆品营销人员，一般不宜在手指甲上涂抹彩色指甲油。色彩过于鲜亮（如橘红、朱红等）或过于凝重（如黑色、灰色等）的指甲油对大多数职业女性是不适宜的。也不宜在手背、胳膊上使用贴饰、刺字或者刻画。

（3）不外露腋毛　在较为正式的场合，一般不要穿裸露肩部的上衣，即使有必要身穿无袖装时，也要先剃去腋毛。如让腋毛外露则极不雅观。

2. 下肢的清洁与修饰

在人际交往中，人们观察一个人常有"远看头，近看脚"的习惯。因此，对下肢也须保洁与修饰，避免"凤凰头、扫帚脚"的上下不相称的弊病。

（1）保持下肢的清洁　为此，一要勤洗脚。人的双脚不但易出汗，且易产生异味，必须坚持每天洗脚，而且对于趾甲、趾缝、脚跟、脚腕等处要面面俱到。二要勤换鞋袜。一般要每天换洗一次袜子，才能避免脚臭。还要注意尽量不穿不透气、吸湿性差、易产生异味的袜子。对于鞋子，也要注意勤换和清洗、晾晒。

（2）下肢的适度掩饰

① 不裸腿。男性光腿，往往会令他人对其"飞毛腿"产生反感；女性光腿则有卖弄性感之嫌。因此，要尽量少光腿穿鞋。

② 不赤脚。在比较正式的场合，不允许充当"赤脚大仙"，也不宜赤脚穿鞋。这不仅是为了美观，而且是一种礼貌。

③ 不露趾、不显跟。在比较正式的场合，不能穿凉鞋和拖鞋，即使穿了袜子，露趾、显跟也有损自己的形象。

④ 勤剪脚趾并慎用彩妆。注意腿与脚的皮肤保养。夏天如穿裙子或短裤使双腿外露时，女士最好将腿毛去除，或穿上深色而不透明的袜子。

（五）避免不雅行为

不在他人面前擤鼻涕、抠鼻孔、挖耳朵、搓泥垢、揩眼屎、剔牙齿、修指甲、打哈欠、搔痒或挠头摸脑、抖动腿脚等。咳嗽、打喷嚏时，应用手帕掩住口鼻，面向无人处，避免发出大声。

[补充资料]

职业男性仪容自检表

1. 头发是否干净，无头屑？
2. 头发是否梳理得干净、整齐？
3. 头发的长度适合吗？
4. 是否染彩发？
5. 胡须刮干净了吗？
6. 牙齿每天刷3遍了吗？
7. 口中有烟味、酒味、蒜味等异味吗？
8. 手及指甲干净吗？
9. 每天都洗澡吗？
10. 鼻毛修理干净了吗？

职业女性仪容自检表

1. 头发是否干净，无头屑？
2. 头发是否梳理得干净、整齐？
3. 是否染过分鲜艳的彩发？
4. 头饰是否过于特别？
5. 牙齿每天刷3遍了吗？
6. 口中有烟味、酒味、蒜味等异味吗？
7. 手及指甲干净吗？
8. 是否涂了鲜艳的甲彩？
9. 化了淡妆吗？
10. 香水是否喷得太多？

【单项训练】

职业淡妆

实训内容：备齐化妆品的种类，对学生进行实际操作示范，并指导学生练习。

实训要求：通过实训，掌握化淡妆的基本要求和方法，初步学会化妆。

实训步骤：

1. 净面
2. 涂护肤霜
3. 上粉底
4. 扑蜜粉
5. 描眉
6. 画眼线
7. 涂眼影
8. 上腮红
9. 涂唇膏

任务二 仪态礼仪

【情境导入】

一名刚毕业的大学生,有着高学历,在实习过程中老师也给了很高的评价,但他先后到20多家单位面试却一无所获。到千惠购物中心应聘之后,千惠购物中心人力资源部经理认为他面试时从不主动向考官打招呼,站立时弯腰驼背,坐下之后喜欢跷二郎腿,考官普遍认为他没有担当管理人员的能力。

【项目任务】

商务人员应该具备怎样的良好仪态?如果你是这位大学生,如何做才能赢得考官的青睐?

【理论知识】

一、仪态的含义

仪态是泛指人们身体所呈现出的各种姿势,也叫仪姿。姿态包括举止动作、神态表情和相对静止的体态。仪态是映现一个人涵养的一面镜子,也是构成一个人外在美的主要因素。不同的仪态显示人们不同的精神状态和文化教养,传递不同的信息,因此,仪态又被称为仪态语。在人际交往中,人们除了用语言表达思想感情以外,还常常用身体姿态表现内心活动。用优美的姿态表达礼仪比用语言更让受礼者感到真实、美好和生动。

二、表情礼仪

人与人在交往的时候,内心情感在面部上的表现,即为表情。表情是一种无声的语言,是人际交往中相互沟通的形式之一。美国心理学家艾伯特·梅拉比安把人的感情表达效果总结了一个公式:感情的表达＝语言(7%)＋声音(38%)＋表情(55%),这个公式是否科学合理且不去深究,但它说明了表情在人际间沟通时能够恰如其分地表现出人的内在感情。

作为商务人员,要体现出尊重为本、以诚待人的职业特点,就必须正确掌握表情礼仪。学习表情礼仪,总的要求是要理解表情,把握表情,不论是在社交、公务或公共场合,都要呈现出热情、友好、轻松、自然的表情。

(一)眼神

眼睛是人类心灵之窗,这是因为心灵深处的奥秘都会自觉不自觉地从眼神中流露出来。有位名人曾说过,人的眼睛和嘴巴说的话一样多。印度诗人泰戈尔说:"一旦学会了眼睛的语言,表情的变化将是无穷无尽的。"这又说明,眼睛语言的表现力是极强的,是其他举止无法比拟的。因此,眼神是传递信息十分有效的途径和方式。

1. 眼神的作用

(1) 表达情感 在社交礼仪中,目光是受感情制约的。人的眼睛的表现力极为丰富、极为微妙,很难规定出一定的模式。正确地运用目光,能恰当地表现出内心的情感。在人际交往中,不论是见到熟悉的人还是初次见面的人,也不论是偶然见面还是约定见面,首先要眼睛大睁,以闪烁光芒的目光正视对方片刻,面带微笑,显示出喜悦、热情的心情。对初次见面的人,还应头部微微一点,行一注目礼,表示出尊敬和礼貌。因此,只有把握好自己的内心感情,目光才会很好地发挥作用。

(2) 传递信息 在人与人之间进行交流时,目光的交流总是处于最重要的地位。信息的交流要以目光的交流为起点。交流过程中,双方要不断地应用目光表达自己的意愿、情感,还要适当观察对方的目光,探测"虚实"。交流结束时,也要用目光作一个圆满的结尾。在各种礼仪形式中,目光占有重要的位置,目光运用得当与否,直接影响礼仪的质量。在集体场合,开始发言讲话时,要用目光扫视全场,表示"我要开始讲了,请予注意"。在与人交谈时,应当不断地通过各种目光与对方交流,调整交谈的气氛。交谈中,应始终保持目光的接触,这是表示对话题很感兴趣。长时间回避对方目光而左顾右盼,是不感兴趣的表示。

2. 眼神的含义

与他人交流时正确的目光应当是自始至终地都在注视,但应当注意,交流中的注视,绝不是把瞳孔的焦距收缩,紧紧盯住对方的眼睛,这种逼视的目光是失礼的,也会使对方感到尴尬。瞳孔的焦距要呈散射状态,用目光笼罩对方的面部,同时应当辅以真挚、热诚的面部表情,传达出目光包含的含义。

随着交谈内容的变化,目光和表情和谐统一,表示很感兴趣,思想专注,谈兴正浓;对方的目光长时间地中止接触,或游移不定,表示对交谈不感兴趣,交谈应当很快结束。交谈中,目光乜斜,表示鄙夷;目光紧盯,表示疑虑;偷眼相觑,表示窘迫;瞪大眼睛,表示吃惊。交谈和会见结束时,目光要抬起,表示谈话的结束;道别时,仍用目光注视着对方的眼睛,面部表现出惜别的深情。目光语言是千变万化的,但都是内心情感的流露。学会阅读分析目光语言,对于正确处理社交活动的进行和发展有着重要意义。

3. 如何运用眼神

(1) 时间 注视时间的长短往往能表达一定的意义。据调查研究发现,人们在交谈时,视线接触对方脸部的时间应占全部谈话时间的30%～60%。低于这个平均值,双方的交谈往往不愉快,交谈的结果也往往不会被信任和接受。具体表现如下。

① 表示友好:如果需要向对方表示友好时,应不时注视对方,令人感到温暖。注视对方的时间约占全部相处时间的三分之一。

② 表示重视:如果需要向对方表示特别关注,应常常把目光投向对方,令人感到备受尊重。注视对方的时间约占全部相处时间的三分之二。

③ 表示感兴趣：如果目光始终盯在对方身上，视线只是偶尔离开一下，注视对方的时间占全部相处时间的三分之二以上，目光柔和亲切，表示对对方很感兴趣。

④ 表示敌意：如果目光始终盯着对方身上，注意对方的时间占全部相处时间的三分之二以上，目光专注而严厉，被视为敌意。

⑤ 表示轻视：如果目光常游离对方，注视对方的时间不到全部相处时间的三分之一，就意味着轻视，会令人不安。

(2) 角度　注视别人时，目光的角度，即目光从眼睛发出的方向，往往可以表示与交往对象的亲疏远近。

① 平视：也叫正视，视线处于水平状态，令人感觉平等亲切。常用于普通场合与身份地位平等的人进行交往。

② 侧视：面部侧向平视对方，是平视的特殊情况。用于与位于自己左右方向的人交往。但不能斜视，否则会失礼。

③ 俯视：即向下注视他人，可表示对晚辈的宽容怜爱，也可以表示对他人的轻慢歧视。俯视往往令人倍感压力，与人交往应慎重使用。

④ 仰视：即主动处于低处，抬头向上注视他人，表示尊重或敬畏，适用于晚辈面对尊长时。但眼神要从容，包含敬意，不能过于畏缩，否则会令人轻视。

(3) 部位　场合不同，注视的部位也应该随之不同。一般分为公务注视、社交注视、亲密注视。

① 公务注视：注视的位置在对方双眼或双眼与额头之间的"上三角"区域。双眼注视对方双眼为关注型注视，表示自己聚精会神，重视对方，但时间不宜过长。双眼注视对方额头为公务型注视，表示严肃、认真、公事公办，适用于极为正规的公务活动。

② 社交注视：注视的位置在对方嘴唇到双眼之间的"中三角"区域，适用于各种社交场合。

③ 亲密注视：注视的位置在对方双眼到胸之间的"下三角"区域，适用于亲人之间、恋人之间、家庭成员之间。

(4) 方式　在日常交往中，我们不能死盯着对方，也不要躲躲闪闪，飘忽不定或眉来眼去，更应避免瞪眼、斜视、逼视、白眼、窃视等不礼貌的眼神。在社交场合注视他人可有多种方式，最常见的几种方式如下。

① 直视：表示认真、尊重。若直视双眼，称为对视，表明大方、坦诚或是关注对方，是人际交往中常用的一种方式。

② 凝视：是直视中的一种，即全神贯注地注视，表示专注、恭敬，适用于演讲、授课或比较熟悉的人群之间。

③ 盯视：目不转睛地长时间凝视，往往表示出神或挑衅，不宜多用。

④ 虚视：眼神不集中，目光不聚焦于某处，表示胆怯、疑虑、走神，在人际交往中往往不受欢迎。

⑤ 环视：即有节奏地注视不同的人或事物，适用于同时与多人打交道，表示对

所有人都抱着认真、重视、一视同仁的态度。

（二）笑容

笑容，即人们在笑的时候的面部表情。利用笑容，可以消除彼此间陌生的感觉，打破交际障碍，为更好沟通与交往创造有利的氛围。从广义上讲，笑容是一种令人感觉愉快的，既悦己又悦人的有正面作用的表情。曾有"笑一笑，十年少"之说，说明适度的笑有利健康。微笑的功能是巨大的，但要笑得恰到好处，也是不容易的，所以微笑是一门学问，又是一门艺术。

1. 笑容的作用

① 微笑可以表现出温馨、亲切的表情，能有效地缩短双方沟通的距离，给对方留下美好的心理感受，从而形成融洽的交往氛围。因而微笑不仅是一种外化的形象，也是内心情感的写照。人的感情是非常复杂的，表现在面部有"喜、怒、哀、乐"等多种形式，其中，"笑"在人际交往中，有着突出重要的作用，面对不同的场合、不同的情况，如果能用微笑来接纳对方，可以反映出本人高超的修养、待人的至诚，是处理好人际关系的一种重要手段。

② 微笑是人际交往中的润滑剂，是广交朋友、化解矛盾的有效手段。微笑具有一种磁性的魅力，它可以使强硬者变温柔，使困难变得容易。在20世纪30年代美国空前的经济萧条时期，美国希尔顿旅馆在全美国旅馆倒闭了80%的情况下，却跨入了黄金年代，成为全球最著名的旅馆之一。其总公司董事长康纳·希尔顿总结出来的经验是：微笑服务。顾客住旅馆就是需要家的温馨感觉，服务员脸上的微笑，比美丽的容貌、统一的服饰、漂亮的地毯、豪华的设施都来得重要。康纳·希尔顿在50多年里，不断地到他设在世界各国的希尔顿旅馆视察，视察中他经常问下级的一句话是："你今天对客人微笑了没有？"

2. 笑的种类

① 含笑：不出声，不露齿。只是面带笑意，表示接受对方，待人友善，适用范围较广。

② 微笑：唇部向上移动，略成弧形，但牙齿不外露，表示自乐、充实、满意、友好。具有一种磁性的魅力，使用范围较广。

③ 浅笑：笑时抿嘴，下唇大多被含于牙齿之中，多见于年轻女性表示害羞之时，通常又称抿嘴而笑。

④ 轻笑：嘴巴微微张开一些，上齿显露在外，不发出声响，表示欣喜愉快，多用于会见客户、向熟人打招呼等情况。

⑤ 大笑：嘴大张呈弧形，齿外露发出笑声，动作不多，见于开心时尽情欢乐，高兴万分。由于表现太过张扬，一般不宜在商务场合中使用。

⑥ 狂笑：程度最高的笑，张嘴、齿全外露并上下齿分开，笑声不断，笑得前仰后合、手舞足蹈，上下气不接并流泪。见于极度快乐纵情大笑。

此六种笑容中，以微笑最受欢迎。在工作中，微笑是礼貌待人的基本要求，可以使人自然放松，缓解紧张，消除误会、疑虑和不安。商务人员在工作中往往运用的微笑有一度微笑、二度微笑、三度微笑之分。

一度微笑：只动嘴角肌。

二度微笑：嘴角肌、颧骨肌同时运动。

三度微笑：嘴角肌、颧骨肌与括纹肌同时运动。

3. 笑的方法

① 发自内心：笑的时候自然大方，显出亲切。

② 声情并茂：笑的时候，要做到表里如一，使笑容与自己的举止谈吐有很好的呼应。

③ 气质优雅：笑的时候，要讲究适时尽兴，更要讲究精神饱满、气质典雅。

④ 表现和谐：从直观上看，笑是人们的眉眼鼻口齿以及面部肌肉和声音所进行的协调行动。

要笑得好并非易事，必要时应当进行训练。可以自己对着镜子练习，一方面观察自己的笑的表现形式，更要注意进行心理调整，想象对方是自己的兄弟姐妹，是自己多年不见的朋友。还可以在多人中间，讲一段话，讲话时自己注意显现出笑容，并请同伴给以评议，帮助矫正。

4. 笑的禁忌

声情并茂、表里如一、举止谈吐相辅相成、气质优雅、发自内心的笑可非常自然地反映人的文化修养和精神追求；若笑时粗心大意，表现得粗俗放肆，会自毁个人形象。

① 假笑：即笑得虚假，皮笑肉不笑。

② 冷笑：含有怒意、讽刺、不满、无可奈何、不屑一顾、不以为然等容易使人产生敌意的笑。

③ 怪笑：笑得怪里怪气，令人心里发麻，多含有恐吓、嘲讥之意。

④ 媚笑：有意讨好别人，非发自内心，具有一定的功利性目的的笑。

⑤ 怯笑：害羞、怯场，不敢与他人交流视线，甚至会面红耳赤地笑。

⑥ 窃笑：偷偷地扬扬自得或幸灾乐祸的笑。

⑦ 狞笑：面容凶恶，表示愤怒、惊恐、吓唬。

三、正确得体的体态

在人际交往中，身体姿态的调整和变化，往往涉及礼貌、个人风度和教养等几个方面的问题。正确而优雅的姿态给人以美好印象，不正确、不得体的姿态则会显得不礼貌，甚至失礼。

（一）站的姿势

"站如松，坐如钟，行如风，卧如弓"，这是我国古人对人体姿势的要求。从仪态美角度来说也是适用的。在人际交往中，站姿是一个人全部仪态的核心，"站有站相"是对一个人礼仪修养的基本要求，良好的站姿能衬托出美好的气质和风度。如果站姿不够标准，其他姿势就谈不上优美。

1. 站姿的规范要求（如图 2-1 所示）

图 2-1　站姿

上体正直，头正目平；收颏梗颈，挺胸收腹；双臂下垂，立腰收臀；嘴唇微闭，表情自然。

手指自然弯曲，掌心向内轻触裤缝，或将右手搭在左手上，贴放在腹部。身体的重心置于双足的后部。双眸平视前方，精神饱满，面带微笑，胸部稍挺，小腹收拢，整个形体显得庄重、平稳、自信。

2. 男性立姿

男性的立姿要稳健，所谓"站如松"，以显出男性刚健、强壮、英武、潇洒的风采。男性通常可采取双手相握，叠放于腹前的前腹式站姿；或将双手背于身后，然后相握的后背式站姿。双脚可稍许叉开，与肩部同宽为限。如图 2-2 所示。

图 2-2　男性立姿

图 2-3　女性立姿

3. 女性立姿

女性的立姿要柔美，所谓"亭亭玉立"，以体现女性轻盈、妩媚、娴静、典雅的韵味。女性的主要站姿为前腹式，但双腿要基本并拢，脚位应与服装相适应，穿紧身短裙，脚跟靠紧，脚掌分开呈"V"状或"Y"状（即"丁字步"），如图2-3所示；穿礼服或旗袍，可双脚微分。

4. 不雅的站立姿势

不论男女，站姿切忌歪头、缩颈、耸肩、含胸、塌腰、撅臀；切忌身躯歪斜、浑身乱抖、弯腰驼背、趴伏依靠、手位失当（如抱在脑后、手托下巴、抱在胸前、插入衣兜、摸来摸去）、腿位不雅（双腿叉开过宽、双腿扭在一起、双腿弯曲、一腿高抬）、脚位欠妥（"人"字式、蹬踩式、独脚式等）。更不要下意识地做小动作，如摆弄打火机、香烟盒、玩弄衣带、发辫、咬手指甲等。这些不但显得拘谨，给人以缺乏自信和教养的感觉，也有失仪表的庄重。

5. 规范站姿的训练方法

（1）贴墙法　使后脑、双肩、臀部、小腿肚、双脚跟部紧贴墙壁。

（2）贴背法　两人背对背相贴，部位同上，在肩背部放置纸板，纸板不掉下。

（3）顶书法　头顶书本，使颈梗直，收下颏，挺上身至书不掉为宜。

当然，日常生活中，各种场合的站姿应依时间、地点、场合的不同而有所变化。但不论何种站姿，只是改变脚部姿势或角度，身体仍须保持挺直，使站姿自然、轻松、优美。

（二）坐的姿势

坐姿也是一种静态的身体造型，是人们在社交应酬中采用最多的姿势。端庄优美的坐姿不仅给人以文雅、稳重、大方的感觉，而且也是展现自己气质和风度的重要形式。

1. 正确的坐姿

① 基本要求：端庄、大方、文雅、得体；上体正直，头部端正；双目平视，两肩齐平；下颏微收，双手自然搭放。

② 入座时礼仪：在社交中讲究顺序，礼让尊长。若与他人一起入座时，应礼貌地邀请对方首先就座或与对方同时就座，不可抢先坐下。入座时，要注意方位，分清座次的尊卑，主动把上座，如面门的座位、居中的座位、右侧的座位、舒适的座位让给尊长。坐姿与站姿一样，端庄优雅的坐姿也能表现出一个人的静态美感。入座要轻，立腰挺胸，双肩放松，双膝并拢，上身微倾。上体自然坐直，两腿自然弯曲，双脚平落地上并拢或交叠，双膝自然收拢，臀部坐在椅子二分之一或者三分之二处，两手分别放在膝上（女士双手可叠放在左或右膝上），双目平视，下颌微收，面带微笑。如是女士入座时应先背对着自己的座椅站立，右脚后撤，使右脚跟确认椅子的位置，

再整理裙边,将裙子后片向前拢一下后随势轻轻坐下,入座后两个膝盖一定要并起,双脚也要并齐。无论是入座还是离座,一般都要求左进左出,即从椅子的左边入座,从椅子的左边离座。

③ 坐定后,男士双膝并拢或微微分开,两脚自然着地,而女士则无论何时都应双膝并拢。在社交场合,不论坐椅子还是坐沙发,最好不要坐满,正襟危坐,以表示对对方的恭敬和尊重,双目正视对方,面带微笑。作为女士,"坐莫动膝,立莫摇裙"还是应该谨记的。女士的坐姿应温文尔雅,自然轻松。

在比较正式的场合,可采取如下坐姿。

(1) 女士坐姿

① 标准式:坐正,双膝并拢,手放膝上,坐满椅子的三分之二。如图 2-4 所示。

② 丁字式:在标准式的基础上,右脚往后移,与左脚呈 15 度角。如图 2-5 所示。

图 2-4 标准式

图 2-5 丁字式

③ 侧点式:坐正,双膝并拢,两小腿向左(右)斜伸出,左(右)脚掌内侧着地,右(左)脚脚尖着地,手放膝盖所指方向的腿上。如图 2-6 所示。

④ 侧坐式:身体向左或右侧,双脚并拢或呈丁字式。如图 2-7 所示。

⑤ 侧坐开关式(屈直式):侧坐,双膝并拢,两小腿前后分开,并在一条线上,两手放在前伸腿上。如图 2-8 所示。

图 2-6 侧点式

图 2-7 侧坐式

图 2-8 侧坐开关式

⑥ 侧坐（脚）重叠式：俗称二郎腿。如图2-9所示。

（2）男士坐姿

① 标准式：坐正，双膝并拢，手放膝上，坐满椅子的三分之二。或两腿略微分开，两手放在两腿或扶手上。如图2-10所示。

② 前伸式：在标准式的基础上，左脚再向前半脚，右脚往后半脚。如图2-11所示。

图2-9　侧坐（脚）重叠式　　图2-10　标准式　　图2-11　前伸式

③ 后点式：在标准式的基础上，两小腿后缩，两脚掌着地。如图2-12所示。

④ 开关式（屈直式）：侧坐，双膝并拢，两小腿前后分开，并在一条线上，两手放在腿上。如图2-13所示。

⑤ 正身重叠式：俗称二郎腿。如图2-14所示。

图2-12　后点式　　图2-13　开关式　　图2-14　正身重叠式

2. 纠正不雅的坐姿

在正式场合，应避免如下姿势：

① 双腿过度叉开；

② "架二郎腿"或"4"字形腿；
③ 腿脚抖动摇晃；
④ 左顾右盼，摇头晃脑；
⑤ 上身前倾后仰或弯腰曲背；
⑥ 双手或端臂、或抱膝盖、或抱小腿、或置于臀部下面；
⑦ 脚尖指向他人；
⑧ 双手撑椅；
⑨ 又跷脚又摸脚；
⑩ 坐时随意挪动椅子。

(三) 蹲的姿势

蹲姿与坐姿是由站立姿势变化而来的相对静止的体态。蹲是由站立姿势转变为两腿弯曲和身体高度下降的姿势。

1. 基本要求

一脚在前，一脚在后；两腿紧靠，前脚全着地，后脚脚掌着地；臀部向下，高腿向人。

2. 正确蹲姿

（1）高低式　其主要要求是下蹲时，应左脚在前，右脚靠后。左脚完全着地，右脚脚跟提起，右膝低于左膝，右腿左侧可靠于左小腿内侧；右侧时，则姿势相反。这种双膝以上靠紧的蹲姿在造型上也是优美的。如图 2-15 所示。

图 2-15　高低式

（2）交叉式　交叉式蹲姿主要适用于女性，尤其是适合身穿短裙的女性在公共场合采用。它虽然造型优美但操作难度较大。这种蹲姿要求：在下蹲时，右脚在前，左脚居后；右小腿垂直于地面，全脚着地。右腿在上、左腿在下交叉重叠。左膝从后下方伸向右侧，左脚跟抬脚尖着地。两腿前后靠紧，合力支撑身体。上身微向前倾，臀部朝下。

（3）半蹲式　半蹲式蹲姿多为人们在行进之中临时采用。它的基本特征是身体半立半蹲。其主要要求是在蹲下之时，上身稍许下弯，但不与下肢构成直角或者锐角。臀部务必向下。双膝可微微弯曲，其度可根据实际需要有所变化，但一般应为钝角。身体的重心应放在一条腿上，而双腿之间却不宜过度地分开。

（4）半跪式　半跪式蹲姿又叫做单蹲姿。它与半蹲式蹲姿一样，也属于一种非正式的蹲姿，多适用于下蹲的时间较长时。它的基本特征是双腿一蹲一跪。其主要要求是下蹲以后，改用一腿单膝点地，而令臀部坐在脚跟上。另外一条腿应当全脚着地，小腿垂于地面。双膝必须同时向外，双腿则宜尽力靠拢。

无论采用哪种蹲姿，女士都要注意将两腿靠紧，臀部向下，头、胸、膝关节不在同一个角度上，以塑造典雅优美的蹲姿。

（四）走的姿势

行姿是人体所呈现出的一种动态，是立姿的延续。

1. 要求与标准

上身挺直，头正目平；收腹立腰，摆臂自然；步态优美，步伐稳健；动作协调，走成直线。

2. 注意要点

（1）步度适中　所谓步度（步幅）是指行进时前后两脚之间的距离。在生活中步度的大小往往与人的身高成正比，身高腿长者步度就大些，身矮腿短者步度也就小些。人们行进时，一般的步度与本人一只脚的长度相近，即前脚的脚跟距后脚的脚尖之间的距离。通常情况下，男性的步度约25厘米，女性的步度约20厘米。

（2）步速是步态美的又一重要问题　人们行进的速度取决于人的兴奋程度，兴奋程度高，步速也快；兴奋程度低，动作则迟缓。要保持步态的优美，行进的速度应保持均匀、平稳，不能过快或过慢、忽快忽慢。在正常情况下，应自然舒缓，显得成熟、自信。当然，男女在步速上亦有差别，一般来说男性矫健、稳重、刚毅、洒脱，具有阳刚之美，步伐频率每分钟约100步；女性步伐轻盈、柔软、玲珑、贤淑，具有阴柔之美，步伐频率每分钟约90步，如穿裙装或旗袍，步速则快一些，可达110步左右。

（3）身体协调　行进时，膝盖和脚腕要富于弹性，腰部应成为身体重心移动的轴线，双臂应自然、轻松，一前一后地摆动，保持身体各部位之间动作的和谐，使自己走在一定的韵律之中，显得自然优美，否则就失去节奏感。

（4）造型优美　做到昂首挺胸，步伐轻松而矫健。行走时应面对前方，两眼平视，挺胸收腹，直起腰背，伸直腿部，使自己的全身从正面看犹如一条直线。

3. 不雅的行姿

按照社交礼仪要求，下列行姿俱属不雅：方向不定，忽左忽右；体位失当，摇头、晃肩、扭臀；扭来扭去的"外八字步"和"内八字"蹦跳，或大声喊叫。

（五）手的姿势

手势，是运用手指、手掌、拳头和手臂的动作变化，表达思想感情的一种态势语言。美国心理学家詹姆斯认为，在身体的各部分中，手的表达能力仅次于脸。因此，在商务交往中，手势起着不可低估的作用，它是态势语的重要组成部分，能极富表现力地表达出无声的语言。商务人员正确使用手势，能令人感觉到你对他人的尊重与敬意，反之，则令人感到厌恶。

手势规范标准是：五指伸直并拢，注意将拇指并严；腕关节伸直，手与前臂成直线；掌心斜向上方，手掌与地面成45度角。身体稍前倾，肩下压，眼睛随手走。运用手势时，一定要目视来宾，面带微笑，体现出对宾客的尊重。

1. 手势的活动范围

一般分三个区域：上、中、下。肩部以上为上区，腰部至肩部为中区，腰部以下为下区。根据手势的活动范围，往往可以称之为高位手势、中位手势、低位手势。

2. 手势的种类

（1）横摆式　与肘关节持平，常表示"请进""请往这边走"之意。如图2-16所示。

（2）直臂式　与肩同高或略高，肘关节伸直，常表示"请往前走""请往这边看"。如图2-17所示。

（3）曲臂式　左手或右手拿着物品，或扶房门，另一只手经胸前往前伸，表示"里边请"。如图2-18所示。

（4）斜摆式　请来宾入座时，先用双手扶椅背将椅子拉出，然后手臂向下，表示"请坐"。如图2-19所示。

（5）双手前伸式　表示恭敬，用于接收或递交物品。如图2-20所示。

图2-16　横摆式

图2-17　直臂式

图2-18　曲臂式

图 2-19　斜摆式　　　　　图 2-20　双手前伸式

【单项训练】

一、表情训练

实训内容：目光礼仪训练、微笑礼仪训练。

实训要求：小组成员根据不同表情的要求完成训练，互相帮助指正，配合默契。实训步骤如下。

（一）目光礼仪训练

1. 目光的含义

交谈时注视对方表示＿＿＿＿＿＿；双眼直视前方、旁若无人表示＿＿＿＿＿＿；只打招呼不看对方表示＿＿＿＿＿＿；斜眼看人表示＿＿＿＿＿＿；长久注视对方表示＿＿＿＿＿＿或＿＿＿＿＿＿；上下打量表示＿＿＿＿＿＿；白眼表示＿＿＿＿＿＿；眯眼看人表示＿＿＿＿＿＿；左顾右盼表示＿＿＿＿＿＿。

2. 环视训练：扫视全场，同时说："大家好！我叫×××，非常高兴认识大家，谢谢。"

3. 对视训练：与同伴对视，体会与人对视时间的长短。

4. 交谈眼神训练：体会交谈时视线如何转换。

（二）微笑训练

1. 分组练习一度微笑、二度微笑、三度微笑。

2. 默念字母 A，然后保持 30 秒。

3. 与同伴对视 30 秒，保持微笑，视线可在颈部以上转移。

4. 请微笑着朗读下面这段话。

　　感恩的心，感谢有你
　　伴我一生
　　——让我有勇气做我自己
　　感恩的心，感谢命运

花开花落

——我一样会珍惜

二、商务礼仪的基本规范动作训练

实训内容：站姿、坐姿、走姿、蹲姿、手势训练。

实训要求：根据不同姿态的要求，规范做好每一个动作。小组配合默契，互相帮助指正，共同完成实训任务。

实训步骤如下。

1. 站姿：可用顶书法、贴墙法在老师带领下按照站姿的动作要领进行练习。

2. 坐姿：分组练习各种坐姿，纠正不良坐姿，练习入座和离座。

3. 走姿：可每四人一组在全班同学面前走，找出缺点。

4. 蹲姿：面向不同方向，练习正确蹲姿。

5. 手势训练

（1）高位手势

（2）中位手势

（3）低位手势

三、情景训练

（1）向客户介绍产品：五指并拢，用手掌指向商品，面带微笑，视线按"客户—商品—客户"的顺序移动，配合语言介绍。

（2）向客户收取费用：立正站好，问候客户，面带微笑，注视客户。用双手接过、递回钱物，明确回答："谢谢，收了您×××钱（找回您×××钱）。"视线按"客户—钱物—客户"的顺序移动。

实训要求：分组训练，角色扮演，小组展示，互相点评。

任务三 服饰礼仪

【情境导入】

法国一家大型企业的董事长一行到千惠购物中心进行考察访问，寻求合作。王总听说法国人时尚浪漫，决定投其所好。见面时，王总身穿花衬衣、牛仔裤，脚蹬名牌休闲鞋；女秘书穿着低胸连衣裙，花枝招展。可结果却事与愿违，外商与王总敷衍几句之后就匆匆离开了。

【项目任务】

商务场合对衣着打扮有什么要求？王总及其秘书应该如何着装？我们在日常生活中对商务人员的着装打扮存在哪些误区？

【理论知识】

在现代社会中，服饰已成为一门艺术，它能透射一个人文化修养的高低和审美情趣的雅俗，是一种无声的语言。在社交活动中对服饰的基本要求是端庄、恬静、稳重、得体。

一、服饰穿戴的礼仪原则

1. 整洁原则

着装不一定追求高档时髦，但要庄重整洁，避免邋遢。整洁原则的要求：一是整齐，不折不皱；二是清洁，勤换勤洗；三是完好，无破损、无补丁。

2. 个性原则

服饰是一种艺术，极富灵性，且个性鲜明。着装的个性原则要求着装者选择服饰的造型、款式、色彩、质地都要体现个性，符合自己的体型、肤色和气质，隐丑显美，给人以性格感。如矮个子的男性适合穿两扣西服，高个子可以穿宽翻领的四扣西服。

3. 和谐原则

"美在和谐"。服饰要与年龄、性别、职业、体型、肤色、季节、场合等相协调。譬如，青年人的服饰尽可鲜艳、活泼些，展现其青春与活力；中老年人的着装则要注意庄重雅致，以体现其成熟、稳重、严肃、大方的气度。

4. 文雅原则

服饰是人类文明生活不可缺少的内容，是人的内在美与外在美的统一。文明原则要求着装文明大方，符合社会的传统道德和常规做法，忌穿过露、过透、过短、过紧的服装，也不宜一味追求怪异。

5. TPO原则

TPO是英文里时间（Time）、地点（Place）和目的（Objective）三个单词的缩写。这个原则的基本含义，是要求人们在服装穿着、饰品佩戴和配件使用等方面，都必须适应具体的时间、地点和目的要求，而不能自以为是。这个原则既是有关穿着打扮的最重要原则，也是服饰礼仪的基本原则。

TPO原则中的"T"代表时间，在这里泛指早晚、四季和时代性。如在西方，男士午前或白天不能穿小礼服，夜晚不能穿晨礼服。一年之中又要分为春装、夏装、秋装和冬装。如春秋季宜选穿中浅色调的服饰，冬令服饰色调以偏深色为宜，夏装可选丝棉织物，色调以淡雅为宜。所谓时代性，是说服饰应顺应时代发展的主流和节奏，不可超前，亦不可过于滞后，尽可能在服饰时代潮流和节奏水准上浮动。

"P"代表地点，主要指服饰穿戴者将要出现的时空环境。根据TPO原则，我们可以把自己所处的具体环境分为公务、社交和休闲等三大类型，然后据此决定自己的穿着打扮。上班时的穿着要庄重、大方、传统，适合于穿制服、西装、中山装、套裙、连衣裙，饰品佩戴遵循"以少为佳"的原则。社交时的穿着打扮则要时尚、典雅，展现个性，适于穿礼服、时装和民族服装等。休闲时的穿着要求最低，只要方便、自然、舒适、得体，适于穿家居便装、牛仔装、运动装、沙滩装等，休闲场合不宜佩戴饰物。

"O"代表目的，主要是指我们意欲通过自己的穿着打扮给别人留下的印象。女士穿西式套裙去办公事，主要是为了使自己显得成熟稳重；穿着旗袍去赴宴，意在展示自己所独具的女性魅力；而穿上一身牛仔装与友人郊游踏青，则是为了使同行者感到轻松愉快、平易近人。这就是服饰的应时、应事、应境原则。

[补充资料]

美国著名服饰专家约翰曾做过一项研究，他派助理去拜访100家公司，其中去50家穿便服，50家穿高档西装，而且事先已经告诉这些公司他的助理即将到访。当助理要求对方调出三份职员档案时，穿西装时有42次10分钟内办到，而穿便服时只有12次；与公司谈合作意向，穿西装时拿到了30份意向书，而穿便服时只有4份。

二、不同场合的不同着装要求

1. 喜庆场合

喜庆场合一般是指生日纪念、结婚庆典、节日纪念及其他联欢晚会等。这些场合大都具有气氛热烈、情绪昂扬、欢快喜庆的特点，所以，要求人们在服饰上也相应地热烈一些，明快华丽一些。如男性除了在正规的喜庆场合一般应着深色中山装、西装或自己民族的服装以外，其他的喜庆场合如聚会、游园等可以着各种便装，如夹克、牛仔服、两用衫等，但要穿得大方、整洁，千万不要穿皱巴巴的衣裤。一般来说，除婚礼外，主人的穿着应以素雅为宜，不要华丽、太暴露。出席婚礼时，鞋子必须是黑色的而不能是茶棕色的。女性的服装则以轻松洒脱、色彩鲜艳的裙子、套装、旗袍为宜，也应适当化妆，戴一些美丽、飘逸的饰物。但如出席婚礼，穿着打扮不宜过于出众、耀眼，以免喧宾夺主，也不要打扮得过于怪异。

2. 庄重场合

庄重场合主要是指除了喜庆场合以外的庆典仪式、正式宴会、会见外宾等场合。这种场合的服饰要以庄重、高雅、整洁为基调，如果请柬上规定来客一律穿礼服，那么男女宾客都应服从，而不可别出心裁。严肃、庄重的场合，一般不宜穿着夹克衫、牛仔裤等便装，女性不能穿超短裙。在庄重场合除按规定着装、规范着装以外，还要注意着装礼貌。比如手不要随意插在裤兜里；进入室内除女士的薄纱手套、帽子、披肩、外套允许穿戴外，男士进入室内场所均应摘帽、脱去大衣、围巾、风雨衣，并送存衣处；不要当众解开衣扣或脱下上衣，如果室温很高，经主人同意，可以宽衣。男士女士进入室内都不要戴墨镜；在室外遇有隆重仪式或迎送场合，也不应戴墨镜。如有眼疾需戴墨镜应向主人说明并致歉意。在与人握手、说话时，应将墨镜摘下。

3. 悲哀场合

悲哀场合主要是指殡葬仪式、吊唁活动、扫墓等场合。这种场合的气氛比较悲哀、肃穆，所以，要求人们在服饰上应注意以下几点：

① 服装的颜色要以黑色或其他深色、素色为主，切忌穿红着绿，也不宜穿有花

边、刺绣或飘带之类装饰物的服装，以免显得轻佻、不庄重。

② 服装的款式要尽量选择比较庄重、大众化一些的，不要穿各类新潮时髦、显得怪异和轻飘的服装，以免冲淡庄严肃穆的气氛。着丧服的原则是不露肌肤，所以不能穿大领圈、无袖的服装，以穿西服、套裙为宜。

③ 女性不宜过分打扮，不宜抹口红和戴装饰品。男性在举行追悼仪式时不要忘了脱帽，也不要敞衣袒胸，不要散漫随便，不要大声地说话，不要议论与这个悲伤气氛不相宜的话题。

三、服饰色彩的搭配

没有不美的颜色，只有不美的搭配。不同的色彩搭配会显出不同的格调。从服饰美学的角度讲，服饰色彩的搭配与组合的基本方法大体有四种。

1. 同色系服饰搭配

这是运用同一色系中各种明度不同的色彩进行搭配。假定你选用灰色系的色彩将自己的外套、套裙和衬衫进行搭配与组合，你可采用"由深入浅"的方法，即外套选深灰色、套裙选中灰色、衬衫选浅灰色；或者反过来亦可采取"由浅入深"的搭配方法。又如浅灰色上衣与深灰色的裤子相配也属同色系搭配。在同色系搭配中，应注意同色系中深浅程度的颜色之间的衔接与过渡，应力求自然、平稳，避免生硬，明度差异不宜太大或太小。太大给人以断裂失衡的感觉；太小又相互混淆，缺乏层次感。运用同色系搭配，意在以简洁的配色来创造一种和谐的美感。"色彩要少，款式要新"，这是世人公认的服饰高品位的一个标志。

2. 相似色服饰搭配

这是用色谱上相邻的颜色进行搭配的方法。如红配黄、黄配绿、绿配蓝、白配灰等。运用相近的色彩配色，自由度比较大，难度也较大，但只要匠心独运，就会使我们身上的服饰颜色既丰富多彩又柔和协调。运用相近的色彩搭配，应遵守服饰礼仪的"三色原则"，即在正式场合，所使用的服饰配色包括西服套装、衬衫、领带、腰带、鞋袜等在内的一切服饰，都不应超过四种颜色。因为从视觉上讲，服饰的色彩在三种以内较好搭配而且比较协调，否则就会显得杂乱无章。

3. 对比色服饰搭配

各种色彩都有与之相对应的色彩，如红与蓝、黄与蓝、黄与紫、绿与紫、黑与白等，都是常见的对比色。从本质上讲，一对对比色实际上是由两种相互排斥的色彩组成的。如运用得当，可以相映生辉，给人以清新、明快、耳目一新的感觉。如当你穿上一件黑色的真丝旗袍，再配以洁白的珍珠项链或白色的钻石胸针时，你所佩戴的白色首饰就会更加醒目，更加迷人。

4. 主色调服饰搭配

这种配色方法首先要决定整套服饰的基调是偏冷还是偏暖，其次选择某一色作主色。主色应与整套服饰的基调一致。暖色调的服饰，主色应选暖色；以冷色为基调的服饰，主色应选冷色。主色在整套服饰中，应占较大比例的面积，或占较重要的位置。第三步再选择辅色，但大部辅色要与基调的冷暖性质相同。

上述四种方法只是服饰色彩搭配的基本方法，在服装制作和选择中可以根据需要和可能，派生出许多其他搭配方法。但无论采用哪种方法，都应掌握一个基本原则——和谐，和谐就是美。一般来说，黑、白、灰是配色中的几种"安全"色，因为它们比较容易与其他各种色彩搭配，而且效果也比较好。

四、潇洒的男士西装

在当代，西装是男性服装中最受欢迎也最受看的一种（见图2-21）。它与平面型的中式服装不同，西装是立体型的服装，美观体贴，符合人的体型曲线，使穿着者显得潇洒、精神。要穿出西装的韵味，就得把握西装着装的规范要求。

1. 熨烫平整，不卷不挽

穿在身上的西装要平整挺括，干净爽洁。高档的西服大都采用天然纤维，穿过后因局部受张力而变形，必须让它适当"休息"。一件衣服最好不要连续穿两天以上，且应定期干洗，经常熨烫，正确悬挂。还要切记：在穿前拆除袖口处的商标，以免见笑于人。西装的袖口和裤脚不应卷挽，以免给人粗俗之感。

2. 配好衬衫，少穿内衣

衬衫是与西服配套的重点，选择衬衫要注意其衣领、腰身、长度合身。与西装为伍的衬衫领型多为方领，色彩为单一色，衬衫衣袖要露出西装袖口1～2厘米左右，以显出层次。衬衫衣领要高出西装衣领，以保护西装衣领，

图 2-21　男士西装

增加美感。不论在任何场合，衬衫的下摆务必塞进裤内，袖口必须扣上。衬衫最好每天清洗，保持整洁而无皱折，特别是领子和袖口要干净。一般衬衫里面不要再穿较厚的棉毛衣衫，如天冷必须穿时，一般只能在衬衫外面再套一件西装背心或羊毛衫，以不显臃肿为度，且不要把领圈和袖口露出来。

3. 系好领带，必穿皮鞋

领带是男士衣着品位和绅士风度的象征，凡在比较正式的场合，穿西装都须系领带。领带的长度以到皮带扣处为佳，色彩和图纹一般以冷暖相间为好，而且要与自己的年龄、肤色、爱好相协调；领带夹一般在第四、第五个扣之间。如衬衫外再穿马夹或绒线衫，则须将领带置于其内；正式隆重场合要系黑领结或白领结。非正式场合可以不打领带，但应把衬衣领扣解开，以示休闲洒脱。按照"西装革履"的要求，穿西装应配黑色系带牛皮鞋，并保持鞋面的清洁光亮。参加重大社交活动特别是涉外活动前一定要擦皮鞋，这是对宾客的尊重。布鞋、旅游鞋或长筒靴等不宜在正式场合穿用。与皮鞋配套的袜子应为深色的纯棉毛制品，忌穿白色袜。

4. 巧系纽扣，少装东西

在正式场合站立时，一般应将西装上衣的纽扣系上，就座时将扣解开。如系双排扣西装，应将扣一一扣上，亦可只扣上面一粒，表示轻松、时髦，但不可不扣。单排二粒扣西装，扣子全部不扣表示随意、轻松，扣上面一粒表示郑重，全扣表示无知；单排三粒扣西装，扣子全部不扣表示随意、轻松，只扣中间一粒或上边两粒，表示正宗和郑重，全扣表示无知。西裤作为西装整体的另一主要部分，要与上装互相协调，以构成和谐的整体。西裤长度以接触脚背为宜，裤腰大小以合扣后插入一手掌为标准。西裤穿着时，裤扣要扣，拉链要全部拉严。无论哪种西服，其口袋应不装或少装东西。外侧左胸袋可放置装饰性手帕；外侧下方的两口袋也不宜放任何东西，内侧左右的胸袋可放钢笔、钱包或名片夹，但不宜放过厚的东西，以保持胸部的平挺。三件套背心的口袋用来放名贵的小东西；西裤的左右插袋，用作插手保暖，两个后袋可放实用性手帕，但不宜放成串的钥匙，以保持裤型的美观。

五、端庄的女士西装套裙

西装套裙，简称套裙，是指上装穿西装，下装为开衩直筒裙的组合搭配方式（见图2-22），是女士在正式场合常穿的服装之一。它把潇洒、刚健的西装上衣和柔美、雅致的裙子结合在一起，刚柔相济、相得益彰，顿显白领女性的神秘韵味。同样，着西装套裙也要把握着装规范。

1. 面料

一套在正式场合穿着的套裙，应该由高档面料缝制，上衣和裙子要采用同一质地、同一色彩的素色面料。衬衣要求轻薄而柔软，故真丝、麻纱、府绸、罗布都可以用作其面料。衬裙可以考虑各种面料，但是以透气、吸湿、单薄、柔软者为佳，过于厚重或过于硬实的面料，通常不宜用来制作衬裙。所穿的用以与套裙配套的鞋子，

图2-22 女士西装套裙

宜为皮鞋，并且以牛皮鞋为上品。同时所穿的袜子，则可以是尼龙丝袜或羊毛袜。

2. 色彩

应当以冷色调为主，借以体现出着装者的典雅、端庄与稳重。还须使之与正在风行一时的各种"流行色"保持一定距离，以示自己的传统与持重。一套套裙的全部色彩至少不要超过两种，不然就会显得杂乱无章。

3. 尺寸

女士的套裙曾被要求上衣不宜过长，下裙不宜过短。通常套裙之中的上衣最短可

以齐腰，而裙子最长则可以达到小腿的中部。裙子下摆恰好抵达着装者小腿肚子上的最丰满处，乃是最为标准、最为理想的裙长。以宽窄肥瘦而论，套裙之中的上衣分为紧身式与松身式两种。一般认为，紧身式上衣显得较为传统，松身式上衣则更加时髦一些。上衣的袖长以恰恰盖住着装者的手腕为好。上衣或裙子均不可过于肥大或包身。

4. 穿着到位

女士在正式场合穿套裙时，上衣的衣扣必须全部系上。不要将其部分或全部解开，更不要当着别人的面随便将上衣脱下。上衣的领子要完全翻好，有袋的盖子要拉出来盖住衣袋。不要将上衣披在身上，或者搭在身上。裙子要穿得端端正正，上下对齐。应将衬衫下摆掖入衬裙裙腰与套裙裙腰之间，切不可将其掖入衬裙裙腰之内。需要考虑年龄、体型、气质、职业等特点。年纪较大或较胖的女性可穿一般款式，颜色可略深些；肤色较深的人不适宜穿蓝色、绿色或黑色。国际上通常认为袜子是内衣的一部分，因此，绝不可露出袜边。为避免这种尴尬，女士们应穿长到大腿的长筒袜，绝不能穿那种半长不短的丝袜。

在穿套裙时，既不可以不化妆，也不可以化浓妆。不允许佩戴与个人身份有关的珠宝首饰，也不允许佩戴有可能过度张扬自己的耳环、手镯、脚链等首饰。

5. 搭配

衬衫应轻薄柔软，色彩与外套和谐。内衣的轮廓最好不要从外面显露出来。衬裙应为白色或肉色，不宜有任何图案。裙腰不可高于套裙裙腰而暴露于外。

[补充资料]

商务人员穿着打扮的误区

误区1：露出鼻毛。

误区2：皮鞋配白袜子。

误区3：穿西装再套个V形领毛衣。

误区4：穿西装背着包。

误区5：白衬衣里边套个背心。

误区6：用领带夹。

误区7：钥匙串扣挂在皮带上。

误区8：着西装套裙穿露趾凉鞋。

六、高贵的礼服

（一）男士礼服

1. 中国近现代的礼服——中山装

中国服装没有礼服和便服的严格区分，在比较正式的场合，一般着中山装、西装和其他民族服装。现在国内外比较通行的规则是着西装。

中山装，是我国近现代的民族服装，一般为上下装同质同色的黑色或深蓝色的面料。穿中山装时，应将上衣的前门襟、风纪扣、袋盖扣全部扣好，裤门上的扣子更应扣好。口袋内不宜放置杂物，以保持平整挺括。在公众场合，不得卷挽衣服的袖管或裤管。着中山装可以穿擦亮的黑色皮鞋，亦可穿洗净的布鞋。

2. 西方传统男礼服

西方国家的男性服装分为礼服和便服。日常穿便服，参加各种隆重的典礼和仪式，则应穿礼服或深色西装。西方男士传统的礼服主要有如下几种。

（1）晨礼服　又名常礼服，通常上装为灰色、黑色，后摆为圆尾形，下装为深灰色底、黑条子裤。系灰领带，穿黑皮鞋，戴黑礼帽。这种礼服用在白天参加典礼、婚礼和社交等场合，或星期天上教堂做礼拜时穿用。

（2）小礼服　也称晚餐礼服或便礼服。上装为黑色或深蓝色西装上衣，衣领镶有缎面。下装为配有缎带或丝腰带的黑裤，系黑领结，穿黑皮鞋。小礼服适宜在晚间参加宴会、音乐会、剧院演出穿着。

（3）大礼服　也称燕尾服，黑色或深蓝色上装，前摆齐腰剪平，后摆剪成燕尾状，翻领上镶有缎面。下装为黑色或蓝色配有缎带，裤腿外侧有黑丝带的长裤。系白领结，穿黑皮鞋、黑丝袜，戴白手套。适用于晚间较正式的场合，如官方宴会、正式舞会、晚间婚礼等。

（二）女士礼服

1. 我国传统女礼服——旗袍

旗袍是我国的传统女礼服，它线条流畅、贴身体、美观大方、舒适飘逸，能很好地表现女性柔美的身体曲线，让人显得高雅、端庄、仪态万方，一直被视为东方女装的代表而在国际上享有很高的声誉。

旗袍结构简单，穿着方便，实用性很强。低档面料可以做便装旗袍，作为居家常服；高档面料可以做礼服旗袍，作为高级礼服。它适合于不同季节、不同年龄的女性穿着。作为礼服的旗袍，最好是单一的颜色，面料以典雅华丽、柔美挺括的织锦缎、古香缎和金丝绒为佳。在隆重正式场合，旗袍长度最好达到穿着者的脚背；开衩的高度，原则上应在膝盖以上、大腿中部以下；穿旗袍可配高跟或半高跟皮鞋，亦可穿面料高级、制作考究的布鞋。

2. 西式传统女礼服

国际上流行的女礼服，常见的有如下几种。

（1）常礼服　也叫晨礼服，一般由同质同色的上衣与裙子搭配而成，通常以一件套的长裙为宜。有的则是以华丽而有光泽的面料缝制成的连衣裙。穿常礼服时，应戴上合适的帽子和薄纱的短手套。这种礼服在白天参加庆典、婚礼时穿用。

（2）小礼服　也叫晚礼服和便礼服。它是一种质地高档、长至脚背而不拖地的露背式单色连衣裙式礼服。晚礼服的衣袖有长有短，穿者可根据衣袖长短选配长短适当的手套。通常不戴帽子或面纱。这种礼服适合于参加晚六点以后举行的宴会、音乐会、婚礼时穿着。

（3）大礼服　是一种袒胸露背的、拖地或不拖地的单色连衣裙式并配以颜色相同的帽子、薄纱手套以及各种头饰和耳环，适于在晚间举行的正式宴会、交谊舞会、赠礼等场合穿着。

现在，女士的礼服也趋于简化，但其式样则比男礼服多。西装套裙、连衣裙、旗袍，或上穿中式服装，下配长裤或长裙，都可以作礼服。

七、画龙点睛的饰品

（一）饰品选择佩戴的基本原则

1. 符合场合和身份

饰品，亦称首饰、饰物，是指人们在穿着打扮时所使用的装饰物，它可以在服饰中起到烘托主题和画龙点睛的作用。因此，饰品的选择应和穿戴者的身份和所处的场合相协调，这样才能与合体的衣服相得益彰。比如，饭店服务人员在工作岗位最好不戴饰品，不然有跟客人攀比之嫌。

2. 以少为佳

我们在佩戴饰品时应遵循少而精的原则。不能一味追求贪多求全，不然会直接影响饰品的美饰效果，不但没有增添任何美感，反而显得"铺张浪费"，杂乱无章。一般不宜超过两个品种。佩戴某一具体品种的饰品，则不应超过两件。

3. 佩戴有方

为了真正体现饰品画龙点睛的作用，在佩戴时一定要与自身条件和所穿服装相协调。比如，手指肥大，应挑选起角和不对称的款式；如果是修长纤指，则适宜戴宽的戒指，若选择粗线条的款式，如方戒、榄尖戒等，那会使你的手指更具吸引力。

（二）鞋袜、帽子、腰带的选择与佩戴

1. 鞋袜

鞋子的选择应与服装的色彩和款式、质地相匹配。一般来说，身穿深色或中性色的西装，宜与黑色皮鞋搭配；穿休闲服装，则应与旅游鞋搭配；穿运动服应穿运动鞋或旅游鞋；穿西装套裙或旗袍则宜与高跟或半高跟皮鞋相搭配。鞋的颜色应选择比服装深或相似才显和谐美观。穿红色、黑色皮鞋显得稳重；白色、黑色皮鞋可以搭配任何色调的服装；但在正式社交场合宜穿黑色皮鞋，尤其在庄重、肃穆的场合不宜穿棕色及红色皮鞋。穿着皮鞋还应注意一定要擦光擦亮，这不仅是自身形象的需要，也是对他人的尊重。

袜子也是仪表的一部分。与西装及皮鞋搭配的男袜，颜色宜略深一些，因为深色的袜子可以覆盖男子的腿毛。但要注意袜子花色的选择要尽可能朴素大方，另外要注意所穿袜子的袜口必须隐在裤管内。女士对袜子的选择应比男士更加严格，一般而言，不应露出腿部肌肤。在穿着裙子时，外露着腿部，各人的腿形粗细、肤色及所穿裙子颜色不同，不同颜色的袜子极易造成不同的视觉效果。腿部较粗的人，宜穿深色

的袜子，深色的袜子会使人感到腿形修长；腿形过于细长的人，宜穿浅色或肉色的袜子，可以给人一种丰满的感觉。女士可以选择与服装同色调的袜子，但应与服装和谐相配，一般不宜选色调鲜艳的袜子；不能上装较浅，袜子色调很深，否则将给人以头轻脚重、突然变矮的感觉；穿着鲜艳的裙子或旗袍宜穿肉色的长筒丝袜。此外，女性着袜应注意不要露出袜口，不可以赤脚穿皮鞋，否则也都是失礼的。

2. 帽子

帽子不仅具有防寒防晒功能，而且是服饰搭配中的组成部分。帽子的选择一定要依自身条件、服装与场合而定。因此，帽子的式样、颜色的选择非常讲究，只有在其风格、色彩、造型等方面与其所搭配的其他服饰浑然一体，才能达到服饰的整体效果。

帽子的式样较多，在其选用上应考虑脸形、身材、年龄、职业与身份，以及与服装的配套。圆脸形及宽脸形者宜戴棒球帽，不宜戴圆顶帽和高沿阔边的帽子；尖脸形和长脸形者宜戴圆顶帽，不宜戴棒球帽及小帽或高筒帽。身材高大者选用的帽型宜大不宜小；身材瘦小者选用的帽型宜小不宜大。高个子不宜戴高筒帽；矮个子不宜戴阔沿帽。穿西装礼服可戴礼帽，不能戴棒球帽，更不能戴遮阳帽；穿中山装宜戴圆顶帽；穿夹克衫可戴贝雷帽等。

在正式社交场合是否戴帽子，必须依不同场合而定。参加正式宴会而穿晚礼服时，绝对不能戴帽子；在正式的午餐或招待会上，有时规定必须戴帽子；出席鸡尾酒会可以随意选戴各式与服饰相配的帽子。

3. 腰带

腰带佩戴时也应和自己的身材协调。个子娇小的人系细腰带，而且颜色最好与衣服相符合。腰粗的人，绝不能系鲜艳和宽粗的腰带。上身长的人，可系稍宽的腰带。上身短的人，应把腰带系在低腰处。

（三）装饰性饰品的选择与佩戴

饰品的搭配不要多，一两件是精巧的装饰和点缀，而多于三件则显得庸俗。记住饰品只是点缀作用，用于调节着装，使之与自己所要展现的气质更为合拍。

1. 项链

项链要与脸形相搭配。脸部清瘦且颈部细长的女性，宜戴短项链，脸部就不会显得太瘦，颈部也不会显得太长了。脸圆而颈部粗短的女性，最好戴细长的项链，如果项链中间有一个显眼的大型吊坠，效果会更好。椭圆形脸的女性最好戴中等长度的项链，这种项链在颈部形成椭圆形状，能够更好地烘托脸部的优美轮廓。颈部漂亮的女性可以戴一条有坠的短项链，突出颈部的美丽。就项链的选择而言，价格并不是主要的因素，不管是什么样的款式，与年龄、肤色、服装的搭配协调才是主要的。一般来说，上了年纪的人以选择质地上乘、工艺精细的金、白金的项链为好；而青年人应选用质地颜色好、款式新的项链为佳，如骨制、珍珠制项链等。

2. 耳环

身材短小的人，戴蝴蝶形、椭圆形、心形、圆珠形的耳环，显得娇小可爱。方形脸适宜佩戴圆形或卷曲线条吊式耳环，可以缓和脸部的棱角。圆形脸戴上"之"字形、叶片形的垂吊式耳环，在视觉上可以造成修长感，显得秀气。心形脸宜选择三角形、大圆形等纽扣式样的耳环。三角形脸最好戴上窄下宽的悬吊式耳环，使瘦尖的下颌显得丰满些。

戴眼镜的女性不宜戴大型悬吊式耳环，贴耳式耳环会令她们更加文雅漂亮。耳环与肤色的配合不容忽视。肤色较白的人，可选用颜色鲜艳一些的耳环。若肤色为古铜色，则可选用颜色较淡的耳环。如果肤色较黑，选戴银色耳环效果最佳。若肤色较黄，以古铜色或银色的耳环为好。

3. 戒指

戒指应与指形相搭配。手指短小，应选用镶有单粒宝石的戒指，如橄榄形、梨形和椭圆形的戒指，这样才能使手指看来较为修长。手指纤细，宜配宽阔的戒指，如长方形的单粒宝石，会使玉指显得更加纤细圆润。手指丰满且指甲较长，可选取用圆形、梨形及心形的宝石戒指，也可选用大胆创新的几何图形。戒指也应与体形肤色相搭配。身体苗条、皮肤细腻者，宜戴嵌有深色宝石、戒指圈较窄的戒指。身材偏胖、皮肤偏黑者，宜戴嵌有透明度好的浅色宝石、戒指圈较宽的戒指。

总之，首饰是起点缀作用的，佩戴得好了，可以提升自己的品位，不恰当了便显庸俗，这里讲究的是精妙典雅。

【单项训练】

练习打领带

实训内容：掌握标准式、半温莎式、温莎式三种方法。

实训要求：通过实训，掌握打领带的基本方法，能独立并帮助他人打领带。

实训步骤：

1. 标准式

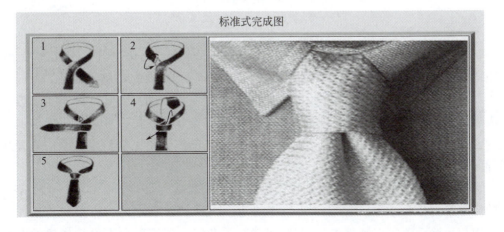

2. 半温莎式

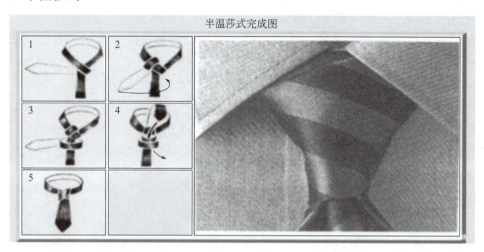

3. 温莎式

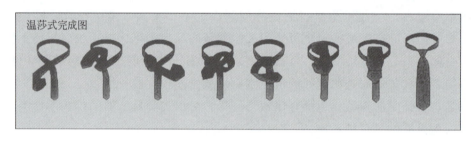

小 结

本次教学情境重点讲述了个人在社交过程中仪容、仪表、仪态的基本要求，同时也阐述了着装和服饰礼仪、化妆时应注意的事项和主要禁忌。通过本模块的学习，我们要努力培养自己大方、典雅、庄重而又不失时代性的个人形象。

综合训练

一、案例分析

每一个成功企业的后面，都会有一个出色的企业家。通用电气的杰克·韦尔奇、松下电器的松下幸之助、苹果电脑的史蒂夫·乔布斯、微软的比尔·盖茨、万科的王石、海尔的张瑞敏以及联想的柳传志等，他们就像商界的明星一样，一举手一投足都代表着企业的形象，影响着企业的发展。一个具有良好形象的企业家不仅能够通过个人的言行和魅力传播和提升企业及品牌的形象，还能够借由大众对企业家的喜爱从而引导大众对企业和品牌的喜爱。

关于企业家形象的定义，时下比较流行的说法就是企业家个人品牌。企业家个人品牌并不是与生俱来的，它与产品品牌的建设一样，需要定位、积累和传播。在国外，因为政治活动的需要，在20世纪初就有了专门为国家领导人设计形象的专业机构,他们很早就意识到了公众人物的品牌价值。公众人物的一言一行、一举一动都是经过专业机构专业设计的,如同娱乐界的明星一样。而杰克·韦尔奇、比尔·盖茨等企业领导人在公众眼中的形象,其实也是在经过专业形象设计公司精心策划和设计,运用多种传播渠道和手段推出后,才成为今天人们心目中那个充满个人魅力,与企业、品牌相映生辉的传奇人物和偶像。虽然这些年随着中国经济的腾飞,中国也出现了一批如张瑞敏、柳传志、张朝阳、王石、潘石屹等知名的企业家,但由于社会环境和文化传统的不同,与国外成熟的企业家品牌打造模式相比,国内企业在这方面的意识和行为显然还比较稚嫩。眼下,伴随着经济的国际化,市场的不断成熟,中国的企业家们也越来越认识到企业家品牌对于个人和企业所带来的巨大价值和商机,对个人品牌的打造也越来越关注。

外表风格侧重的是外秀,是个人形象的外在表现。比如国内广告界的名人叶茂中,无论何时何地,永远都是戴着一顶帽子,帽子就是他的一个独特的标志;再如SOHO中国的潘石屹,虽然他不是地产企业里面最有钱的,但绝对是最有知名度的,潘石屹经常就是一身中式打扮,或者是一身休闲的西装,很少看到他和其他地产企业家一样穿着严肃的西装和领带。诸如叶茂中和潘石屹这类比较独特的打扮,经由媒体的不断传播,能够让人们清晰地记得他。其他如王石喜欢登山,维珍的老板布兰森喜欢冒险等,都是企业家个性和爱好的表现。企业家的这种爱好和个性体现了他对生活和社会的态度。诸如登山、冒险、收藏等这类普通大众无法实现的爱好都能极大地激发大众对企业家的关注。

试分析:个人形象包括哪些方面?塑造良好的个人形象有何重要作用?商务人员应该从哪些方面加强个人形象的塑造?

二、请你判断以下情境中人物做法的正误,并说出理由

1. 郑总要去与德国客商签约,穿了一件白色夹克,配上牛仔裤,显得年轻时尚。(　　)

2. 一位客人在餐厅用餐,发现菜里面有一根头发,便叫来领班。领班微笑着向她道歉,微笑着处理整件事情。(　　)

3. 小杨去见客人,一进门就靠在沙发上,跷起二郎腿,点起香烟。(　　)

三、实训检测

(一)职业着装检测

实训内容:各小组职业装展示。

实训要求:按职业装要求穿着搭配。

检测项目	检 测 内 容	分值	实际得分
1	现在穿的制服是否干净?	10	
	现在穿的制服是否熨烫过?		
2	上下身的颜色是否搭配?	10	
3	衬衫的领子或袖口是否干净?	10	
4	领带是否系好了?	10	

续表

检测项目	检测内容	分值	实际得分
5	口袋里是否放了很多东西？	10	
6	佩戴的饰物是否过多过艳？	10	
7	裙子是否过长或过短？	10	
8	袜子是否肮脏？ 袜子是否有破洞？ 袜子的颜色是否合适？	10	
9	鞋子是否配套？	10	
10	佩戴的胸牌是否在规定位置？	10	

（二）综合训练与测试

实训内容：四人为一小组，自由编排，综合展示十个规范礼仪动作。时间3分钟左右。

实训要求：根据不同姿态的要求，规范做好每一个动作。小组配合默契，互相帮助指正，共同完成实训任务。

考核项目	考核内容	分值	实际得分
站姿	标准式、前搭手式、背手式	10	
坐姿	至少变换四种坐姿	10	
行姿	动作规范、优美	10	
蹲姿	高低式蹲姿	10	
微笑和眼神	三度微笑、眼神柔和	10	
挥手和点头	动作准确规范	10	
鞠躬	15°、30°、45°鞠躬礼	10	
手势	低位手势、中位手势、高位手势	10	
握手礼	握手动作准确、自然大方	10	
介绍与名片	仪态端正，手势正确，介绍的次序准确，递、接动作准确	10	

学习情境三
运用商务日常交际礼仪

【学习目标】

通过学习,应该达到以下目标:

(1) 知识目标　了解商务交往中日常见面应遵循的礼仪规范,熟悉并掌握称呼、问候、介绍、握手、鞠躬、名片的使用等各项礼仪规范的基本要求和方法。

(2) 能力目标　能熟练并正确运用各种日常见面礼仪,掌握基本的礼貌用语,具备在不同场合与人交往的基本素质。

【情境导入】

经过洽谈,千惠购物中心与另一家公司初步达成协议。可是当千惠购物中心的代表告别离开时,看见主人把自己的名片随意压在茶杯底下,而且主人没有把客人送到楼下,只是说了句:"好走,不送。"客人刚出门,主人就"嘭"地把门关上。第二天,千惠购物中心告诉对方,他们已经与另一家公司签约。

【项目任务】

商务礼仪无小事,日常交际有哪些需要注意的细节?如果你是主人,你会怎么做呢?

【理论知识】

日常交际是指在社会生活中人与人之间基于某些客观需要而发生的思想、情感、语言和行为等方面的相互影响和作用。日常交际礼仪在人们的日常生活中占有相当重要的地位。商务从业人员应该避免日常生活平平常常、不拘小节、无关大雅的心态。"己所不欲,勿施于人","勿以善小而不为,勿以恶小而为之"。只有注重自己的一言一行,才能更好地将自己融入职场之中,并取得成功。

一、称呼礼仪

称呼即称谓,指的是人们在交往应酬时,用以表示彼此关系的名称用语。

(一) 称呼的规则

在人际交往中,称呼很有讲究,它不仅反映了一个人的身份、性别、社会地位和婚姻状况，而且反映了对方的态度及其亲疏的关系。在交际开始时，只有使用得体的称呼，才会使交往对象产生同你交往的欲望。因此，使用称呼语时要注意如下几条。

1. 称呼恰当

所谓称呼恰当，就是要求根据对方的身份、地位、民族、宗教、年纪、性别等合理去称呼。要做到分别对待，因人而异，让关系亲近者感到亲切，让关系疏远者感到受尊重。另外，还应根据不同场合，因时、因地去称呼。在正式场合，应使用泛尊称、职业加泛尊称、职务称、职务（职业）加泛尊称、姓氏加职务（职称）称等；在非正式场合，可以直接以姓名称、名字称、辈分称等。对人多用尊称，对己多用谦称。

2. 照顾习惯

称呼他人必须充分考虑交往对象的语言习惯、文化层次、地方风俗等因素。根据我国民间的称呼习惯，凡亲近者间可以直呼其名；同辈、同事、兄妹、兄弟之间只称名而不带姓氏；对那些初识者或关系疏远的人，则通常以对方的姓，再加上能体现对方身份、地位等的称谓来称呼。在正式场合，尤其在涉外场合或接待服务场合应按国际惯例，称呼"先生""女士""小姐""太太""夫人"等，并可冠以姓名、职称和衔称。日本的女性一般不称"小姐""女士"，而称"先生"。美国人除对长者、有身份者例外，通常都直呼其名。

3. 注意忌讳

称呼忌讳，即指人们通常所说的称呼时的避讳，这是出于礼仪、吉凶、功利、荣辱等方面因素所形成的不成文的规矩。在生活中称呼的避讳较多，主要表现为：一是见人不使用任何称呼，直接以"喂""嘿"或以方位或人体特征代之，甚至连这类非礼貌的称呼也不用；二是使用不雅的称呼，即以含有人身侮辱或歧视之意的称呼，如小名、绰号、雅号及低级、庸俗的称呼，或对昵称的使用没有分寸；三是对人冠以蔑称、贬称；四是错误的称呼，即记不起对方姓名、称呼时叫错或张冠李戴，或对被称呼者的年龄、辈分、婚否以及与其他人的关系做出错误判断出现错误的称呼，如将未婚的女子称为"大嫂""太太"。

（二）姓名的组成与排列顺序

姓名是称呼的主要部分，但是由于世界各国的历史文化不同，风俗习惯各异，姓名的组成、排列的顺序也不尽相同。在国际交往日益频繁的今天，我们必须对其有所了解，并能正确、恰当地称呼对方，以保证社交的效果与成功。世界各国姓名的结构和排列顺序大致上有如下三种。

1. 前姓后名

前姓后名的姓名结构和排列顺序即为姓在前，名在后。许多亚洲国家，如中国、日本、韩国、朝鲜、越南、柬埔寨、新加坡等，另外，还有欧洲的匈牙利人的姓名结构都是如此。日本的姓名多为四字组成，其姓名结构和排列顺序与我国基本相同，但其姓名的前两字为姓，后两字为名。日本妇女在婚前使用父姓，婚后使用夫姓，本人的名字不变。在与日本人交往中，日常只称姓，只有在正式场合才使用全称。

此外，在我国的港、澳、台地区，女性婚前使用父姓，婚后在父姓前加以夫姓，一般也为四个字的姓名。

2. 前名后姓

在英国、美国、加拿大、澳大利亚等讲英语的国家，姓名一般也由两部分组成，但通常是名字在前，姓氏在后。女性婚前都用自己的姓名，婚后一般是自己的名加上丈夫的姓。在日常交往中，只称其姓，加上"先生""小姐"等；在正式场合，则应称呼其姓名全称，同样加"先生""小姐"或"夫人"等。

法国人的姓名一般由两节或三节组成，前一、二节为名字，最后一节为姓；西班牙人的姓名常由三、四节组成，前一、二节为本人的名字，第三节为父姓，最后一节为母姓；俄罗斯人的姓名由三节组成，第一节为本人名字，第二节为父名，第三节为姓；阿拉伯人的姓名由四节组成，分别为本人名字、父名、祖父名、姓。泰国等国家人的姓名也都是名在前、姓在后的排列。

3. 有名无姓

世界上只有名而无姓的人多在缅甸、印度尼西亚等国。常见缅甸人的名字前有"吴"，这不是姓，而是一种尊称，是"先生"的意思。在名字前面常冠以表示性别、长幼、地位的字和词，如冠以"杜"意为女士，"玛"意为姐妹，"郭"意为长辈，"哥"意为兄弟，"波"意为军官，"塞耶"意为教师。如一位缅甸男子名为"刚"，同辈人称他为"哥刚"，若他有一定的社会地位则被称为"吴刚"，若他是军官，则被称为"波刚"。

（三）称呼的方式

称呼的方式基本可以分为两类，一类是一般称呼，即指普遍适用于各种不同身份人士的称呼；另一类是特殊称呼，即指与个人特定身份、职业或关系相适应的专用称呼。但不论采取何种方式，都必须符合对方的身份、与自己的关系并应适合场合，其具体的称呼方式有如下几种。

1. 泛称

泛称，即指适合于各种社交场合的称呼，一般都适用于正式社交场合，主要有先生、小姐、夫人、太太、女士等。这些都是西方称呼，也是国际通行称呼，在我国主要用于正式交际场合和外事接待场合。先生旧时即为对教师的称呼，但对具有一定身份、地位、知识渊博的女士也可以称为先生，如当年的毛泽东曾称何香凝、宋庆龄两位女士为"先生"。"先生"一般是对男士的泛称，"小姐""夫人""太太"均为对女性的称呼。"先生"和"小姐"可以单独用于称呼，也可以与姓名、姓氏、职业性称呼组合在一起，在正式场合下使用。如"张先生"或"张某某先生"，"王小姐"或"王某某小姐"，"上校先生""秘书小姐"等。"先生"和"小姐"还可以用来称呼服务行业的工作人员。

2. 职务称

职务称，即以对方的职务来进行称呼，如称其"部长""局长""厂长""经理""校长"等。职务称可以单独使用，也可以同泛称、姓名、姓氏分别组合一起使用。对知道职位、学位、军衔的人可以以职务称呼，应在"先生""小姐"前冠以职衔，如"博士先生""议员先生""市长先生""上校先生"等。对政府的高级官员、外交大使或军队中的高级将领，最好在职位后加"阁下"二字，如"总统阁下""大使先生阁下""将军先生阁下"。"阁下"的使用不限于男性，对有高级官衔的女性，也可以称其"阁下"。

3. 职业称

职业称，即以对方所从事的职业进行称呼，如称"教师""医生""律师""教练""警官"等。在使用职业称呼时，可以同姓名、姓氏分别组合一起使用，如称"王教练""李医生""张律师"等。还可以以职业称加泛称组合在一起使用，如称"医生同志""律师先生""护士小姐"等。

4. 姓名称

姓名称，即直接以他人的姓名和姓氏进行称呼，适用于非正式场合，相互比较熟悉的人之间的称呼。姓名称，在实际使用中又有多种方式，一是人们往往习惯于在被称呼者的姓氏前面加上"老""大"或"小"等字，而免称其名，如称"老王""大张""小李"等，以示关系随便；二是在被称呼者姓氏的后面加上"老"，用于对年纪较老、德高望重者的称呼，如"张老""王老"，以示对对方的尊敬；三是不称其姓，而只呼其名，主要用于关系密切者之间，适用于同事或同学间、上级对下级、长辈对晚辈的称呼。

5. 特殊称

特殊称，主要是指对君主制国家、宗教及神职人员的专用称呼。如对君主制国家的国王及王后应称"陛下"，称王子、公主、亲王等为"殿下"，对有爵位的应称爵位或阁下。

二、问候礼仪

问候有多种形式和方式，是礼节性较强的举动。

（一）问候形式

1. 日常问候

日常问候是亲友间互致的问候，大体有如下几种。

（1）按时间问候　如"早安""早上好""晚安"。

（2）祝愿式问候　如"生日快乐""新年快乐""福寿康宁"。

（3）关心式问候　如"一切都好吗""你的身体怎样呀"。

2. 特殊问候

它是指亲友之间在不同情况下的问候。一是节日问候。在节日到来时相互之间表示关心、联络感情的一种方式。二是喜庆时的问候。如对方新婚、职位晋升等喜事。三是不幸时的问候和安慰。如家庭变故、失火、被盗等不幸，表示同情和安慰。

(二) 问候的方式

常见的有如下几种方式：口头问候、书信问候、电话问候、贺卡问候、送物问候等。在商务场合中，还有一种常用的问候方式——致意。这是一种无声的问候，往往用于不宜大声喧哗的公共场合。

(1) 微笑致意　在日常交际中，与人见面时，微微一笑是表达敬意和问候的最佳方式，适用于多种场合。

(2) 举手致意　举起右手，掌心朝向对方，其功能因招手的高度和方式有所不同。

① 高位手：右手高举过顶，并用目光示意，往往是向远距离的人表示"我在这里"；左右不停摆动，常表示"再见"。如图 3-1 所示。

② 中位手：右手举起与耳齐，掌心向前，面带笑容，目视对方，往往适用于与中近距离或行进中的人打招呼，表示"你好"；左右摆动则表示告别。如图 3-2 所示。

图 3-1　高位手

图 3-2　中位手

(3) 点头致意　头微微向下一动，幅度不必太大。适用于不宜交谈的场合与相识者在同一地点多次见面，或与不相识者在社交场合见面。

(4) 欠身致意　起半身致意，适用于处于坐姿状态的问候者，见到长辈、领导进入室内时。

(5) 脱帽致意　微微欠身，右手脱下帽子，同时目视对方，微笑致意，片刻即可将帽子戴上。

【单项训练】

实训内容：两人为一组，相向而行，扮演上下级、同事、合作伙伴等身份，分别展示不同的称呼、问候以及致意方式。

实训要求：分组训练，角色扮演，小组展示，互相点评。

任务二 介绍礼节

介绍是日常交往和商务场合中相互了解的基本方式，是人际交往的一座桥梁。通过介绍，可以拉近人与人之间的距离，创造良好的沟通机会，从而更好地进行交流。

一、介绍应遵循的顺序

介绍是社交和接待活动中普遍的礼节，是见面相识和发生联系的最初形式。介绍的先后顺序是个礼节性很强的问题，一般应按照如下通行的规则进行。

1. 把男士介绍给女士

在社交场合，当介绍陌生男女相识时，介绍人通常是把男士领到女士面前，把男士介绍给女士。在介绍过程中，女士的名字应先被提到，然后再提男士的名字。如"王小姐，我来给你介绍一下，这位是张先生"。这里应遵循长者、女士、地位高的人具有"优先知情权"的原则。

2. 把年轻者介绍给年长者

在同性别或异性的两人中，介绍人应把年轻者介绍给年长者，以示对长者、前辈的敬重。如"李伯伯，让我来介绍一下，这位是我的同事张××"，或"王阿姨，这位是我的表妹赵×"。

3. 把职位低者介绍给职位高者

在社交场合，不分男女老少，一般是以社会地位和职位高低作为社交礼仪的衡量标准。在被介绍相识的两人或几人中，如有一位地位或职位比别人高的，应将别人先介绍给这位地位和职位高的人。

4. 把未婚者介绍给已婚者

在被介绍双方的性别相同，年龄、身份相等的情况下，一般应将未婚者介绍给已婚者。但是，如果未婚者的年龄大于已婚者时，则应将已婚者介绍给未婚者，以示对长者的尊重。

5. 把主人介绍给客人

在主客双方身份相当的情况下，应先介绍主人，再介绍客人，以示对客人的尊敬。

6. 把晚到者介绍给先到者

在被介绍的两人中，有先到后到之分时，应遵循"先者为大"的原则，即应把晚到者介绍给先到者。

7. 同性别，年龄、地位相同的平等介绍

在介绍的双方同性别，年龄、身份相当，又同为未婚或已婚时，其介绍的先后顺序没有任何意义。

二、介绍的种类及方法

介绍按其场合可以分为正式介绍和非正式介绍两种，按其介绍对象和方式可以分为自我介绍、他人介绍、介绍他人三种。由于场合、对象和需要不同，各种方式介绍的内容和形式也不相同。

（一）正式介绍

正式介绍，即指在比较正规、郑重场合进行的介绍。此种介绍可按标准式的规则进行，即将年轻者介绍给年长者以及把男士介绍给女士是这类介绍必须遵循的原则。在正式介绍中应注意：一是介绍时向介绍者一般使用"请允许我向您介绍某某某"的说法；二是当把男士介绍给女士时应事先征得女士的同意；三是向众人介绍一人时，应有一个类似征求大家意见的表示，如"请允许我把李先生介绍给诸位"；四是当给双方介绍后，介绍人不能马上离开，特别是在介绍异性时尤其要注意，以避免双方因初次相识而感到尴尬。

（二）非正式介绍

非正式介绍，即指在一般的、非正规场合中进行的介绍。在这种场合中，完全可以依据介绍人与被介绍双方关系的密切程度和当时的情形，作较为随便的介绍，不必拘于礼节。作此类介绍时不必讲究介绍的先后顺序，力求自然、轻松；介绍时的语言应简单、灵活，介绍人可以在称呼对方后，直接指向并报出被介绍人的名字，如"王×——李×"；还可以使用"这就是"这类话，直接将被介绍的人引荐给对方，如"王×，你不是想认识李×吗？这位就是"；当向众人介绍一位熟人或朋友时，可以向众人说句"诸位，这位就是我的朋友××"，语言不必过多，只这一句就可以了。

（三）自我介绍

自我介绍，即指在社交场合，出于人际沟通和业务需要，在无人介绍的情况下，自己为自己进行的介绍，以使他人认识自己的方法。这是人际交往中常用的一种介绍方式，也是在必要情况下十分有效的沟通途径，从某种意义上讲，它是打开人际交往大门的一把钥匙。

1. 自我介绍的适用情形

（1）本人希望结识他人　因为某事需要，或在多人聚会的情况下，希望与一位原不相识的人认识，但又无人引荐，只有自己充当介绍人作自我介绍，直截了当地将自己介绍给对方。此种情况下自我介绍的方法有两种。一种是采取主动的自我介绍方式。一般做法是，先向对方问好或点头致意，待对方有所反应后，再简单向对方介绍自己的姓名、身份、单位，对方也会向你作自我介绍的。另一种是采取被动的自我介绍方式。可先婉转地询问对方："先生，您好！请问我该怎样称呼您？"待对方作完自我介绍后再顺势介绍自己。

（2）本人希望他人了解自己　在到外单位联系工作或求职时，为了让别人了解自己，认识自己，往往也需作自我介绍。这时的自我介绍既是一种礼貌，也是更进一步交流及达到自己目的的前提和基础。

（3）他人希望结识自己　在社交场合，在别人对你感兴趣，向你点头致意，并向你作自我介绍时，出于礼貌，你应向对方作自我介绍，使对方的自尊受到尊重。

（4）为了表示对主人的礼貌　在社交场合有条不成文的规定："如果你是主人的朋友，那你就负有与主人的其他朋友交谈的义务。"在朋友家与多位客人相遇，且你与其他客人又不相识，如果主人无法抽身或忘记了介绍，你作为主人的朋友就应首先作一下自我介绍，表明自己的身份，对方势必也会作一番自我介绍，这样既可打破沉默，又便于彼此交谈。

（5）当主人忘记介绍你的时候　在宴会等场合，当主人忘记把你介绍给你的邻座，或因你迟到，主人又没有把你介绍给在座的客人时，你可向邻座作自我介绍，也可先请教邻座的姓名"您贵姓？"，在对方回答后再作自我介绍。

2. 自我介绍的基本程序及原则

自我介绍的基本程序是：先向对方问好或点头致意，然后再向对方介绍自己的姓名、身份和单位（即自我介绍三要素），同时可以递上事先准备好的名片；如对方表现出有认识自己的愿望，则可在此基础上，再简略地介绍自己的籍贯、学历、志趣、专长及与某人的关系。但若是应酬性的自我介绍，只须介绍自己的姓名即可。自我介绍总的原则是简明扼要，所用时间越短越好，一般以半分钟为宜，若情况特殊也不宜超过3分钟。

3. 自我介绍应注意的问题

① 自我介绍应及时准确。当你叩开别人的家门或办公室门，见到陌生的主人时，应首先向主人问好，及时、简明、明确地作自我介绍，说明来意，并向对方致歉："很抱歉，来得太仓促，事前没同您联系。"千万不可沉默或语无伦次、前言不搭后语，使主人心里不愉快或对你产生怀疑。

② 自我介绍应将自己的姓名、身份说清楚，以便别人称呼你，并要等对方也作过自我介绍后才可与之交谈。交谈开始时，应多谈别人，少谈自己，等彼此有了一定的感情沟通后，再详细地作自我介绍。

③ 自我介绍应把握好态度，要实事求是，既不要过分谦虚，又不要自吹自擂。介绍用语要留有余地，不宜用"最""极""特别""第一"等表示极端的词语。

④ 作自我介绍时要面带微笑、充满自信和热情，要善于用眼神表达自己的友善与关切，做到胸有成竹、落落大方；介绍时还要注意自己的语音、语速和语调，做到语气自然、语速正常、语音清晰、从容不迫，让对方产生好感。

（四）他人介绍

他人介绍，又称第三者介绍，是指由第三者为彼此不相识的双方相互介绍、引荐的方法。在他人介绍中，为他人介绍的第三者为介绍者，被介绍的双方均为被介绍者。

1. 介绍者的确定

在他人介绍中，谁来作为介绍者呢？一般而言，介绍者应是本次社交活动的东道主、领导或长者、正式活动的负责人，或是家庭性聚会的女主人，或是熟悉双方的第三者以及公务活动中的专职人员。

2. 介绍者应注意的问题

介绍者处于当事人之外，应审时度势、善解人意，在双方有意识并期望有人作介绍时，为双方做好介绍工作。因此，介绍者不仅有责任，而且有许多礼貌讲究，必须注意以下几点。

（1）先与双方打招呼　介绍者在为被介绍者双方介绍前，最好先与被介绍者双方打个招呼，征求其意见，使双方都有思想准备，不至于感到唐突，也免得为双方本已相识或双方没有相识的愿望者作介绍，使双方陷于不情愿之中。介绍前可先说"请允许我介绍你们认识一下"，然后再介绍双方的名字。

（2）注意介绍的先后顺序　介绍者在介绍前必须了解被介绍双方各自的身份、地位，介绍时应坚持"尊者居后"的原则。即受到特别尊重的一方有了解对方的优先权的原则，按介绍顺序的通则进行介绍。在口头表达时，先称呼长者、职位高者、女士、已婚者、主人、先到场者，再介绍被介绍者，最后再介绍先称呼的一方。介绍时顺序的错误是一种失礼。

（3）介绍时不能含糊其辞　介绍时说话要清楚，尤其要注意应对被介绍者的音同字不同的姓氏或名字中生僻的字介绍清楚，必要时可以跟着补上一句，以作解释，如"胡，古月胡""于，千钩于""余，人禾余"；介绍某人的单位使用简称时应注意对方的理解程度，适时作出详细介绍，以免误解；当被介绍人具有一定身份时最好连同单位和身份一起介绍，并可进一步对其单位作较详细的说明，以使对方加深印象；被介绍人不喜欢别人知道他的工作单位，又与介绍者有过关照，则就不必详细说明。

（4）避免过分颂扬某一方　一般来说，谦虚的人，不喜欢别人为他吹嘘。若不适时宜地吹捧则会使被介绍者感到尴尬，介绍者容易给人留下"吹牛拍马"的不良印象，也极易使被介绍的双方产生反感，造成难堪的局面。因此，在介绍两位职务不等的双方时，不可只介绍高职位者的职务并强调其个人的重要性，却不提另一方的职务，造成低职务一方心理上的伤害。

（5）介绍后应适当停留　在一般情况下，介绍者介绍双方相识后，不能抽身就走，特别是介绍异性间相识更应注意。介绍完毕应稍停片刻，以引导双方交谈，待他们能够交谈后，再借托离开。当然也要注意，在某些场合该离开时迟迟不走也是不合适的。

（6）注意不同场合的介绍分寸　为他人介绍应注意不同场合的分寸。在非常正式的场合，应用非常礼貌、完整的语言；普通的社交场合的语言应比较随便、直接；在随便场合，对辈分、年龄、性别相同，且职务差不多的年轻人，介绍时只需报出姓名即可。

在家庭聚会、人数较少、彼此关系又十分密切的情况下，介绍人应详细地给不相

图 3-3 为他人介绍时的神态与手势

识的人作介绍；在宾客较多的宴会、舞会上，主人不必逐一为不相识的人们互相介绍，只须介绍坐在自己身边的客人互相认识就可以了。

在女子和男友外出遇到其各自的男友或女友时，不需介绍，只要互相点头寒暄即可；在大型集会、人数众多、介绍不便时无须逐一介绍；当某个朋友忙得不可开交时，不要非拉到一起介绍；对某些地位、身份特殊的人或长者不便介绍时，可不将职务低或年轻者介绍给他们。

（7）注意神态与手势　作为介绍者，在为他人作介绍时，态度应热情友好，动作应文雅大方。在介绍一方时，应以微笑的目光把另一方的注意力吸引过来；手的正确姿势应掌心向上、四指并拢、胳膊略向外伸、指向被介绍者。不可用手拍打被介绍者的肩、头、背等部位，也不要以拇指或食指指向被介绍的任何一方。如图 3-3 所示。

【单项训练】

实训内容：

1. 阳光公司总经理在一个商务酒会上遇见了四海公司的总经理，上前作自我介绍。

2. 阳光公司总经理与另一公司刘总经理在一个商务酒会上遇见了四海公司的总经理，刘总给两人作介绍。

3. 阳光公司总经理及助理在一个商务酒会上遇见了四海公司的总经理，将助理介绍给四海公司的总经理认识。

4. 阳光公司总经理及助理在一个商务酒会上遇见了四海公司的总经理及副总，阳光公司助理作介绍人，为其余三人作介绍。

实训要求：分组训练，角色扮演，小组展示，互相点评。

任务三　日常交往中的见面礼节

人们在交往过程中往往需要必要的礼节，以表达自己对他人的敬意、友好和尊重。尤其是见面礼节，它给人第一印象，并获得"首因效应"。日常交往中最常见的见面礼有握手礼、鞠躬礼、合十礼、拥抱礼等。

一、握手礼

（一）握手的场合

握手是人们日常交际的基本礼节，可以体现一个人的情感和意向。在应该握手的场合若拒绝或忽视了别人伸过来的手,就意味着自己失礼。应该握手的场合大体上有如下几种。

① 当你被介绍与第三者相识时。
② 与自己久别重逢的老朋友或同事相见时。
③ 在社交场合突然遇到自己的熟人时。
④ 迎接客人到来时。
⑤ 在拜访友人、同事或上级后告辞时。
⑥ 送别客人时。
⑦ 在与有喜事的熟人见面时。
⑧ 别人向自己祝贺、赠礼时。
⑨ 别人为自己提供帮助时。
⑩ 向别人表示歉意时。
⑪ 参加追悼会告别时。

(二) 握手的方法

1. 握手姿势

握手时,双方相距约1米远,双腿呈立正姿势,上身微向前倾,右臂自然向前伸出与身体略呈五六十度,手掌向左微向上,拇指与掌分开,其余四指并拢并微向内曲,与对方右手相握,上下稍许晃动三四次。在商务场合,与男士女士握手均可握全掌;在社交场合,与男士握手可握全掌,与女士握手可握住手指。如图3-4所示。

2. 握手时间

握手的时间长短可因人、因地、因情而宜,不可久握。与初识者见面握手一般以2~3秒钟为宜;与异性握手,应一握即可,不可握住久久不放,即便是同性间握手时间也不宜过长;老朋友或关系密切者间可以边

图3-4 握手的姿势

握手边问候,时间也应控制在20秒内。尤其在多人相聚的场合,不宜与某一人长时间握手,以免他人误会。

3. 握手力度

握手时的力度要适当,不可用力过大而使对方有疼痛感,"虎钳式"的握手方法不可取,应避免;过轻或抓指尖的握手又显得妄自尊大或敷衍了事,也不可取。但在男士与女士握手时,男士只须轻握一下女士的四指即可,不可握得太紧。

握手应脱去手套,否则就是失礼,如有特殊情况或来不及脱下,应向对方说明并道歉。在我国,以双方握手为常见的礼节,即双方右手相握后,左手再放在对方伸过

来的右手上,以示更加亲切、更加尊重对方。

4. 握手的"优先决定权"

(1) 长辈主动伸手　年长者与年轻者相互握手,长者应先伸手,年轻者方可伸手。

(2) 主人先伸手　主人有向客人先伸手的义务。无论客人是男还是女,作为主人即便是男性的也应先向女客人伸手,以示欢迎。当客人告辞时,则应由客人先伸手与主人握手,表示"再见"。

(3) 上级或身份高者先伸手　下级要等上级先伸出手后再趋前握手。如果双方是宾主关系,主人即便是下级也应先伸手表示欢迎。

(4) 女士先伸手　男女相见,特别时初次见面只有女士先伸出手后,男士方可伸出手与女士握手。

(三) 握手八大忌

(1) 贸然伸手　遇到上级、长者、贵宾、女士时,自己不能抢先伸手,否则属失礼。

(2) 目光游移　握手时精神不集中、四处顾盼、心不在焉、脸上毫无表情。

(3) 久握不放　在人多情况下,只顾与一人握手,忽视冷淡别人或影响对方与他人握手。

(4) 交叉握手　握手时争先恐后地与正在握手的人交叉握手。

(5) 敷衍了事　握手时漫不经心地应付。

(6) 该先伸手时不伸手　本应先伸手者在需握手的场合不主动伸手。

(7) 出手时慢慢吞吞　在对方伸手后,自己犹豫不决、反应迟钝,出手慢慢吞吞。

(8) 握手后用手帕揩手　与他人握手后,当众或当着对方的面以手帕揩手。

除上述握手的主要忌讳外,还应注意:握手应用右手,不用左手(右手残疾者除外);不要戴着墨镜和手套与人握手;握手时,左手不能插在衣袋里;手不洁或有疾病,不要与他人握手,可向对方示意致礼;不可隔着门槛握手;握手时要注意动作、表情、语言的一致性。

二、鞠躬礼

鞠躬是源于中国古代的礼节,现在社交中已不多见。但广泛流传在日本、朝鲜及东南亚诸国,这些国家至今仍沿用这种传统礼节。

1. 鞠躬礼的种类

鞠躬礼分两种。一种是三鞠躬,也称最敬礼。鞠躬前应脱帽、摘下围巾、身体直立、目光平视、身体上部向前下弯行鞠躬礼,鞠躬后恢复原状,如此连续三次。另一种是一鞠躬,即身体上部向前下弯行礼一次,几乎适用于一切社交场合。

2. 施鞠躬礼的方法

施鞠躬礼时,应立正站好、保持身体端正、面对受礼者距约2~3步,以腰为轴,上体前倾15~90度(其具体前倾角度视行礼者对受礼者的尊敬程度而定),目光向下，双手自然下垂放于膝前或体侧，礼毕，身体恢复立正姿势，并眼睛注视受礼者。

施鞠躬礼前应先脱帽，施礼时目光不得斜视或环视，不得嘻嘻哈哈、口中叼烟或吃东西，动作不宜过快，要稳重端庄。如在接待时行鞠躬礼，口中可以说一些招呼性的问候语："您好！""早上好！""欢迎光临！"等。

在施鞠躬礼时，受礼者一般应以施礼者的上体前倾幅度大体相同的鞠躬礼还礼。但上级或长者还礼时，可以不行鞠躬礼，而以欠身点头或握手答礼。

3. 鞠躬礼的适用场合

在鞠躬礼中的一鞠躬几乎适用于一切交际场合。鞠躬的度数越大，所表示的尊敬程度就越大。一般标准为：路遇客人打招呼弯15度；迎送客人弯30度；表示感谢弯45～60度；但90度的大鞠躬常用于悔过谢罪等特殊情况。如图3-5所示。

图3-5　鞠躬礼

[补充资料]

在我国，鞠躬礼主要适用于以下几种场合。

① 演员谢幕——演员表演完一个节目或演出结束。

② 结婚典礼——在我国凡举行婚礼，一般都施行"新郎新娘三鞠躬"的传统礼仪，届时新郎新娘都要向尊长、亲友和来宾施鞠躬礼，新人相互亦鞠躬。

③ 悼念活动——灵堂吊丧、参加追悼会、向遗体告别、赠送花圈、祭奠死者，都要向遗像、遗体或骨灰盒行鞠躬礼。

④ 商务人员迎宾送客——商务人员接待客人或送别客人时，为表示对客人的重视与尊重，往往需要行鞠躬礼。

三、合十礼

合十礼，是佛教徒的一种敬礼方式，后盛行于印度和东南亚佛教国家，并在人们见面时施用，表示敬意。我们在与信仰佛教的人士交往中，若对方施以此礼，我们也应以合十礼相答。

（一）合十礼的施礼方法

合十施礼正规庄严，身体直立，双目注视对方，面带微笑，两手掌在胸前约20厘米处对合，五指并拢向上，向外前倾，然后欠身低头，口诵"阿弥陀佛"。

通常行合十礼的双手举得越高，表示对对方的尊敬程度就越高。向一般人行合十礼，指尖与胸部持平即可；若是平辈相见，指尖应举至鼻尖；若是晚辈向长辈施礼，指尖应举至前额。施合十礼不得戴帽子，必须先将帽子摘下夹于左腋下，方可施合十礼。

（二）合十礼的种类

由于不同国家或地区的佛教徒习俗各异，故合十礼的施礼方法也各式各样，主要有"站立合十""俯首合十""点首合十""躬身合十""下蹲合十""跪拜合十""摸脚合十"等。其中最常见的有以下三种。

1. 跪拜合十礼

行礼时，右腿跪地，双手合掌于两眉中间，头部微俯，以示恭敬虔诚。此礼一般为佛教徒拜佛祖或高僧时所用。

2. 下蹲合十礼

行礼时，身体要下蹲，将合十的指尖举至两眉间，以示尊敬。此礼为佛教盛行的国家的人拜见父母或师长时所用。

3. 站立合十礼

行礼时，要站立端正，将合十的指尖置于胸部或口部，以示敬意。此礼为佛教国家平民之间、平级官员之间相拜或公务人员拜见长官时所用。

四、拥抱礼

拥抱这种礼节人们在各种场合都会常常使用，不论是私人生活中的交际，还是政府的正式外交场合，都会见到这种见面礼。拥抱作为礼节形式，有非正式和正式两种。

1. 拥抱礼的施礼方法

施拥抱礼，一般是两人相对而立，右臂偏上，左臂偏下，右手环抚于对方的左后肩，左手环抚于对方的右后腰；按各自的方位，两人头部及上身都向左相互拥抱；然后头部及上身向右拥抱；再次向左拥抱，礼毕。

2. 施拥抱礼应注意的问题

① 礼节性的拥抱，双方身体不可贴得很紧，拥抱的时间也很短，不能用嘴去亲吻对方的面颊。

② 在正式外事接待场合，行拥抱礼都为男士，对女宾不宜用此礼，而应改行握手礼。

③ 在正式场合，使用拥抱礼应事先了解对方是否习惯或喜欢此种礼节，不可贸然使用。对不喜欢拥抱礼的外国客人，如印度、日本及东南亚人等应慎用。

【单项训练】

实训内容：

1. 两人为一组，相向而行，扮演上下级、同事、主人客人等身份，分别展示不同的握手方式。

2. 练习不同度数的鞠躬礼。

实训要求：分组训练，角色扮演，小组展示，互相点评。

任务四　礼貌语言的使用

一、礼貌用语的概念

礼貌用语是用来向他人表示意愿、交流思想感情和沟通信息的重要交际工具，是一种对他人表示友好和尊敬的语言。礼貌用语的最大特点是敬语的使用。

言谈作为一门艺术，也是个人礼仪的一个重要组成部分。礼貌用语的运用，不仅表现一个人的语言修养、文化程度、思想品德，而且反映整个社会的文化程度。

二、礼貌用语的基本形式

（一）敬语

敬语是表示尊敬、恭敬的习惯用语。使用敬语的最大特点是彬彬有礼，热情而庄重。与客人打交道时要注意用"您"来称呼客人。在与人交谈时，常常以"请"字开头，以"谢谢"收尾，而"对不起""您好""再见"等礼貌用语常挂在嘴边。

1. 敬语的运用场合

① 比较正规的社交场合。

② 与师长或身份、地位较高的人的交谈。

③ 与人初次打交道或会见不太熟悉的人。

④ 会议、谈判等公务场合等。

根据不同场合选择合适的礼貌用语，一般有迎送用语、征询用语、插话用语、应答用语、道歉用语。

2. 常用敬语

（1）问候语　它的代表性用语是"你好"。不论是接待来宾、路遇他人，还是接听电话，商务工作人员均应主动问候他人，否则便会显得傲慢无礼，目中无人。

（2）请托语　它的代表性用语是"请"。要求他人帮助、托付他人代劳，或者恳求他人协助时，商务工作人员照例应当使用这一专用语。缺少了它，便会给人以命令之感，使人难于接受。

（3）感谢语　它的代表性用语是"谢谢"。使用感谢语，意在向交往对象表达本人的感激之意。获得帮助、得到支持、赢得理解、感到善意，或者婉拒他人时，商务工作人员均应使用此语向交往对象主动致谢。

（4）道歉语　它的代表性用语是"抱歉"或"对不起"。在工作中，由于某种原因而带给他人不便，或妨碍、打扰对方，以及未能充分满足对方的需求时，商务工作人员一般均应及时运用此语向交往对象表示自己由衷的歉意，以求得到对方的谅解。

（5）道别语　它的代表性用语是"再见"。与他人告别时，主动运用此语，既是一种交际惯例，同时也是对交往对象尊重与惜别之意的一种常规性表示。

[补充资料]

一、常用的礼貌用语

1. 您好
2. 早上好/中午好/晚上好
3. 见到您很高兴
4. 对不起，让您久等了
5. 对不起，打扰一下可以吗？
6. 没关系，这是我应该做的
7. 如果不介意的话，我先接个电话
8. 很遗憾，在这件事上，我不能帮上您的忙
9. 您先请
10. 很高兴为您效劳
11. 这事恐怕不行了，请多多包涵
12. 谢谢您的支持和理解
13. 请到办公室，我们坐下来慢慢谈
14. 那么，我们下星期见
15. 再见

二、服务忌语

1. 不知道
2. 不行
3. 这不关我们的事
4. 没看我正忙吗？
5. 连这也不知道
6. 这事不是我办的，我不管
7. 有完没完
8. 现在才说早干吗来着
9. 等会，我现在没空
10. 越忙越添乱，真烦人

(二）谦语

谦语亦称"谦辞",它是与"敬语"相对,向人表示谦恭和自谦的一种词语。在使用敬语的同时,在自我称呼、自我判断、自我评价、自我要求时,适于用谦语进行表达。谦语最常见的用法是在别人面前谦称自己和自己的亲属。例如,称自己为"愚","家严"、称自己的家属"家慈""家兄""家嫂"等。自谦和敬人,是一个不可分割的统一体。尽管日常生活中谦语使用不多,但其精神无处不在。只要你在日常用语中表现出你的谦虚和恳切,人们自然会尊重你。

（三）雅语

雅语又称为婉辞或委婉语,是敬语的一种,指一些比较文雅的词语,是一种比较含蓄、委婉的表达方式。雅语常常在一些正规的场合以及一些有长辈和女性在场的情况下,被用来替代那些比较随便甚至粗俗的话语。多使用雅语,能体现出一个人的文化素养以及尊重他人的个人素质。例如,对一位有文化的老人使用雅语"敬请赐教"来代替"有什么意见请提",效果会更好。

[补充资料]

初次见面说"久仰"　　看望别人用"拜访"
请人勿送说"留步"　　请人帮忙说"劳驾"
求给方便说"借光"　　归还原物叫"奉还"
请人指点用"赐教"　　请人指导说"请教"
赞美见解用"高见"　　赠送作品用"斧正"
老人年龄叫"高寿"　　等候客人用"恭候"
欢迎购买称"光顾"　　客人到来用"光临"
麻烦别人说"打扰"　　求人原谅说"包涵"
托人办事用"拜托"　　表示感激用"多谢"
请人解答用"请问"　　赠送礼品用"笑纳"
好久不见说"久违"　　与人道别用"告辞"

三、礼貌用语的正确使用

（1）有诚意　我们在交往中与人交谈时,要充分表现出诚意;当需要向对方表示感谢或歉意时,必须是诚心的,让对方充分感受到你的诚意。

（2）有礼节　语言的礼节就是寒暄。有五个最常见的礼节语言的惯用形式,它表达了人们交际中的问候、致谢、致歉、告别、回敬这五种礼貌。问候是"您好",告别是"再见",致谢是"谢谢",致歉是"对不起",回敬是对致谢、致歉的回答,如"没关系""不要紧""不碍事"之类。

（3）有教养　说话有分寸、讲礼节,内容富于学识,词语雅致,是言语有教养的表现。尊重和谅解别人,是有教养的人的重要表现。尊重别人符合道德和法规的私生活、衣着、摆设、爱好，在别人的确有了缺点时委婉而善意地指出。谅解别人就是在别人不讲礼貌时要视情况加以处理。

(4) 有学识　在高度文明的社会里，必然十分重视知识，十分尊重人才。富有学识的人将会受到社会和他人的敬重，而无知无识、不学无术的浅鄙的人将会受到社会和他人的鄙视。

在正确使用礼貌用语的同时，还要注意以下"四避"。

(1) 避隐私　隐私就是不可公开或不必公开的某些情况，有些是缺陷，有些是秘密。在高度文明的社会中，隐私除少数必须知道的有关人员应当知道外，不必让一般人员知道。因此，在言语交际中避谈、避问隐私，是有礼貌的重要方面。欧美人一般不询问对方的年龄、职业、婚姻、收入之类，否则会被认为是十分不礼貌的。

(2) 避浅薄　浅薄，是指不懂装懂，"教诲别人"或讲外行话，或者言不及义，只知柴米油盐、鸡猪猫狗、张长李短、男婚女嫁，言辞单调，词汇贫乏，语句不通，白字常吐。如果浅薄者相遇，还不觉浅薄，但有教养、有知识的人听他们谈话，则无疑感到不快。社会、自然是知识的海洋，我们每个人都不可能做"万能博士"或"百事通"。我们应当学有专攻又知识渊博，但总有不如他人之处，总有不懂某种知识之处，要谦虚谨慎，不可妄发议论。

(3) 避粗鄙　粗鄙指言语粗野，甚至污秽，满口粗话、丑话、脏话，上溯祖宗、旁及姐妹、下连子孙、遍及两性，不堪入耳。言语粗鄙是最无礼貌的语言。它是对一个民族语言的污染。

(4) 避忌讳　忌讳是人类视为禁忌的现象、事物和行为。避忌讳的语言同它所替代的词语有约定俗成的对应关系。社会通用的避讳语也是社会的一种重要的礼貌语言，它往往顾念对方的感情，避免触忌犯讳。

总之，随着社会文明程度的逐步提高以及对外交流的日益频繁，人们更会以自己的"受尊重程度"来定"感情倾向"，所以我们更应该注重礼貌用语的运用，以体现"个人素质""单位形象"。

【单项训练】

实训内容：一位顾客购买了一部手机，不久就发生了故障，怒气冲冲前来投诉。如果你是接待人员，该如何使用礼貌用语与顾客沟通，平息顾客的怒火？

实训要求：分组训练，角色扮演，小组展示，互相点评。

任务五　名片礼节

名片在中国已有2000多年的历史，相传产生于秦汉时期。在现代，名片早已成为人际交往、建立联系的一个重要工具。对于商务人员而言，名片就等同于我们的"脸面"，既可以表明自己的身份，又可以在商务活动中推销自己，结交朋友。

一、名片的主要作用

对现代人而言，名片是一个人身份的象征，当前已成为人们社交活动的重要工具。在人际交往中，名片的用途主要有如下几种。

1. 自我介绍

初次会见他人，以名片作辅助性自我介绍，效果最好。它不但可以说明自己的身份，强化效果，使对方难以忘怀，而且还可以节省时间，避免啰唆、含糊不清。

2. 结交朋友

主动把名片递给别人，便意味着对对方的友好、信任和希望深交之意。也就是说，巧用名片，可以为结交朋友"铺路架桥"。但也没有必要每逢遇见陌生人，便上前递上自己的名片。

3. 维持联系

名片犹如"袖珍通讯录"，利用它所提供的资料，即可与名片的提供者保持联系。正因为有了名片上所提供的各种联络方式，人们的"常来常往"才变得更加现实和方便。

4. 业务介绍

公务式名片上列有归属单位等项内容，因此利用名片亦可为本人及所在单位进行业务宣传，扩大交际面，争取潜在的合作伙伴。

5. 通知变更

利用名片，可以及时地向老朋友通报本人的最新情况。如晋升职务、乔迁新居、变换单位、电话改号之后，可以印有变更的新名片向老朋友打招呼，以使彼此联系畅通无阻，使对方对自己的有关情况了解得更加充分。

二、使用名片的礼节

1. 递送名片的礼节

名片是一个人身份、地位的象征，是一个人尊严、价值的外显形式，因此名片交换应重视其礼仪效应。

交换名片是建立人际关系的第一步，一般宜在与人初识时自我介绍之后或经他人介绍之后进行。递送名片的先后，一般遵守"尊者居后"的原则，即地位低的人先向地位高的人递名片。当对方不止一人时，应当由尊而卑或由近而远依次递送，如果自己这一方人较多，则让地位较高者先向对方递送名片。

递送名片时，名片从名片盒中抽出，且名片盒最好放在上衣的胸兜里。递送时应起身站立，上身呈15度鞠躬状，面带微笑，走近对方，正面朝向客人，恭敬地用双手的拇指和食指分别握住名片上端的两角送到对方胸前（低于本人胸部位置），如图3-6所示。递送时可以口头表示"我叫×××，这是我的名片，请笑纳"或"请多关照"之类的话。态度要庄重，动作要轻缓。因各国习惯不同，有的国家习惯右递左接或左递右

图3-6 递送名片

接,如与外宾交换名片,可先留意对方如何把名片递过来,随后再跟着模仿。

2. 接受名片的礼节

接受他人名片时,应起身站立,面带微笑迎向对方,恭敬地用双手的拇指和食指接住名片的下方两角,并轻声说"谢谢"或"能得到您的名片十分荣幸"。当着对方的面,用30秒钟以上的时间,仔细通读对方的名片;不懂之处应当即请教,如"尊号怎么念?"随后郑重其事地将名片放入自己携带的名片盒或名片夹之中。要像尊重主人一样爱惜他的名片,千万不要弄脏或弄皱、反复把玩、乱掖乱塞。须知,污损了对方的名片等于污辱了对方本人。

倘若一次同许多人交换名片,又都是初交,那么最好依照座次来交换,并记好对方的姓名,以防搞错。在公共场合如欲索取他人名片,可以婉转地说"以后怎样向您请教?"或"以后怎样同您保持联系?"自己无意送人名片时,可婉转地说"对不起,名片未带。"

3. 名片的存放礼节

接过别人的名片切不可随意摆弄或扔在桌子上,也不要随便地塞在口袋里或丢在包里。应放在西服左胸的内衣袋或名片夹里,以示尊重。

【补充资料】

国内某著名演员在一次记者招待会上,咀嚼口香糖回答记者提问。在记者的要求下,他将口香糖吐出,因为找不到装垃圾的东西,就将口香糖吐在一张记者给他的名片上,引起众多媒体记者的不满。

【单项训练】

设计两款名片,一款用于社交场合,一款用于商务场合。

小　　结

本次教学情境重点讲述了在日常交际过程中应遵循的礼貌礼节和规范。主要包括称呼礼节、介绍礼节、见面礼节、礼貌用语以及名片礼节,旨在努力培养大家在社交场合中如何表现自己的优雅气质、礼貌和风度。

综合训练

一、案例分析

某饭店经理有事外出,由秘书张×来代接电话。正好此时经理办公室电话响了,张×拿起话筒说"你是谁呀?我们经理不在",过会儿此人又打过来,张×就不耐烦地说"不是告诉你了吗？经理不在"。

试分析张×的做法对吗？该如何体现礼貌用语呢？

二、请你判断以下情境中人物做法的正误，并说出理由

1. 某客人进入一写字间，问张小姐："哎，这是东海公司吗？"张小姐不理，转身说："大哥大姐，我跟你们说……"（　　）

2. 小张工作积极，待人热情，凡有客来访，他必热情相迎，主动握手问候。（　　）

3. 王经理把自己的名片递给小何，小何双手接过，认真默读一遍，然后道："王经理，很高兴认识您！"（　　）

4. 李先生戴墨镜在路上遇见张小姐，张小姐伸手与之相握，李先生伸出双手用力摇晃。（　　）

5. 某公司销售部经理 A 与公关部经理 B 遇到另一公司的经理 C，A 与 C 相识，于是热情交谈，5 分钟后 C 离开，A 对 B 说，刚才那个人是某公司的经理 C。（　　）

三、实训检测

实训内容：按礼仪规范要求，分组练习握手、鞠躬、交换名片礼节。

实训要求：角色扮演，一人为介绍者，另两位是互不相识的人。通过介绍者的介绍后，两人再行使各种见面礼节，综合运用称呼、问候、握手、鞠躬、介绍、递名片等日常见面礼仪。

考核项目	考　核　内　容	分　值	实际得分
鞠躬	1. 15°鞠躬礼	5	
	2. 30°鞠躬礼	5	
	3. 45°鞠躬礼	5	
问候礼貌用语	1. 问候	10	
	2. 礼貌用语	10	
	3. 微笑、眼神、语言与手势的协调表现	10	
握手礼	1. 握手动作准确、自然大方	10	
	2. 注重礼仪规范	10	
介绍	1. 仪态端正，手势正确	10	
	2. 介绍的次序、原则运用准确	10	
名片	1. 递、接动作准确	10	
	2. 注重礼仪规范	5	

学习情境四
掌握常用公务礼仪

【学习目标】

通过学习,应该达到以下目标:

(1)知识目标 了解办公室的布置及个人形象要求,了解不同国家和地区礼品馈赠礼仪、谈判风格及谈判人员应注意的礼仪细节,掌握商务交往中的位次排列、接待与拜访礼仪以及接打电话礼仪。

(2)能力目标 能与同事友好相处,能按要求进行商务接待与拜访,能正确接打电话和馈赠礼品,能根据不同场合、不同人物正确安排位次。

任务一 办公室礼仪

【情境导入】

某酒店是一家三星级外资酒店,也是千惠购物中心的协议住宿酒店,但最近常有客户及员工投诉要求更换酒店。刘小姐受公司委派,到该酒店了解情况。刘小姐首先与酒店主管人事的总监张女士了解情况,之后又到客房部考察。此时已近中午12点,为不给酒店增添麻烦,刘小姐向主管人员告辞。这时,一个眼熟的身影走过,"哦,总监张女士下班了。"刘小姐正想与她打招呼,她竟视而不见,擦身而过。于是,刘小姐突然悟出了原因:作为酒店重要部门的人事部,在接待过程的2个多小时中没有倒上一杯水;作为酒店高级管理人员的总监在谈话期间多次当面接打手机,连正常人的礼节礼貌也不懂。这些行为直接影响酒店良好形象的塑造,导致酒店经营管理失败。

【项目任务】

办公室是商务人员工作的主要场所,往往决定了来访者的第一印象。在办公场所,应该如何布置自己的工作空间?商务人员哪些行为举止会影响企业形象?在办公场所如何与人相处?

【理论知识】

公务礼仪,是指商务人员在进行各种与工作相关的活动中,应当遵循的各种礼仪规范。通常包括办公室礼仪、各种场合的接待礼仪、位次礼仪以及各种社交场所的活动礼仪等。只有认真掌握各项行为规范,才能全面提高办理公务的综合能力,从而塑造企业良好的形象,促进经营活动的顺利开展。

商务人士有许多工作是在办公室进行的,比如说在自己的办公室处理日常工作,在办公室接洽各项业务,到客户办公室拜访等。办公室礼仪是指人们在办公场所中应当遵循的一系列礼仪规范。办公室与商务人员的工作密切相关,商务人员在办公室不仅应当保持良好的办公环境,而且要树立良好的个人形象,遵循必要的礼仪规范,搞好人际关系。了解、掌握并恰当地应用职场礼仪会使你在工作中左右逢源,使你的事业蒸蒸日上。

一、办公室的布置

办公室是企业的门面,是来访者对企业的第一印象。办公室不是家里,不需要温馨浪漫;办公室不是酒店,不需要豪华气派。办公室既是工作的地方,又是社交的场所,对它的布置要求应当是整洁、有序、安全,既能使办公人员感到舒适、提高效率,又能展示出企业的文化,给来访者留下良好的印象。办公室布置的主要要求如下。

① 要勤于清理环境卫生。处理好纸屑、烟灰等垃圾,保证办公室地面、天花板以及桌面和办公设备的清洁。

② 要保持室内空气清新,光线充足。室内应经常通风换气,将办公桌放在光线好的地方。

③ 桌面要保持整齐干净。桌面上只摆放必要的办公用品,且分门别类放好。不要将杂志、报纸、餐具、公文包等堆放在桌面上,也不应摆放私人相片等物。保持办公桌的清洁是一种礼貌。如果他人看到凌乱的办公桌,就对这个桌子的主人打了折扣。

④ 各类文件、资料应当及时按类按月归档,装订整理好,按顺序放入文件柜。

⑤ 办公室内的桌椅、文件柜、电脑、复印机等办公设备的摆放,应在安全的前提之下,以方便、高效为原则。

⑥ 办公室可将企业理念、徽标、名人字画、有特殊意义的照片等作为装饰,也可摆放一些盆景、花草等,既美化环境,又能展现文化气息。

二、办公室人员的个人形象

办公室人员不仅是一个个体,更是集体中的一员。无论是对内还是对外,都应体现出对他人、对工作的尊重。因此,身处办公场所的商务人员,其仪容仪表要端庄,行为举止要得体,待人处事要讲究分寸,要与商务人员的身份和工作性质相吻合。

[补充资料]

商务人员言行举止误区

误区1:和别人握手,总是有气无力软绵绵的,以显示身份。

误区2:出席活动时,双手交叉抱胸,或双手放在裤兜里。

误区3:抢着进电梯。

误区4:开会时总要迟到几分钟,以示高人一等。

误区5:手机铃声高歌一曲。

误区6：吃饭时当众打电话谈私事。

误区7：对服务人员语言粗俗。

误区8：爱谈论别人的缺点。

误区9：把别人当心理医生。

1. 仪容仪表端庄大方

注意个人卫生，发型简洁大方。男士不留胡须，不留长发；女士不蓄长指甲，不披头散发，应略施淡妆。

服饰整洁庄重。在工作中，商务人员的服装应当合乎身份，庄重、朴素、大方。因为办公人员的服饰直接关系到自身第一印象的好坏，并且在一定程度上体现着自身的教养与素质，所以对它不能不有所规范。无论男女，上班时都应穿着职业装或工作服，以体现商务人员高雅端庄、自尊自重的形象。

2. 行为举止优雅得体

（1）真诚微笑　微笑是一种无声的语言，既是对自己的肯定，又是对他人的友善与宽容，是商务人员在工作中最佳心态的展现，也是商务人员的一项职业素养。上班时向领导、同事、客人微笑问好，下班时微笑告别，会为你的工作能力加分。

（2）体态优雅　在工作中，灵动而潇洒的肢体动作往往胜过美丽的面庞。肢体语言是个人体形、情感、信念、智慧与礼节的特别组合，包括了日常活动的全部，如站立的姿态、坐下的姿态、行走的风情，举手投足、一颦一笑都是仪态。最受人尊敬和欣赏的往往不是脸蛋最漂亮的，却是仪态最佳的人。因此，商务人员在办公室应当注意保持良好的姿态，给人留下正直、积极、自信的印象。弯腰驼背、斜身靠背、慌里慌张、有气无力、慢条斯理，这些行为举止，都是缺乏工作能力的表现。更不能在工作期间吃东西、剪指甲、化妆，与同事打打闹闹，对客户不理不睬。

3. 语言文明友善

（1）语言文明　商务人员在选择、使用语言时，要文明当先，以体现出自身良好的文化修养。主要要求如下。

① 讲普通话，在工作中尽量不讲方言、土语。

② 用文雅语。商务人员在日常性交谈中，尤其是在公务性交谈中不能讲脏话、讲粗话，更不能讲黑话、讲黄话、讲怪话。

③ 检点语气。请牢记我们是为他人服务的商务人员，我们说话的语气应该热情、亲切、和蔼、友善、耐心。在任何情况下，都绝不允许语气急躁、生硬、狂妄、嘲讽、轻慢。

（2）语言礼貌　商务人员在日常性交谈中应主动使用约定俗成的礼貌用语，以示对交往对象的尊重友好之意。

[补充资料]

商务人员常用的文明用语

1. 请；2. 对不起；3. 麻烦您……；4. 劳驾；5. 打扰了；6. 好的；7. 是；8. 清楚；9. 您；

10. ×先生或小姐；11. ×经理或主任；12. 贵公司；13. ××的父亲或母亲（称他人父母）；14. 您好；15. 欢迎；16. 请问……；17. 哪一位；18. 请稍等（候）；19. 抱歉……；20. 没关系；21. 不客气；22. 见到您（你）很高兴；23. 请指教；24. 有劳您了；25. 请多关照；26. 拜托；27. 非常感谢（谢谢）；28. 再见（再会）。

三、办公室的人际关系

由于从事服务性工作，决定了商务人员必须与各种各样的人打交道。妥善地协调自己的各种人际关系，高度地重视自己的每一位交往对象，以内求团结、外求发展，这不仅是个人能力的体现，更是一名合格的商务人员应当具备的素质。

（1）与领导相处　在实际工作中，不能不处理好自己与上级的关系。要做好这一点，基本要诀有三：一是要服从上级的领导，恪守本分；二是要维护上级的威信，体谅上级；三是要对上级认真尊重，支持上级。

（2）与同事相处　处理与同事的人际关系，也不容有丝毫的忽略。与平级同事打交道时，一是要相互团结，不允许制造分裂；二是要相互配合，不允许彼此拆台；三是要相互勉励，不允许讽刺挖苦。与下级进行交往时，一是要善于"礼贤下士"，尊重下级的人格；二是要善于体谅下级，重视双方的沟通；三是要善于关心下级，支持下级的工作。

（3）与客户相处　不论因公还是因私，商务人员都有大量机会与外界人士进行交往应酬。要做到既要与人为善，广结善缘，努力扩大自己的交际面，又要不忘维护企业形象与个人形象，注意检点自己的举止行为，使之不失身份。在与客户相处时，一是要待人热诚，二是要主动服务，三是要不厌其烦，四是要一视同仁。

【单项训练】

实训内容：

1. 你是公司的秘书，一大早，你来到办公室，该如何做好上班准备工作？请展示。

2. 公司准备派人到贫困地区考察支援，你已经去过一次，这次本来应该是吴伟去，可是吴伟有事不能去，你的上司要求你再去一次，面对上司和同事，你又不好拒绝，你该如何应对？请展示整个情景过程。

实训要求：分组训练，角色扮演，小组展示，互相点评。

任务二　商务交往中的位次排列礼仪

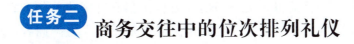

【情境导入】

经过长期洽谈之后，千惠购物中心终于同美国的一家跨国公司谈妥了一笔大生意。双方在达成合约之后，决定正式为此而举行一次签字仪式。因为当时双方的洽谈在我国举行，故此签字仪式便由千惠购物中心负责。在仪式正式举行的那一天，让千惠购物中心出乎意料的是，美方差一点要在正式签字之前"临场变卦"。原来，千惠购物中心的工作人员在签字桌上摆放中美两国国旗时，误以中国的传统做法"以左为上"代替了目前所通行的国际惯例"以右为上"，将中方国旗摆到了签字桌的右侧，而将美方国旗摆到签字桌的左侧。结果让美方人员恼火不已，他们甚至因此而拒绝进入签字厅。这场风波经过调解虽然平息了，但它给了人们一个教训：在商务交往中，对于位次的礼仪不可不知。

【项目任务】

商务活动有哪些场合涉及位次礼仪？应该遵循怎样的原则安排？

【理论知识】

位次排列，有时亦称座次排列，它具体所涉及的是位次的尊卑问题。这个问题实际上在日常生活和工作中方方面面无所不在。不仅开会时候有，很多情况下都有。引导行进、出入电梯、上下楼梯、通过房门、起来落座，都有个次序的问题。

在商务活动中，尤其是涉外活动中，位次的排列十分重要。行走、引导、接待、会议、餐饮、乘车等，对不同身份的人都有不同的位次安排。位次安排是否规范，是否符合礼仪的要求，往往代表了对交往对象的尊重和友善。位次排列安排不当，或不符合国际惯例，很容易出现不愉快的场面，会引起不必要的误会，影响合作，甚至影响国与国之间的关系，我们对此必须认真对待。

一、行进中的位次排列

（1）常规做法　常规做法有两个不同的方面，与客人并排行进时，有并排行进的做法；与客人单行行进时，有单行行进的做法。并排行进的要求是中央高于两侧，内侧高于外侧，一般要让客人走在中央或者走在内侧，这是并排行进时的做法。当与客人单行行进时，即一条线行进时，标准的做法是前方高于后方，以前方为上，如果没有特殊情况的话，应该让客人在前面行进。引导客人时，宜在左前方引导。

（2）上下楼梯　上下楼梯是在商务交往中经常遇到的情况。上下楼梯时位次排列要注意，因为楼道比较狭窄，并排行走会阻塞交通，是没有教养的标志。没有特殊原因，应靠右侧单行行进。出于安全的需要，上楼以前方为上，下楼以后方为上。但男女同行时，上下楼宜令女士居后。

（3）出入电梯　目前很多大公司的办公楼中都有升降式电梯，它们一般无人值守。出入无人值守的电梯时，标准化的做法应该是让客人与陪同者有不同的出入顺序，陪同者需要先进后出，而被陪同者一般要后进先出。因为电梯门口的按钮是升降钮，而电梯里的按钮则是开关钮，陪同者先进后出，就是为了控制开关钮，不使它夹挤客人。如果出入有专人值守的升降式电梯，陪同者则应后进后出。

（4）出入房门　出入房门时，若无特殊原因，位高者先出入房门，陪同者要为位高者开门；若有特殊情况，如室内昏暗无灯，空气流通不畅，陪同者宜先入开灯开窗；如果房门向内开，陪同者也宜先入开门。

二、乘坐汽车的位次排列

1. 轿车

专职司机开车时，上座为后排右座，安全方便；主人亲自开车时，上座为副驾驶座，平等互敬（见图4-1）。

2. 吉普车

吉普车无论是主人驾驶还是司机驾驶，都应以前排右座为尊，后排右侧次之，后排左侧为末席。上车时，后排位低者先上车，前排尊者后上。下车时前排客人先下，后排客人再下车。

图4-1 轿车位次排列

3. 旅行车

我们在接待团体客人时，多采用旅行车接送客人。旅行车以司机座后第一排即前排为尊，后排依次为小。其座位的尊卑，依每排右侧往左侧递减。

上下车要注意仪态，不能钻进钻出。上车时臀部先坐好，再将脚放入车中；下车时应脚部先出车门，再将上身移出车外。

三、会客时的位次排列

（1）相对式　公事公办，拉开距离。

客人与主人对面而坐即称为相对式（见图4-2）。相对式位次排列的基本要求是面门为上，也就是面对房间正门者为客位，是地位高者；背对房间正门者为主位，是地位较低者。以右为尊，行进中的右，即进门者的右，动态的右，以右为上，客人坐；多人时，内侧高于外侧，以远（离门）为上。

（2）并列式　平起平坐，表示友善。

并列式是指宾主并排而坐（见图4-3）。当宾主并排而坐，倘若双方都面对房间正门时，具体的要求是以右为上。以右为上是指宾主之间客人应该坐在主人的右边，而主人应该坐在客人的左边。以右为上是一种国际惯例。

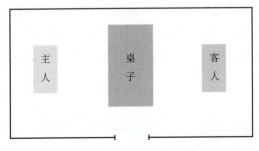

图4-2 相对式会客排位

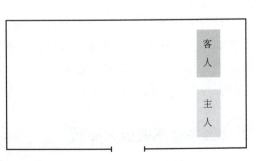

图4-3 并列式会客排位

四、谈判的位次排列

在商务交往中，当不同的公司为了各自的经济利益而在一起进行接洽商谈时，就出现了谈判。为了表示谈判的严肃性，人们对谈判的位次十分重视。谈判位次的排列，大体上有下列几种情况。

1. 双边谈判

双边谈判的座次排列会因谈判桌在谈判厅中的摆放而出现两种情况，一种叫横式，另一种叫竖式。横式即谈判桌在谈判厅里是横着摆放，竖式即谈判桌在谈判厅里是竖着摆放。二者有共性，也有操作上的具体差异。

举行双边谈判时，应使用长桌或椭圆形桌子，宾主应分坐于桌子两侧。

如果谈判桌横放，面对正门的一方为上，应属于客方；背对正门的一方为下，应属于主方（见图4-4）。

如果谈判桌竖放（见图4-5），应以进门的方向为准，右侧为上，属于客方；左侧为下，属于主方。

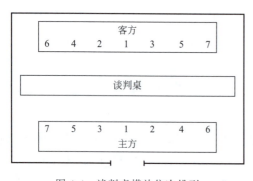

图4-4 谈判桌横放位次排列

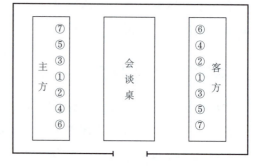

图4-5 谈判桌竖放位次排列

在进行谈判时，各方的主谈人员应在自己一方居中而坐。

其他人员则应遵循右高左低的原则，依照职位的高低自近而远地分别在主谈人员的两侧就座。

假如需要译员，应安排其就座于仅次主谈人员的位置，即主谈人员之右。

2. 多边谈判

所谓多边谈判是指谈判的参加者是三方或者是三方以上，而不像双边谈判只有两方参加。多边谈判的座次排列有两种常规情况，一种是自由式，参加谈判的各方可自由择座；另一种是主席式，也就是说，面对房间正门设一个主位，谁需要发言，就到主位去发言，其他人面对主位，背门而坐。

五、签字仪式的位次排列

我国法律规定：合同一般只有当事人达成书面协议并签字时，才能宣告成立。可见，当事人的签字，是合同正式成立并生效的必要条件。为了体现合同的严肃性，在签署合同时，最好郑重其事地举行签字仪式。签字仪式是签署合同的高潮，它的时间不长，但程序规范，场面庄严、隆重而热烈。一般而言，签字仪式可分为双边签字仪式与多边签字仪式。

1. 双边签字仪式

举行双边签字仪式时，位次排列的基本规则包括以下三点。第一，签字桌一般是在签字厅内横放。第二，双方签字者面对房间正门而坐。第三，双方参加签字仪式的其他人员，一般需要呈直线形，单行或者多行并排站立在签字者身后，并面对房间正门，通常面对房门，站在右侧的人是客方，站在左侧的人是主方（见图4-6）。同时强调，中央高于两侧，也就是双方地位高的人站在中间，站在最外面的人地位相对较低。如果站立的签字仪式参加人员有多排，一般还讲究前排高于后排，站在第一排的人地位较高。

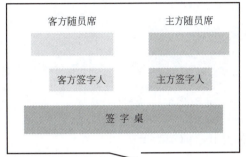

图 4-6　双边签字排位

2. 多边签字仪式

所谓多边签字仪式，顾名思义，参加者是三方或者三方以上。多边签字仪式的基本规范礼仪要求有三：第一，签字桌横放；第二，签字座席面门而设，仅为一张；第三，多边签字仪式讲究签字者要按照某种约定的顺序依次签名，而不像双边签字仪式一样大家平起平坐，同时签名。

六、会议的位次排列

商务交往中经常会举行一些重要的会议，举行会议时的位次排列就是摆在人们面前不可回避的一个细节。在商务交往中，会议通常可以分为两种，即大型会议与小型会议。

1. 小型会议

举行小型会议时位次排列（见图4-7）需要注意以下三点：第一，讲究面门为上，面对房间正门的位置一般被视为上座；第二，商务礼仪的基本要求是以右为上，坐在右侧的人为地位高者，在国内的政务交往中采用我国传统做法，以左为尊，而国际惯例则以右为尊，商务礼仪遵守的是国际惯例；第三，小型会议通常只考虑主席之位，但同时

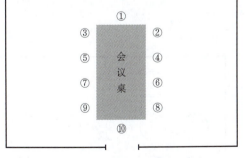

图 4-7　小型会议排位

也强调自由择座，例如主席也可以不坐在右侧，或者面门而坐，也可以坐在前排中央的位置，强调居中为上。

2. 大型会议

大型会议应考虑主席台、主持人、发言人位次（见图 4-8）。主席台的位次排列：第一，前排高于后排；第二，中央高于两侧；第三，右侧高于左侧（政务会议则为左侧高于右侧）。主持人之位，可在前排正中，亦可居于前排最右侧。发言席一般可设于主席台正前方，或者其右前方。

主席台的位次排列一般讲究居中为上，以右为上，前排为上。

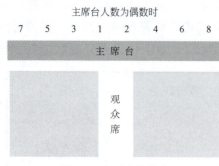

图 4-8　大型会议排位

七、宴会的位次排列

在正式的商务宴请中，位次的排列往往比菜肴的选择更引人注目。宴会的位次排列涉及两个问题：其一，桌次，不同餐桌数码的安排；其二，座次，每张餐桌具体的上下尊卑位次。

1. 桌次

在正式宴会上，进餐者往往不止一桌。当出现两张以上的餐桌时，就出现了桌次排列问题。桌次排列的基本要求有三：第一，居中为上；第二，以右为上；第三，以远为上，即离房间正门越远，位置越高（见图 4-9）。

2. 座次

餐桌上具体位置的排列需要抓住以下三个关键点：第一，面门居中者为上，坐在房间正门中央位置的人一般是主人，称为主位；第二，主人右侧的位置是主宾位；第三，宾主双方其他赴宴者有时候不必交叉安排，可以令主人一方的客人坐在主位的左侧，客人一方的人坐在主人的右侧，也就是主左宾右（见图 4-10）。

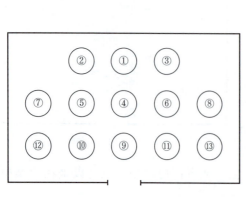

图 4-9　桌次排位

图 4-10　餐桌位置排列

3. 西餐座次

(1) 女士优先　在西餐礼仪里，女士处处受到尊重，在排列位次时，女主人坐主位，男主人坐第二主位。

(2) 以右为尊　在排定位次时，以右为尊是基本原则，应安排男主宾坐女主人右侧，女主宾坐男主人右侧（见图 4-11、图 4-12）。

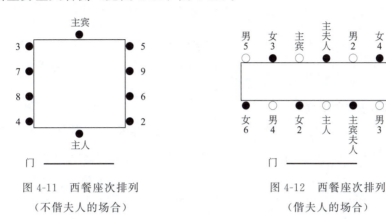

图 4-11　西餐座次排列　　　　　　　图 4-12　西餐座次排列
（不偕夫人的场合）　　　　　　　　（偕夫人的场合）

(3) 面门为上　面对餐厅正门的位子，在序列上通常要高于背对正门的位子。

(4) 交叉排列　依照这一原则，男女应当交叉排列，生人与熟人也应当交叉排列，目的是广交朋友，男性方便照顾身边的女性。

八、旗帜的位次排列

在重要的场合尤其是在涉外交往中，旗帜的悬挂特别是国旗的悬挂往往备受重视。在悬挂旗帜时，尤其是悬挂代表国家尊严、作为国家标志的国旗时，必须认真对待。旗帜悬挂，主要分为国旗与其他旗帜以及中国国旗与其他国家国旗两类情况。

1. 国旗与其他旗帜

当国旗与其他旗帜悬挂时，按照《中华人民共和国国旗法》及其使用的有关规定，我国国旗代表国家，所以必须居于尊贵位置。所谓尊贵位置是指：第一，居前为上，当国旗跟其他旗帜有前有后时国旗居前；第二，以右为上，当国旗与其他旗帜分左右排列时国旗居右；第三，居中为上，当国旗与其他旗帜有中间与两侧之分时，中央高于两侧；第四，以大为上，当国旗与其他旗帜有大小之别时，国旗不能够小于其他旗帜；第五，以高为上，当国旗升挂位置与其他旗帜升挂位置有高低之分时，国旗为高。

2. 中国国旗与其他国家国旗

在国际商务交往中，有的时候会出现中国旗帜和其他国家旗帜同时悬挂的情况，这时应分别对待。如果活动以我方为主，即我方扮演主人的角色时，以右为上，客人应该受到尊重，因此其他国家的国旗应挂于上位；如果活动以外方为主，即由外方扮演主人的角色，中国国旗应该处于尊贵位置。

【单项训练】

1. 签字仪式的位次排列

主方：主签人、陪同人员 1 2 3 4 5　　　客方：主签人、陪同人员 1 2 3 4 5

签字桌

门

2. 会客时的位次排列

A. 主人　B. 客人　　　　A. 主人　B. 客人　C. 其他主人　D. 其他客人

会议桌

门

相对式

会议桌

门

门

并列式

3. 谈判的位次排列

主方：1 2 3 4 5 6 7　　　客方：1 2 3 4 5 6 7

谈判桌

门

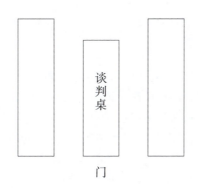

4. 会议的位次排列

(1) A. 一号上级领导　B. 二号上级领导　C. 企业一把手　D. 企业二号领导　E. 企业三号领导　F. 企业四号领导

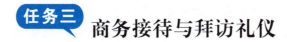

(2) A. 主人1　B. 主人2　C. 主人3　D. 客人1　E. 客人2　F. 客人3

任务三　商务接待与拜访礼仪

【情境导入】

四海公司销售部经理一行三人到千惠购物中心洽谈双方合作事宜，千惠购物中心对此十分重视，早早就做好了各项准备。这天，千惠购物中心派秘书小吴和司机前往机场迎接客人，见到客人后，小吴立即上前主动问候客人，并对客人说："实在抱歉，我们经理无法抽身亲自来迎接您，叮嘱我一定向您表示歉意。"来到轿车旁，小吴和司机为客人放好行李，打开车门请客人上车坐好。来到事先预定的酒店，小吴为客人办理好住宿手续，并和客人一起来到房间，向客人介绍酒店周围的情况后，将活动日程表交给客人便告辞离开了。

【项目任务】

要接待外地来的客人，事先要做好哪些准备？乘坐轿车应该如何安排位置？第二天千惠购物中心又应该如何接待到公司洽谈的客人？

【理论知识】

迎来送往，拜访会晤，是商务活动中常见的情景。随着经济的发展，对外交往的扩大，企业接待及拜访工作越来越频繁，正确的礼仪运用，对企业间建立联系、发展友谊、沟通合作有着极其重要的作用。

[补充资料]

  20世纪90年代初，我国北方某省一位县长亲自出面接待一位想到当地考察投资建立制药厂的外商。途中两人谈话投机，外商深深为县长的宏论所倾倒。通过初步考察了解，这位外商决定在该县投资。但是，当外商在参观即将被改造的该县原制药厂时，那位县长忽然一口浓痰涌上喉咙，再也憋不住了，"啪"一声吐在了厂门口。这一行径，立即引起外商的厌恶，他马上反悔，提出收回投资承诺。事后，外商给县长写了一封语重心长的信："您作为一县之长都这样没有修养，很难想象您的百姓会是什么样子？建药厂是为了治病救人，而不讲卫生，则可能造成谋财害命的结果……"

一、商务接待礼仪

1. 迎接礼仪

  迎来送往，是社会交往接待活动中最基本的形式和重要环节，是表达主人情谊、体现礼貌素养的重要方面。尤其是迎接，是给客人良好第一印象的最重要工作。给对方留下好的第一印象，就为下一步深入接触打下了基础。迎接客人要有周密的部署，应注意以下事项。

  ① 对前来访问、洽谈业务、参加会议的外国、外地客人，应首先了解对方到达的车次、航班，安排与客人身份、职务相当的人员前去迎接。若因某种原因，相应身份的主人不能前往，前去迎接的主人应向客人作出礼貌的解释。

  ② 主人到车站、机场去迎接客人，应提前到达，恭候客人的到来，绝不能迟到让客人久等。客人看到有人来迎接，内心必定感到非常高兴，若迎接来迟，必定会给客人心里留下阴影，事后无论怎样解释，都无法消除这种失职和不守信誉的印象。

  ③ 接到客人后，应首先问候"一路辛苦了""欢迎您来到我们这个美丽的城市""欢迎您来到我们公司"等等。然后向对方作自我介绍，如果有名片，可送予对方。

  ④ 迎接客人应提前为客人准备好交通工具，不要等到客人到了才匆匆忙忙准备交通工具，那样会因让客人久等而误事。

  ⑤ 主人应提前为客人准备好住宿，帮客人办理好一切手续并将客人领进房间，同时向客人介绍住处的服务、设施，将活动的计划、日程安排交给客人，并把准备好的地图或旅游图、名胜古迹等介绍材料送给客人。

  ⑥ 将客人送到住地后，主人不要立即离去，应陪客人稍作停留，热情交谈，谈话内容要让客人感到满意，比如客人参与活动的背景材料、当地风土人情、有特点的自然景观、特产、物价等。考虑到客人一路旅途劳累，主人不宜久留，让客人早些休息。分手时将下次联系的时间、地点、方式等告诉客人。

2. 接待礼仪

  ① 接待人员要品貌端正，举止大方，口齿清楚，具有一定的文化素养，受过专门的礼仪、形体、语言、服饰等方面的训练。

② 接待人员服饰要整洁、端庄、得体、高雅；女性应避免佩戴过于夸张或有碍工作的饰物，化妆应尽量淡雅。

③ 如果来访者是预先约定好的重要客人，则应根据来访者的地位、身份等确定相应的接待规格和程序。在办公室接待一般的来访者，谈话时应注意少说多听，最好不要隔着办公桌与来人说话。对来访者反映的问题，应作简短的记录。

公司常常会来一些客人，作为公司的一员，你自然有义务来进行接待。怎样才能礼貌周到地接待来客，又不会因此影响到工作呢？这就需要根据来客身份的不同，有所区分了。接待客人要注意以下几点。

① 客人要找的负责人不在时，要明确告诉对方负责人到何处去了，以及何时回本单位。请客人留下电话、地址，明确是由客人再次来单位，还是我方负责人到对方单位去。

② 客人到来时，我方负责人由于种种原因不能马上接见，要向客人说明等待理由与等待时间。若客人愿意等待，应该向客人提供饮料、杂志。如果可能，应该时常为客人换饮料。

③ 接待人员带领客人到达目的地，应该有正确的引导方法和引导姿势。

④ 遇到不速之客前来拜访，应态度和蔼地请对方报上姓名、单位、来访目的等基本资料后，请示领导，由领导决定是否会见。如领导不在，可以委婉地让他们把材料留下，回头请领导过目。领导如果感兴趣，你再及时、主动地和他们联系。

⑤ 诚心诚意地奉茶。我国人民习惯以茶水招待客人，在招待尊贵客人时，茶具要特别讲究，倒茶有许多规矩，递茶也有许多讲究。

3. 送客礼仪

俗话说："迎人迎三步，送人送七步。"作为商务人员，必须认识到送客比接待更为重要。遵守送客礼仪，可以给对方留下美好印象，千万不要因为送客这一环节造成虎头蛇尾、前功尽弃的局面。因此，送客时应注意以下几点。

① 当客人提出告辞时，要等客人起身后再站起来相送，切忌没等客人起身，自己先于客人起立相送。更不能嘴里说再见，而手中却还忙着自己的事，甚至连眼神也没有转到客人身上。"出迎三步，身送七步"是迎送宾客最基本的礼仪。因此，每次见面结束，都要以将再次见面的心情来恭送对方回去。

② 当客人起身告辞时，应马上站起来，主动为客人取下衣帽，帮他穿上，与客人握手告别，同时选择最合适的言词送别，如"希望下次再来"等礼貌用语。尤其对初次来访的客人更应热情、周到、细致。

③ 若客人带有较多或较重的物品，送客时应帮客人代提重物。与客人在门口、电梯口或汽车旁告别时，要与客人握手，目送客人上车或离开。要以恭敬真诚的态度，笑容可掬地送客，不要急于返回；应鞠躬挥手致意，待客人移出视线后，才可结束告别仪式。否则，当客人走完一段再回头致意时，发现主人已经不在，心里会很不是滋味。

④ 在客人来访时看表，总会给人以下"逐客令"的感觉，所以，应该在会客的时候即使要知道时间，也应回避客人。同时，送客返身进屋后，应将房门轻轻关上，不要使其发出声响；那种在客人刚出门的时候就"砰"地关门的做法是极不礼貌的，并且很有可能因此而"砰"掉客人来访期间培养起来的所有情感。

二、商务拜访礼仪

商务人员为了交流信息，沟通感情，增进友谊，必须经常进行商务拜访。商务拜访通常有三种类型：一是为工作而进行的事务性拜访；二是因礼尚往来而进行的礼节性拜访；三是为沟通感情而进行的私人拜访。在拜访过程中，必须注意以下几点。

1. 注重预约

① 一定要在到访前先联络妥当，让对方有思想准备，提前安排，以免扑空或扰乱主人的计划。不告而访非常失礼。

② 拜访应该选择恰当的时机。如果是进行事务性拜访，应选择上班时间，但不宜星期一一大早前去拜访，因为这是大家最忙的时候。进行礼节性拜访，则应选择对方上班比较空闲的时间，但不宜逗留时间过长。进行私人拜访，应该选择对方休息时间，但不宜在对方用餐、午休、晚休时间进行拜访。

2. 守时守约

① 我们要注意的首要规则是准时守约。让别人无故干等无论如何都是严重失礼的事情。如果有紧急的事情，不得不晚，必须通知你要见的人。如果打不了电话，请别人为你打电话通知一下。如果遇到交通阻塞，应通知对方要晚一点到。

② 控制时间，最好在约定时间内完成访谈，如果客户表现出有其他要事的样子，千万不要再拖延，如未完成工作，可约定下次时间。

3. 举止文明

① 到客户办公室前，最好先稍事整理服装仪容。如果是重要客户，记得先关掉手机。

② 名片与所需的资料要先准备好，在客户面前遍寻不着，非常不专业。

③ 在等待时要安静，不要通过谈话来消磨时间，这样会打扰别人工作。

④ 讲究敲门的艺术。要用食指敲门，力度适中，间隔有序敲三下，等待回音。如无应声，可再稍加力度，再敲三下。如有应声，再侧身隐立于右门框一侧，待门开时再向前迈半步，与主人相对。

⑤ 主人不让座，不能随便坐下。主人让座之后，要口称"谢谢"，然后采用规矩的礼仪坐姿坐下。主人递上烟茶，要双手接过并表示谢意。如果主人没有吸烟的习惯，要克制自己的烟瘾，尽量不吸，以示对主人习惯的尊重。主人献上果品，要等年长者或其他客人动手后，自己再取用。即使在最熟悉的朋友家里，也不要过于随便。

⑥ 起身告辞时，要向主人表示"打扰"之歉意。出门后，回身主动伸手与主人握别，说"请留步"。待主人留步后，走几步，再回首挥手致意说"再见"。

【单项训练】

实训内容：

1. 有外地客人来访，你的上司派你负责接待，你该如何操作？请设计接待安排日程表并展示接待流程。

2. 你的上司正在会客，却来了一位未经预约的重要客人，你该如何处理？请展示出来。

实训要求：分组训练，角色扮演，小组展示，互相点评。

任务四 礼品馈赠礼仪

【情境导入】

千惠购物中心在对员工进行如何给客户赠送礼品的企业内训时，说了一个典型案例：2005 年 4 月 29 日，当时的中国国民党主席连战到北京大学发表演讲，因连战的母亲赵兰坤女士毕业于北大的前身燕京大学，北京大学特别复制了赵兰坤女士在这里就学时的学籍档案和照片，在演讲结束后送给连战，并请他转达北大人对赵兰坤校友的诚挚问候。在这份特殊的礼物面前，连战难掩内心的激动。他高举起母亲年轻时的照片，然后捧在面前细细端详，满脸都是幸福的微笑，满眼都是动情的感念。

【项目任务】

成功的礼品馈赠能增进彼此之间的情感和友谊，应该选择什么样的礼品馈赠他人？采取什么样的方式才是适合的？期间要注意哪些问题？

【理论知识】

礼品，在现代社会中是一个非常常见的人际交往的媒介。礼品馈赠既可以增进人与人之间的了解，又可以表达出自己待人的友善之情。

在经济日益发达的今天，人与人之间的距离逐渐缩短，接触面越来越广，一些迎来送往及喜庆宴贺的活动越来越多，彼此送礼的机会也随之增加。但如何挑选适宜的礼品，对每一个人都是费神的问题。懂得送礼技巧，不仅能达到大方得体的效果，还可增进彼此的感情。

一、选择礼品

1. 宜选的礼品

在馈赠之前，要对礼品进行认真选择，既要考虑受礼一方的性别、年龄、文化、宗教、爱好，又要切合商务交往的具体情境，最好能够既为受礼者所喜爱，又具有商业价值。

（1）礼品应具有宣传性　在商务活动中，选择礼品往往是为了推广宣传企业形象，既注重实用价值，也注重宣传价值。在考虑受礼者的喜好前提下，所馈赠的礼品应能达到使对方记住自己，记住自己的单位、产品和服务的目的。

（2）礼品要具备独特性　礼品一定要有特点，应对受礼者有充分的了解，有针对性地进行选择，否则不但不会给对方带来惊喜，反而会弄巧成拙。

（3）礼品应具有文化性　选择礼品不一定要昂贵，但一定要具有独特的地域性、文化性，才能给受礼者以深刻的印象。

（4）礼品应具备时尚性　选择礼品应与时俱进，不能太落伍，更不能太廉价。粗制滥造之物或过季商品有敷衍对方之嫌。

2. 忌选的礼品

① 大额现金或金银珠宝，有收买对方之嫌，会加重对方的心理负担，往往会被拒绝。

② 有违交往对象民族习俗、宗教信仰和生活习惯的礼品。送礼前一定要了解受礼者的文化与宗教背景，否则会有不尊重对方之嫌，造成双方不欢而散，严重时会影响到双方的合作。

③ 自己不喜欢的礼品。选择的礼物，首先自己要喜欢，你自己都不喜欢，别人怎么会喜欢呢？

④ 带有明显广告标志和宣传用语的物品。虽说送礼往往与企业宣传相结合，但礼品过分注重宣传有利用对方之嫌，会令受礼者心情不快。

⑤ 重复送同样的礼品。为避免几年选同样的礼物给同一个人的尴尬情况发生，最好每年送礼时做一下记录。

二、赠送礼品

1. 赠送时间

（1）具体时机　节假日、对方重要的纪念日、喜庆日。

（2）具体时间　作为客人，应在双方见面之初送上礼品；作为主人，则应在客人离去的前夜或告别宴会上送上礼品。

2. 赠送地点

（1）公务交往　在公务场合赠送，比如办公室、写字楼、会见厅。

（2）私人交往　私人居所、饭店。

3. 赠送方式

（1）应加以包装　包装意味着重视，否则给人敷衍了事的感觉。外国人对包装格外重视，包装成本一般不低于礼物价值的三分之一，否则会降低礼物的档次，失礼于对方。

（2）应适当说明　当把所选择的礼物在正式商务交往中赠送给他人时，要进行必要的说明。比如说明礼品的含义、具体用途、与众不同之处等，使交往对象加深对礼品的印象，同时接受礼品赠送人的善意。

（3）应由在场地位最高者出面　由位高者向客人赠送礼品，体现出礼轻情意重之意，否则会给客人不受重视的感觉。

三、接受礼品

1. 受赠

（1）态度大方　如果准备接受别人礼品，就没有必要再三推辞，心口不一，否则反而会让对方觉得你不够诚恳。

（2）拆启包装　在外国人看来，礼品如果带有包装而受礼者不打开看，就等于怠慢送礼者，不重视对方赠送的礼品。但中国人正好相反，拆看礼品是不礼貌的行为。

（3）欣赏礼品　接受礼品不仅要打开看一看，而且要加以欣赏，如果是可以穿戴的礼品，应立刻使用、穿戴，否则别人的热情就会有被冷漠拒绝之嫌。

（4）表示谢意　接受礼品时，要表示感谢。接受贵重礼品后，回到家中还要再次打电话或写感谢信表示感谢。

2. 拒绝

① 说明拒绝原因。比如身份不允许、单位规定不允许等，否则会令人感到非常尴尬。

② 要表达谢意。即便拒绝了对方的礼品，也要感谢对方的好意。

③ 态度要友善。拒收礼品时，务必要讲究方式方法，不要让对方难堪。更不能态度生硬，质问、斥责、教训对方。如当时在场人多，应将礼品收下，过后再交还主人，并口头或书面解释理由。

四、各国赠礼习俗

1. 美国

与美国人交往，有两种场合可通过赠礼来自然地表达祝贺和友情：一是每年的圣诞节期间；二是当你抵达和离开美国的时候。如是工作关系可送些办公用品，也可选一些具有民族特色的精美工艺品。在美国，请客人吃顿饭，喝杯酒，或到别墅去共度周末，被视为较普遍的"赠礼"形式，你只要对此表示感谢即可，不必再作其他报答。去美国人家中做客一般不必备厚礼，带些小礼品，如鲜花、美酒和工艺品即可，如果空手赴宴，则表示你将回请。

2. 欧洲国家

送礼在欧洲不太盛行，即使是重大节日和喜庆场合，这种馈赠也仅限于家人或亲密朋友之间。来访者不必为送礼而劳神，主人绝不会因为对方未送礼或礼太轻而产生不快。但欧洲人对礼品的包装特别注重，送礼时应特别注意礼品的外包装。

德国人接受礼品超过一定金额就必须纳税，所以不能送重礼。因此，给德国人送礼不必注重礼品价格，只要送其喜欢的礼品就行，包装则要尽善尽美。

法国人将香槟酒、白兰地、糖果、香水等视为好礼品，体现文化修养的书籍、画册等也深受欢迎。

　　英国人喜欢鲜花、名酒、小工艺品和巧克力，但对饰有客人所属公司标记的礼品不大欣赏。

　　在荷兰，人们大多习惯吃生、冷食品，送礼忌送食品，且礼物要用纸制品包好。到荷兰人家里做客，切勿对女主人过于殷勤。在男女同上楼梯时，其礼节恰好与大多数国家的习俗相反：男士在前，女士在后。

　　俄罗斯人送礼和收礼都极有讲究。俄罗斯人忌讳别人送钱，认为送钱是一种对人格的侮辱。但他们很爱外国货，外国的糖果、烟、酒、服饰都是很好的礼物。如果送花，要送单不送双，双数是不吉利的。

　　3. 阿拉伯国家

　　中国的工艺品在这一地区很受欢迎，造型生动的木雕或石雕动物，古香古色的瓷瓶、织锦或香木扇，绘有山水花鸟的中国画和唐三彩，都是馈赠的佳品。向阿拉伯人送礼要尊重其民族和宗教习俗，不要送古代仕女图，因为阿拉伯人不愿让女子的形象在厅堂高悬；不要送酒，因为多数阿拉伯国家明令禁酒；向女士赠礼，一定要通过她们的丈夫或父亲，赠饰品予女士更是大忌。

　　4. 拉美国家

　　在拉丁美洲不能送刀剪，否则认为是友情的完结，手帕也不能作为礼品，因为它是和眼泪相联系的。拉丁美洲人喜欢美国生产的小型家用产品，比如厨房用具等。在拉美国家，征税很高的物品极受欢迎，最好不送奢侈品。

　　5. 亚洲国家

　　日本人将送礼看作是向对方表示心意的物质体现。礼不在厚，赠送得当便会给对方留下深刻印象。送日本人礼品要选择适当，中国的文房四宝、名人字画、工艺品等最受欢迎，但字画的尺寸不宜过大。所送礼品的包装不能草率，哪怕是一盒茶叶也应精心打理。但日本人对有狐狸和獾做包装图案的礼品是比较反感的。狐狸贪婪，獾则狡诈，是不受欢迎的动物。中国人送礼成双，日本人则避偶就奇，通常用1、3、5、7等奇数，但又忌讳其中的"9"，因为在日语中"9"的读音与"苦"相同。按日本习俗，向个人赠礼须在私下进行，不宜当众送出。

　　韩国的商人对初次来访的客人常常会送他当地出产的手工艺品，但要等客人先拿出礼物来，然后再回赠他们本国产的礼品。

　　在和泰国人的交往中，可以送些小的纪念品，送的礼物事先应包装好。送鲜花也很合适。

　　在菲律宾，到主人家做客，如果你带了礼物，到主人家时再送，过后最好寄上一封简短的感谢信。

　　印度尼西亚人喜欢客人到他们的家中做客访问，而且在一天中任何一个时间去拜访他们，都是受欢迎的。应邀做客时，可以给主人带上一束鲜花。客人不一定非要送礼不可，但最好说几句感谢的话，或写个便条表示谢意。商界好礼，尤其好互赠礼物。访问时宜准备一些小礼物给商人、官员及他们的妻子。

缅甸人送给别人东西时，必须在星期一至星期六进行，星期天禁忌送物，尤其禁忌送衣服、纱笼等。

到新加坡人家里吃饭，可以带一束鲜花或一盒巧克力作为礼物。但新加坡是一个重礼仪、讲廉政的国家，对公务员收礼有严格规定："公务员不准收受礼品，但可以接受没有商品价值的纪念品。有商品价值又推辞不掉的礼品，收下后必须向本单位常任秘书报告，或交国家，或由财政部对该礼品估价，由本人付款购下。即使在新闻单位任职的雇员也禁止接受任何与本公司有业务往来的机构或个人送的一切礼物、恩惠或特别优待。"因此，在新加坡从事商务活动，一定要遵守新加坡的相关条例，不要向他人赠送有商品价值的礼品。当然，民间探亲访友中的礼尚往来是可以的，但也不宜赠送价值过高的礼品。

五、鲜花礼仪

在人际交往中以花为赠，是最保险、最易于使双方皆大欢喜的一种馈赠选择。商务人员要掌握有关奉献鲜花的礼仪，主要应当对送花时机、送花形式、花卉寓意等三个方面的具体规范详加了解。要强调的是，在绝大多数情况下，送花以送鲜花为佳；尽可能地不要以发蔫的鲜花或干花送人。

（一）送花时机

举办接待活动时，如果时机选择得当，则能够使小小一束鲜花发挥很好的作用。接待过程中，适宜我方人员向外方人士赠送鲜花的具体时机，大体上可以被分为例行之时与巧用之时。

1. 例行的送花时机

在人际交往中，人们通常会在以下场合以花赠人。

（1）喜礼之用　碰上与自己相熟的外国人士结婚、生子、做寿、乔迁、升学、晋职等诸般喜事，均可以赠送鲜花作为喜礼，恭喜对方。

（2）贺礼之用　参与某些应表示祝贺之意的活动。

（3）节庆之用　各类节假日或开业庆典、年会、公司成立周年纪念等，都可以赠花庆贺。

（4）慰问礼之用　当外方人士或其家人遇到不幸或挫折时，或是遇到其他一些天灾人祸时，应前去慰问，并赠以鲜花。

（5）丧葬礼之用　当关系亲密者或者其家人举办丧事、葬仪时，可送鲜花，以寄哀思。

（6）祭奠礼之用　当祭祖、扫墓时，可以花为礼，追思、缅怀故人或表示自己的哀思。

2. 巧用的送花时机

在如下一些情况下，用鲜花赠送于外方人士，会令人耳目一新，增进双方的关系。

（1）迎送　当外方人士来访或即将归国时，向其赠送一束鲜花，可以巧妙、委婉地向对方表达自己的热情、友谊。

（2）做客　前往他人居所做客时，如能以鲜花为礼，则较为恰当。

（3）致歉　有些时候，因为自己的差错而与其他人产生了矛盾、误解甚至隔阂，可以通过向其赠送鲜花来表示歉意，必要时还可附以道歉卡。

（二）送花形式

送花的形式分为两种，即以人来区分和以花来区分。

1. 以人区分

以人来区分送花的形式，通常可将其区分为本人亲送、代表转送、雇人代送等3种。

（1）本人亲送　是送花的最基本的形式。

（2）代表转送　由代表转送鲜花，一般是赠送人因故不能到场时所作的一种选择。尽管是不得已而为之，但有时这种赠送方式也可以起到由代表表达赠送者难言之隐的独特作用。

（3）雇人代送　有时，自己难以分身，或是为了刻意制造一种气氛，可以委托鲜花店的"花仙子"或是邮政局的"礼仪小姐"等，代替自己上门送花。

2. 以花区分

依照所送花的形式不同，送花又可以分为送束花、篮花、盆花、插花、饰花、花环、花圈等。

（1）束花　束花又叫做花束，它是以新鲜的数枝切花捆扎成束，精心修剪或包装而成的一种鲜花组合，是适用面最广、应用最多的一种。

（2）篮花　篮花又叫做花篮，它是以形状各异的精编草篮，按一定的要求，盛放一定数量花大色艳的新鲜切花组成。与赠送束花相比较，赠送篮花显得更隆重、更高档。其最适宜的场合，有开业、演出、祝寿等。

（3）盆花　盆花是栽种在专门的花盆里，主要用作观赏的花草。送人的盆花，可以是自养的心爱之物，也可以是特意买来的珍稀品种。送盆花的最佳时机，有登门拜年、祝贺乔迁以及至交互访等。赠送的对象，最好是老年人、爱花者以及居所具备一定空间而又有侍弄花卉时间的人士。

（4）插花　插花指的是运用一定的技巧，将各种供观赏的鲜花在精心修剪之后，经过认真搭配，然后插放在花瓶、花篮、花插之中。插花主要适用于"孤芳自赏"，装饰居室，布置客厅、会议室，同时也可以赠与亲朋好友。

（5）饰花　最常见的饰花有襟花、头花等。在两者之中，襟花可使用于各类社交场合，而头花则仅限于非正式场合使用，除亲朋好友外，饰花一般不宜送人。但是，襟花在某些庆典、仪式中，则可以统一发放。

（6）花环　花环多用于自我装饰、表演舞蹈、迎送贵宾，有时亦可以之赠人。在国外，其受赠对象通常是贵宾或好友。

（7）花圈　花圈是指用花扎成的固定的圆状祭奠物。它仅能用在悼念、缅怀逝者的场合，例如参加追悼会、扫墓等。

（三）花卉寓意

鲜花常作为友谊、幸福、爱情与和平的象征。在日常交往中，人们往往以送鲜花的方式表达敬意和礼节。在世界上，有一些鲜花的寓意是相传已久、人所共知、广为沿用的，这就是所谓鲜花的通用寓意，即花语。准确地说，所谓花语，乃指借用花卉来表达人类的某种情感、愿望或象征的语言。简言之，花语，就是借花所传之意，以花类比之情。

花语一旦形成并被人们接受之后，便流传开来，形成惯用的礼仪规范，不能自造花语，也不许篡改花语。

接待人员要基本精通的常用花语，主要有以下几类。

1. 表示情感

在全部花语之中，有相当数量是被用来表达人之常情的。比如，用表示勤勉的红丁香、表示谨慎的鸟不宿和表示战胜困难的菟丝子组合而成的花束赠与友人，可表示"君如奋斗，必将成功"。

用表示成婚的常春藤、表示结合的麦藁和表示羁绊的五爪龙组合而成的花束赠与新婚者，可表示"同心相爱，永不分离"。

用表示分别的杉枝、表示祝愿的香罗勒和表示勿忘的胭脂花组合而成的花束赠与远行之人，则可表示"为君祝福，君勿忘我"。

2. 表示国家

一些国家目前拥有各自的国花。所谓国花，是指以某种鲜花来表示国家，作为国家的一种标志和象征。

在正常情况下，各国的国花大都具有下列的3个特点：第一，一国只有一种国花；第二，各国国花都是本国人民最喜爱的花；第三，国花通常代表国家形象，人人对国花必须尊重、爱护，既不宜滥用国花，也不可失敬于国花。

3. 表示城市

与许多国家拥有国花一样，世界上的许多城市也拥有自己的市花。所谓市花，是指用来代表本市，作为本城市标志或象征的某一种鲜花。

我国的许多城市都有自己的市花。例如：北京市的市花是月季和菊花，上海市的市花是白玉兰，天津市的市花是月季等；另外，我国香港特别行政区和澳门特别行政区的区旗，分别以紫荆花和荷花作为其主要图案。

4. 民俗寓意

（1）品种　在我国，梅花是春的大使，荷花系夏的伴侣，菊花为秋之娇客，水仙乃冬之仙女。康乃馨视为母亲花，用于母亲节、教师节及传统节日；剑兰视为迎宾花，用于庆典；参加婚礼可送并蒂莲，祝愿夫妻恩爱，白头偕老；亲友生日，可以康乃馨、玫瑰花组成的花束相送；如年轻人生日，可送石榴、杜鹃、象牙红，意含火红年华，前程似锦。清明扫墓，为寄托思念可送一支白色或红色康乃馨。看望长辈，送长春花，表示健康长寿；送水仙花，表示吉祥；送兰花，表示正气长存；送桃花，表示长寿幸福；而白色、紫色的菊花常用于葬礼。

在接待活动中，由于风俗习惯不同，同一品种的鲜花，往往在民俗寓意上大为不同，所以商务人员必须特别注意鲜花的民俗寓意。

例如，在我国，牡丹表示富贵吉祥，百合寓意百年好合。在西方，玫瑰象征爱情，康乃馨则表示伤感或拒绝，单独送人时必须慎之又慎。菊、莲和杜鹃，在国内口碑甚佳，在涉外交往中却不宜用作礼品。菊花在西方系"葬礼之花"，用于送人便有诅咒之意，仅能供丧葬活动使用。莲花在佛教中有特殊的地位，杜鹃则被视为"贫贱之花"，用于送人也难免发生误会。中国人赞赏的荷花，在日本则表示死亡。在我国的广东、海南、港澳地区，送人金橘、桃花，会令对方笑逐颜开；而以梅花、茉莉、牡丹花送人，则必定会招人反感。原来，在那里人们爱"讨口彩"，金橘有"吉"，桃花"红火"，所以来者不拒；而梅花、茉莉、牡丹则音同"霉""没利""失业"，故人们往往避之唯恐不及。

(2) 色彩　鲜花的色彩丰富多彩，由于习俗不同，人们对于鲜花的色彩也有着不同的理解。在我国，红色的鲜花是最受欢迎的喜庆之花，因为在中国的民俗里，红色象征大吉大利、兴旺发达。新人成亲时，赠以红色鲜花，方为得当，白色的鲜花则常用于丧礼。但在西方人眼里，白色鲜花象征着纯洁无瑕，将其送与新娘，将是对她的至高赞赏。而在老一辈的中国人眼里，送给新人白色鲜花是不吉利的。中国人颇为欣赏的黄色鲜花，是不宜送给西方人的，因为他们认为黄色暗含断交之意。巴西人认定紫色是死亡的征兆，故对紫色鲜花比较忌讳。

再如，在很多国家，人们送花时多以多色鲜花相组合，很少会送人清一色的红花或黄花；原来，在那里以纯红色的鲜花送人意味着向对方求爱，以纯黄色的鲜花送人则暗示决定与对方分道扬镳。

(3) 数量　送花的具体数量，在不同国家、地区的民俗中，是各不相同的。在中国，送花时讲究数目越多越好，双数吉利。喜庆活动中送花要送双数，意即"好事成双"，在丧葬仪式上送花则要送单数，以免"祸不单行"。在日本、韩国、朝鲜，以及中国的广东、海南、香港、澳门、台湾地区，送"4"枝花给人，会招人白眼，因为其发音与"死"相近。

在西方国家，人们认为只要意思到了，一支鲜花亦可胜过一束。送人的鲜花则讲究单数，尤其是男士送鲜花给关系普通的女士时，数目宜单，否则便是指望与人家"成双成对"了。比方说，送1枝鲜花表示"一见钟情"，送11枝鲜花则表示"一心一意"，只有作为凶兆的"13"，才是例外。

【单项训练】

实训内容：阳光公司是一家大型广告公司，公司成立十周年要举办庆典活动，需要给前来参加的嘉宾赠送礼品，应该如何做好准备？应选择什么时机赠送？其中阳光公司的大客户日本某公司总经理伊藤先生第一次来中国，阳光公司的董事长决定亲自挑选一件礼品送给伊藤先生。阳光公司应该选择什么样的礼物？董事长如何向伊藤先生介绍这一件礼品？伊藤先生如何接受礼品？请演示整个过程。

实训要求：分组训练，角色扮演，小组展示，互相点评。

任务五 电话礼仪

【情境导入】

张丽大学毕业，到千惠购物中心客户服务部工作，上司要求她首先学会接听电话。张丽心想：接电话谁不会啊?! 这时，电话铃响，张丽立刻拿起电话："喂！喂！喂！找谁？怎么不出声啊！"张丽放下电话，上司严肃地对她说："你刚才接听电话的过程，最少有四处错误。"张丽说："对方连一句话都没说，可能是线路有问题，我有什么错？"

【项目任务】

有人曾经感叹：接打电话比面对面与人交谈更需要技巧。请问：张丽什么地方做错了？正确的电话礼仪应该注意哪些问题？

【理论知识】

随着科学技术的发展和人们生活水平的提高，电话的普及率越来越高，人们越来越离不开电话，每天要接、打大量的电话。看起来打电话很容易，对着话筒同对方交谈，觉得比当面交谈还要简单，其实不然，打电话大有讲究，可以说是一门学问、一门艺术。

电话被现代人公认为便利的通讯工具，在日常工作中，使用电话的语言很关键，它直接影响着一个部门的声誉；在日常生活中，我们通过电话也能粗略判断对方的人品、性格。因而，掌握正确的、礼貌待人的打电话方法是非常必要的，否则，不仅会影响个人工作，还会有损公司形象。

一、拨打电话

1. 要选择对方方便的时间

① 公务电话应尽量打到对方单位，最好避开临近下班的时间，因为这时打电话，对方往往急于下班，很可能得不到满意的答复。

② 打国际长途要了解时差。

③ 谈公事不要占用他人的私人时间，尤其是节假日时间。

④ 社交电话最好不要在工作时间打，以免影响他人工作。

⑤ 不要在他人的休息时间之内打电话。若确有必要往对方家里打电话时，应注意避开吃饭或睡觉时间、早晨 8 点钟以前、晚上 10 点钟以后不宜打电话到他人家里。

2. 要注意控制时间

每个人上班都要处理大量公务，单位里的电话是用来处理公务的，所以发话人应当自觉地、有意识地将每次通话的时间限定在 3 分钟之内，尽量不要超过。为了节约他人和自己的时间，应做到以下几点。

（1）事先准备 通话之前，最好把对方的姓名、电话号码、通话要点等通话内容列出一张清单，这样可以避免出现现说现想，缺少条理，丢三落四。

（2）简明扼要 电话内容应言简意赅，切忌长时间占用电话聊天。办公室的电话用于办公，最好不在上班时间内打私人电话。商务通话，最忌讳说话吞吞吐吐、含糊不清、东拉西扯。寒暄后，就应直言主题，不要讲空话、废话，也不要无话找话、短话长说。

（3）适可而止 要讲的话已说完，就应果断地终止通话。有人觉得，别人都还没有意思要挂电话，自己先挂好像不礼貌，所以有的公司规定要对方挂了之后自己才能挂。按照电话礼仪，一般应该由通话双方中地位高者终止通话；如果双方地位平等，那么作为主叫方应该先挂。

3. 要注意礼貌

电话接通后，除首先问候对方外，别忘记自报单位、职务、姓名。必要时，应询问对方是否方便，在对方方便的情况下再开始交谈。开口就打听自己需要了解的事情，咄咄逼人的态度是令人反感的。请人转接电话，要向对方致谢。由于某种原因，电话中断了，要由打电话的人重新拨打。通话完毕时应道"再见"，然后轻轻放下电话。

4. 将笑容融入声音

当我们打电话给某单位时，若一接通，就能听到对方亲切、优美的招呼声，心里一定会很愉快，使双方对话能顺利展开，对该单位有了较好的印象。打电话时虽然相互看不见，但说话声音的大小，对待对方的态度，包括语调和心情这些看不见的风度表现，都通过电话传给了对方。商务人员应该用声调表达出你的诚恳和热情，声音悦耳，音量适中，这是最简单、最起码的礼貌。如果你要使你电话里的声音好听，你试一试带着微笑说"你好，这里是××公司"，不仅能给对方留下好的印象，对方对你所在的单位也会有好印象。因此要记住，接电话时，应有"我代表单位形象"的意识。

二、接听电话

1. 接听及时

电话铃声响起后，应尽快接听，最好响两次后拿起话筒，不要让铃声响过五遍。现代工作人员业务繁忙，电话铃声响一声大约 3 秒钟，若长时间无人接电话或让对方久等，是很不礼貌的，对方在等待时心里会十分急躁，你的单位会给他留下不好的印象。

电话铃响了许久才接电话，要在通话之初向对方表示歉意。

不要在铃声才响过一次就接电话，这样会令对方觉得突然。

2. 了解来电话的目的

上班时间打来的电话几乎都与工作有关，公司的每个电话都十分重要，不可敷衍，即使对方要找的人不在，切忌只说"不在"就把电话挂了。接电话时也要尽可能问清事由，避免误事。我们首先应了解对方来电的目的，如自己无法处理，也应认真记录下来，委婉地探求对方来电目的，就可不误事而且赢得对方的好感。

3. 礼貌应答

拿起话筒后，首先向对方问好，然后自报家门："您好，这里是××公司××部。"电话用语应文明、礼貌，态度应热情、谦和、诚恳，语调应平和，音量要适中。切忌拿起电话劈头就问："喂！找谁？"也一定不能用很生硬的口气说"他不在""打错了""没这人""不知道"等语言。

接电话时，对对方的谈话可作必要的重复，重要的内容应简明扼要地记录下来，如时间、地点、联系事宜、需解决的问题等。

电话交谈完毕时，应尽量让对方结束对话，若确需自己来结束，应解释、致歉。通话完毕后，要向对方道再见，等对方放下话筒后，再轻轻地放下电话，以示尊重。

接到误拨的电话，应礼貌相对，不能恶狠狠地说"打错了！"然后用力把电话挂上。

4. 分清主次

接听电话过程中绝对不能吸烟、喝茶、吃零食，即使是懒散的姿势对方也能够"听"得出来。如果你打电话的时候，弯着腰躺在椅子上，对方听你的声音就是懒散的，无精打采的；若坐姿端正，所发出的声音也会亲切悦耳，充满活力。因此打电话时，即使看不见对方，也要当作对方就在眼前，尽可能注意自己的姿势。

会议期间有人打来电话，可向其说明原因，并表示歉意，会后联系。

接听电话时，又有电话打来，千万不能不接。可对正在通话的一方说明原因，然后接听另一个电话，请对方稍候再拨，然后继续方才的电话。

三、代接电话

1. 以礼相待，尊重隐私

当来电话的人说明找谁之后，不外乎三种情况：一是刚好是本人接电话；二是本人在，但不是他接电话；三是他不在办公室里。第一种情形，说"我就是，请问您是哪位？"第二种情形，接话人说："他在旁边，请稍候。"第三种情形，接话人则说："对不起，他刚好出去。您需要留话吗？"不能过分追问对方情况，例如"你找他有什么事""你是他什么人"，这些都是非常失礼的表现。你应说："请稍等！"如果没有看见对方找的人，要立即告之："对不起，他不在，需要（方便）我转告什么吗？"但询问对方姓名后再说"本人不在"，很容易引起对方的误解。

2. 把握分寸，妥善处理

若熟人找领导且领导在的话，就立即转告，让领导接电话。当需要把电话转给领导时，在传达电话前，要清楚表达"××公司××先生打来的电话"，同时，要把从对方得到的消息，简洁、迅速地传给领导，以免对方再重复一次，同时让你的领导有个思想准备。

若是领导不愿接的电话，对于需要搪塞的场合，则应灵活应付，恰当地把握讲话的分寸，按领导意图妥善处理；有时需要机智巧妙，避免给领导接通他所不想接的电话，秘书有责任使领导避开浪费时间的、不必要的电话，有责任辨别领导乐于和哪些人通电话，并应通晓如何巧妙地对待他人。如说"对不起，先生。××领导刚离开办公室"或"我不知何时能找到他。"

若领导正忙或已出差无法接电话时，可让对方留话，表示会主动联系。

3. 记忆准确，做好记录

当对方要找的人不在时，应温和地转告对方，并可主动提出是否需要帮助，是否可找别人讲话以及对方的电话号码等，以便再与其联络，绝不要简单地答"他不在"，这样会显得鲁莽而无礼。要是对方有留言，必须确实记住以下留言内容：

① 何时何人来的电话？
② 有何要事？
③ 需要回电话吗？
④ 回电话的对象是谁？如何称呼？
⑤ 是否再打过来？
⑥ 对方电话号码等。记完后要复述一遍，并告其请放心，一定转告。

[补充资料]

电话记录表

年　月　日　午　时　分

来电单位		发话人姓名		接电话人	
内容					
领导意见					
处理					

4. 及时传达，不可误事

当见到对方所要找的人时，应立刻将电话内容告知对方；或把留言条放到留言对象的桌上，以便他回来时能立刻看到。

千万不要小看这些商务电话的细节。你如果能够很好地运用这些电话礼仪,就能让客户觉得你训练有素,值得信赖。如果公司的每一个员工都有正确得体的电话礼仪,其效果无异于塑造了一个电话里的公司新形象。

【单项训练】

实训内容:

1. 希望集团招聘文员、会计、业务员,请以求职者的身份,打电话咨询有关情况,并确定面试时间。

2. 四海公司总经理(潘总)秘书打电话给天马公司总经理(刘总)秘书,预约面谈下年度广告代理合同时间,双方定下具体时间、地点。

3. 四海公司总经理打电话给天马公司总经理,邀请他 11 月 21 日下午 15:00 到国际大酒店参加公司举办的新产品发布会。天马公司总经理不在,他的秘书接听电话,并作记录。

实训要求:分组训练,角色扮演,小组展示,互相点评。

任务六 商务谈判礼仪

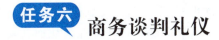

【情境导入】

千惠购物中心与欧洲一家公司已有合作意向,进行正式谈判时,千惠购物中心谈判代表早早来到会议室,坐在面对门口的位置上等候对方代表的到来。客方代表来到后,被安排背对大门就座。可是欧洲公司代表坐下来之后态度发生了变化,对千惠购物中心报出的价格很高,而且态度强硬。虽然千惠购物中心的代表一再请求对方改变价格,以提高在中国的竞争力,但对方仍不肯让步。一个上午过去,谈判未取得任何进展。事后,千惠购物中心埋怨对方顽固不化,外方认为千惠购物中心傲慢无礼、毫无诚意。

【项目任务】

商务谈判其实是如何取得共赢的过程,谈判前该做好哪些准备?谈判时该如何处理分歧?有哪些忌讳需要注意?

【理论知识】

所谓谈判,其一般含义是指在社会生活中,人们为满足各自需要和维护各自利益,双方妥善地解决某一问题而进行的协商。曾有人说"生活本身就是一系列无休止的谈判",这也是不无道理的。而商务谈判,是指谈判双方为实现某种商品或劳务的交易,对多种交易条件进行的协商。随着商品经济的发展,商品概念的外延也在扩大,她不仅包括一切劳动产品,还包括资金、技术、信息、服务等。因此,商务谈判是指一切商品形态的交易洽谈,如商品供求谈判、技术引进与转让谈判、投资谈判等。

随着我国经济的迅猛发展,尤其是加入 WTO 后,我国各企业和单位所面临的国际商务谈判越来越多。谈判是一种进行往返沟通的过程，其目的是为了就不同的要求或想法而达成某项联合协议。谈判又是一系列情势的集合体，它包括沟通、销售、市场、心理学、社会学、自信心以及冲突的解决。商务谈判的最终目的是双方达成协议，使交易成功。

一、谈判准备

1. 商务谈判之前首先要确定谈判人员，要与对方谈判代表的身份、职务相当

商务谈判在某种程度上是双方谈判人员的实力较量。谈判的成效如何，往往取决于谈判人员的知识方面和心理方面的素质。因此，谈判之前，最好首先了解和判断对方的权限。谈判人员接触的对象可能有：业务代表、业务各级主管、经理、副总经理、总经理甚至董事长，依企业的大小而定。这些人的权限都不一样，谈判人员应尽量避免与无权决定事务的人谈判，以免浪费自己的时间，同时也可避免事先将本企业的立场透露给对方。

其次，商务谈判常常是一场群体间的交锋，单凭谈判者个人的丰富知识和熟练技能，并不一定就能达到圆满的结局，所以要选择合适的人选组成谈判班子与对手谈判。谈判班子成员各自的知识结构要具有互补性，从而在解决各种专业问题时能驾轻就熟，并有助于提高谈判效率，在一定程度上减轻主谈人员的压力。

2. 谈判代表要有良好的综合素质

谈判前应整理好自己的仪容仪表，穿着要整洁、正式、庄重。男士应刮净胡须，穿西服必须打领带。女士穿着不宜太性感，不宜穿细高跟鞋，应化淡妆。

谈判代表应通晓相关知识。例如与外商谈判，谈判者除了应具备国际贸易、国际金融、国际市场营销、国际商法这些必备的专业知识外，还应涉猎心理学、经济学、管理学、财务知识、外语、有关国家的商务习俗与风土人情以及与谈判项目相关的工程技术等方面的知识。较为全面的知识结构有助于构筑谈判者的自信与成功的背景。

此外，作为一个国际商务谈判者，还应具备一种充满自信心、具有果断力、富于冒险精神的心理状态，只有这样才能在困难面前不低头，风险面前不回头，才能正视挫折与失败，拥抱成功与胜利。

3. 布置好谈判会场

采用长方形或椭圆形的谈判桌，门右手座位或对面座位为尊，应让给客方。

4. 谈判前应对谈判主题、内容、议程做好充分准备，制订好计划、目标及谈判策略

知己知彼，百战不殆。在谈判准备过程中，谈判者要在对自身情况作全面分析的同时，设法全面了解谈判对手的情况。自身分析主要是指进行项目的可行性研究。对对手情况的了解主要包括对手的实力（如资信情况），对手所在国（或地区）的政策、法规、商务习俗、风土人情以及谈判对手的谈判人员状况等。目前中外合资项目中出现了许多合作误区与投资漏洞，乃至少数外商的欺诈行为，很大程度上是中方人员对谈判对手了解不够所导致的。此外，谈判人员必须了解商品的知识、市场及价格、品

类供需情况、本企业情况、本企业所能接受的价格底线与上限,以及其他谈判的目标,一定要把各种条件列出优先顺序,将重点简短地写在纸上,在谈判时随时参考,提醒自己。

二、谈判之初

1. 树立良好的第一印象

谈判双方接触的第一印象十分重要,言谈举止要尽可能创造出友好、轻松的良好谈判气氛。作自我介绍时要自然大方,不可露出傲慢之意。被介绍到的人应起立一下微笑示意,可以礼貌地道"幸会""请多关照"之类。询问对方要客气,如"请教尊姓大名"等。如有名片,要双手接递。介绍完毕,可选择双方共同感兴趣的话题进行交谈。稍作寒暄,以沟通感情,创造温和气氛。

2. 举止得体

谈判之初的姿态动作也对把握谈判气氛起着重大作用,应目光注视对方时,目光应停留于对方双眼至前额的三角区域正方,这样使对方感到被关注,觉得你诚恳严肃。手心冲上比冲下好,手势自然,不宜乱打手势,以免造成轻浮之感。切忌双臂在胸前交叉,那样显得十分傲慢无礼。

3. 注意倾听

谈判之初的重要任务是摸清对方的底细,因此要认真听对方谈话,细心观察对方的举止表情,并适当给予回应,这样既可了解对方意图,又可表现出尊重与礼貌。

三、谈判之中

(一)关键环节

这是谈判的实质性阶段,主要是报价、查询、磋商、解决矛盾、处理冷场。

(1)报价 要明确无误,恪守信用,不欺蒙对方。在谈判中报价不得变换不定,对方一旦接受价格,即不再更改。

(2)查询 事先要准备好有关问题,选择气氛和谐时提出,态度要开诚布公。切忌气氛比较冷淡或紧张时查询,言辞不可过激或追问不休,以免引起对方反感甚至恼怒。但对原则性问题应当力争不让。对方回答时不宜随意打断,答完时要向解答者表示谢意。

(3)磋商 讨价还价事关双方利益,容易因情急而失礼,因此更要注意保持风度,应心平气和,求大同,容许存小异。发言措辞应文明礼貌。

(4)解决矛盾 要就事论事,保持耐心、冷静,不可因发生矛盾就怒气冲冲,甚至进行人身攻击或侮辱对方。

(5)处理冷场 此时主方要灵活处理,可以暂时转移话题,稍作松弛。如果确实已无话可说,则应当机立断,暂时中止谈判,稍作休息后再重新进行。主方要主动提出话题，不要让冷场持续过长。

（二）商务谈判中利益冲突的解决

由于谈判中双方都想获得自身利益的最大化，尽管我们可以在一定程度上避免谈判陷入僵局而致最终破裂，但有时利益的冲突是难以避免的。每逢此时，只有采取有效措施加以解决，才能使谈判顺利完成，取得成功。

1. 处理利益冲突的基本原则——将人的问题与实质利益相区分

谈判的利益冲突往往不在于客观事实，而在于人们的想法不同。在商务谈判中，当双方各执己见时，往往双方都是按照自己的思维定势考虑问题，这时谈判往往出现僵局。

换个角度考虑问题恐怕是利益冲突发生后谈判中最重要的技巧之一。不同的人看问题的角度不一样。人们往往用既定的观点来看待事实，对与自己相悖的观点往往加以排斥。彼此交流不同的见解和看法，站在对方的立场上考虑问题并不等于让一方遵循对方的思路解决问题，而是这种思维方式可以帮助你找到问题的症结所在，最终解决问题。

因此，在谈判中，如果双方出现意见不一致，可以尝试以下几种处理问题的方法。

① 不妨站在对方的立场上考虑问题。
② 不要以自己为中心推论对方的意图。
③ 相互讨论彼此的见解和看法。
④ 找寻对方认同的一些化解冲突的行动机会。
⑤ 一定要让对方感觉到参与了谈判达成协议的整个过程，协议是双方想法的反映。
⑥ 一定要给对方留面子，尊重对方人格。

2. 处理谈判双方利益冲突的关键在于创造双赢的解决方案

谈判的结果并不是"你赢我输"或"你输我赢"，谈判双方首先要树立双赢的概念。一场谈判的结局应该使谈判的双方都要有"赢"的感觉。采取什么样的谈判手段、谈判方法和谈判原则来达到谈判的结局对谈判各方都有利，这是商务谈判的实质追求。因此，面对谈判双方的利益冲突，谈判者应重视并设法找出双方实质利益之所在，在此基础上应用一些双方都认可的方法来寻求最大利益的实现。

双赢在绝大多数的谈判中都应该是存在的。创造性的解决方案可以满足双方利益的需要。这就要求谈判双方应该能够识别共同的利益所在。每个谈判者都应该牢记：每个谈判都有潜在的共同利益；共同利益就意味着商业机会；强调共同利益可以使谈判更顺利。另外，谈判者还应注意谈判双方兼容利益的存在。替对方着想，让对方容易作出决策。如果你能让对方觉得解决方案既合法又正当，对双方都公平，那么对方就很容易作出决策，你的方案也就获得了成功。

3. 借助客观标准，最终解决谈判利益冲突问题

在谈判过程中，双方在了解了彼此的利益所在后，绞尽脑汁为双方寻求各种互利

的解决方案，也非常重视与对方发展关系。但是棘手的利益冲突问题依然不是那么容易解决的。这种情况下，双方就某一个利益问题争执不下，互不让步，即使强调"双赢"也无济于事。此时客观标准的使用在商务谈判中就起到了非常重要的作用。

例如，对于谈判中经常遇到的价格问题，当双方无法达成协议时，可以参照一些客观标准，如市场价值、替代成本、折旧时账面价值等。此种方式在实际谈判中非常有效，可以不伤和气地快速取得谈判成果。在价格问题上的利益冲突可以这样解决，其他问题同样也可以运用客观标准来解决。但是，在谈判中有一点一定要把握，就是基本原则应该是公平有效的原则、科学性原则和先例原则。

4．谈判策略的恰当运用也可以在一定程度上避免冲突

在谈判过程中，谈判者的态度既不过分强硬，也不可过于软弱，前者容易刺伤对方，导致双方关系破裂，后者则容易受制于人，而采取"刚柔相济"的策略比较奏效。谈判中有人充当"红脸"角色，持强硬立场，有人扮演"白脸"角色，取温和态度。"红脸"是狮子大开口，大刀阔斧地直捅对方敏感部位，不留情面，争得面红耳赤也不让步。"白脸"则态度和蔼，语言温和，处处留有余地，一旦出现僵局，便于从中斡旋挽回。

（1）拖延回旋　在贸易谈判中，有时会遇到一种态度强硬、咄咄逼人的对手，他们以各种方式表现其居高临下。对于这类谈判者，采取拖延交战、虚与周旋的策略往往十分有效，即通过许多回合的拉锯战，使趾高气扬的谈判者感到疲劳生厌，逐渐丧失锐气，同时使自己的谈判地位从被动中扭转过来，等对手精疲力竭的时候再反守为攻。

（2）留有余地　在谈判中，如果对方向你提出某项要求，即使你能全部满足，也不必马上和盘托出你的答复，而是先答应其大部分要求，留有余地，以备讨价还价之用。

（3）以退为进　让对方先开口说话，表明所有的要求，我方耐心听完后，抓住其破绽，再发起进攻，迫其就范。有时在局部问题上可首先做出让步，以换取对方在重大问题上的让步。

（4）利而诱之　根据谈判对手的情况，投其所好，施以小恩小惠，促其让步或最终达成协议。请客吃饭、观光旅游、馈赠礼品等虽然是社会生活中的家常便饭，但实际上是在向对方传递友好信号，是一种微妙的润滑剂。

（5）相互体谅　谈判中最忌索取无度、漫天要价或胡乱杀价，使谈判充满火药味和敌对态势。谈判双方应将心比心，互相体谅，可使谈判顺利进行并取得皆大欢喜的结果。

（三）谈判十忌

1．准备不周

缺乏准备，首先无法得到对手的尊重，你心理上就矮了一截；同时无法知己知彼，漏洞百出，很容易被抓住马脚——然后就是你为了挣开这一点，就在另一点上做了让步。

2．缺乏警觉

对谈判对手叙述的情况和某些词汇不够敏感，无法抓住重点，无法迅速而充分地

利用洽谈中出现的有利信息和机会。

3. 脾气暴躁

人在生气时不可能做出好的判断。盛怒之下，往往作出不明智的决定，并且需要承担不必要的风险。同时由于给对方非常不好的印象，在对方的心目中形成成见，使你在日后的谈判中处于被动状态。

4. 自鸣得意

骄兵必败，原因是骄兵很容易过于暴露自己，结果让对手看清你的缺点，同时失去了深入了解对手的机会。骄傲会令你做出不尊重对方的言行，激化对方的敌意和对立，增加不必要的矛盾，最终增大自己谈判的困难。

5. 过分谦虚

过分谦虚只会产生两个效果：一个可能就是让别人认为你缺乏自信，缺乏能力，而失去对你的尊重。另一个可能就是让人觉得你太世故，缺乏诚意，对你有戒心，产生不信任的感觉。

6. 不留情面

赶尽杀绝，会失去对别人的尊重，个别情况下还有可能影响自己的职业生涯。

7. 轻诺寡信

不要为了满足自己的虚荣心，越权承诺，或承诺自己没有能力做到的事情。这不但会使个人的信誉受损，同时也影响企业的商誉。你要对自己和供应商明确这一点：为商信誉为本，无信无以为商。

8. 仓促草率

工作必须是基于良好的计划管理，仓促草率的后果之一是：被供应商认为是对他的不重视，从而无法赢得对方的尊重。

9. 过分紧张

过分紧张是缺乏经验和自信的信号，通常供应商会觉得遇到了生手，好欺负，一定会好好利用这个机会。供应商会抬高谈判的底线，可能使你一开始就无法达到上司为你设定的谈判目标。

10. 贪得无厌

工作中，在合法合理的范围里，聪明的供应商总是以各种方式迎合和讨好采购人员。遵纪守法、自律廉洁是采购员的基本职业道德，也是发挥业务能力的前提。采购人员应当重视长期收益，而非短期利益。

四、谈后签约

签约仪式上，双方参加谈判的全体人员都要出席，共同进入会场，相互致意握手，一起入座。双方都应设有助签人员，分立在各自一方代表签约人外侧，其余人排列站立在各自一方代表身后。

助签人员要协助签字人员打开文本，用手指明签字位置。双方代表各在己方的文本上签字，然后由助签人员互相交换，代表再在对方文本上签字。

签字完毕后，双方应同时起立，交换文本，并相互握手，祝贺合作成功。其他随行人员则应该以热烈的掌声表示喜悦和祝贺。

五、不同客商的谈判风格

国际商务谈判要面对的谈判对象来自不同国家或地区。由于世界各国的政治经济制度不同，各民族间有着迥然不同的历史、文化传统，各国客商的文化背景和价值观念也存在着明显的差异。因此，他们在商务谈判中的风格也各不相同。在国际商务谈判中，如果不了解这些不同的谈判风格，就可能闹出笑话，产生误解，既失礼于人，又可能因此而失去许多谈判成功的契机。如欲在商务谈判中不辱使命，稳操胜券，就必须熟悉世界各国（或地区）商人不同的谈判风格，采取灵活的谈判方式。

1. 美国人

美国是中国的一个重要贸易伙伴，美国人是我们在国际商务谈判中的常见对手。他们性格开朗、自信果断，办事干脆利落，重实际，重功利，事事处处以成败来评判每个人，所以在谈判中他们干脆直爽，直截了当，重视效率，追求实利。美国人习惯于按照合同条款逐项进行讨论，解决一项，推进一项，尽量缩短谈判时间。他们十分精于讨价还价，并以智慧和谋略取胜，他们会讲得有理有据，从国内市场到国际市场的走势甚至最终用户的心态等各个方面来劝说对方接受其价格要求。美国人在谈判某一项目时，除探讨所谈项目的品质规格、价格、包装、数量、交货期及付款方式等条款外，还包括该项目从设计到开发、生产工艺、销售、售后服务以及为双方能更好地合作各自所能做的事情等，从而达成一揽子交易。同美国人谈判，就要避免转弯抹角的表达方式，是与非必须保持清楚，如有疑问，要毫不客气地问清楚，否则极易引发双方的利益冲突，甚至使谈判陷入僵局。

2. 日本人

日本人深受中国传统文化的影响，儒家思想道德意识已深深地沉淀于日本人的内心深处，并在行为方式上处处体现出来。日本是一个岛国，资源缺乏，人口密集，具有民族危机感。这就使日本人养成了进取心强、工作认真、事事考虑长远影响的性格。他们慎重、礼貌、耐心、自信地活跃在国际商务谈判的舞台上。他们讲究礼节，彬彬有礼地讨价还价，注重建立和谐的人际关系，重视商品的质量。所以在同日本人打交道时，在客人抵达时到机场接机，在谈判后与客人共进晚餐、交朋友，都是非常必要的，这些都可以在一定程度上避免冲突的出现。

3. 韩国人

近十多年来，我国与韩国的贸易往来增长迅速。韩国以"贸易立国"，韩国商人在长期的贸易实践中积累了丰富的经验，常在不利于己的贸易谈判中占上风，被西方国家称为"谈判的强手"。在谈判前他们总是要进行充分的咨询准备工作，谈判中他们注重礼仪，创造良好的谈判气氛，并善于巧妙地运用谈判技巧。与韩国人打交道，一定要选派经验丰富的谈判高手，做好充分准备，并能灵活应变，才能保证谈判的成功。

4. 华侨商人

华侨分布在世界许多国家，他们乡土观念很强，勤奋耐劳，重视信义，珍惜友情。由于经历和所处环境的不同，他们的谈判习惯既与当地人有别，也与我们大陆人有所不同。他们作风果断，雷厉风行，善于讨价还价，而且多数都是由老板亲自出面谈判，即使在谈判之初由代理人或雇员出面，最后也要由老板拍板才能成交。所以了解老板的个人情况，以真情打动他就至关重要。

5. 欧洲商人

（1）德国人的谈判风格

① 思维缜密，考虑问题周到，有计划性。

② 十分讲求效率。

③ 十分自信、自负。

④ 重合同、守信用。

⑤ 对待个人关系非常严肃。

（2）法国人的谈判风格

① 坚持在谈判中使用法语。

② 珍惜人际关系。

③ 偏爱横向谈判。

④ 喜欢度假。

⑤ 大都重视个人的力量。

⑥ 时间观念不强。

（3）英国人的谈判风格

① 英国人不轻易与对方建立个人关系。

② 重视礼仪，崇尚绅士风度。

③ 不能按期履行合同，不能按期交货。

④ 做成生意的欲望不强。

（4）意大利人的谈判风格

① 性格外向，情绪多变，决策过程缓慢。

② 注重商人的个人作用。

③ 崇尚时髦。

④ 注重节约。

⑤ 地区差别大。

（5）俄罗斯人的谈判风格

① 谈判时缺乏灵活性。

② 善于在价格上讨价还价。

③ 重视谈判项目中的技术内容和索赔条款。

④ 喜欢采用易货贸易形式。

(6) 荷兰人的谈判风格

① 荷兰人善于理财，讲究秩序，注重工作效率，办事认真负责。

② 荷兰人性格坦率、开诚布公，守时，正派，热情好客。

③ 荷兰人爽直，极注重商业道德，但在价格上斤斤计较。

④ 荷兰人会讲多种外国语言。

(7) 西班牙人的谈判风格

① 西班牙人常使谈判对手感到傲慢。

② 西班牙人注重穿戴，不愿看到穿戴不整的人坐到谈判桌上来。

③ 西班牙人各地区差别很大。

④ 在生意中，西班牙人强调维护个人信誉，一旦签订合同，一般都非常认真地加以履行。

(8) 瑞士人的谈判风格

① 瑞士人团结一致，具有强烈的排他性。

② 瑞士商人一般较谨慎、保守。

③ 在谈判中，瑞士人对产品的要求一般是"质量第一，价格第二"。

④ 瑞士商人崇尚节约。

⑤ 瑞士商人时间观念强，对时间安排很精确。

⑥ 瑞士商人商誉较佳，遵守契约，诚实不欺。

(9) 北欧人的谈判风格

① 北欧人自立性强，态度谦恭、平和、坦率、沉着，愿意主动提出建设性意见以求做出积极的决策。

② 北欧人讲究文明礼貌，但比较固执。

③ 北欧人工作态度严肃认真，办事计划性强，属于务实型。

④ 北欧人普遍喜欢饮酒。

⑤ 一般来说，挪威人注重理论，勤于思考，富于创造性，善于形成理论体系；瑞典人善于应用，精于加工制造；丹麦人善于推销，是一流的商人。

以上介绍的只是世界上主要贸易国家或地区的主要谈判风格，重要的是我们应从中悟其真谛。当然，随着当今世界经济一体化和通信的高速发展以及各国商人之间频繁的往来接触，他们相互影响，取长补短，有些商人的国别风格已不是十分明显了。因此，我们既应了解、熟悉不同国家和地区商人之间谈判风格的差异，在实际的商务谈判中更应根据临时出现的情况而随机应变，适当地调整自己的谈判方式以达到预期的目的，取得商务谈判的成功。

【单项训练】

实训内容：阳光公司与四海公司将进行谈判，阳光公司十分重视该项工作，早早做好各项准备。谈判当天，总经理亲自带领谈判代表迎接客方代表，双方谈判时本着互惠互利的原则及时调整谈判方式，谈判取得了成功。请演示整个过程。

实训要求：分组训练，角色扮演，小组展示，互相点评。

小　　结

本次教学情境主要介绍了办公室礼仪、商务位次礼仪、商务接待与拜访礼仪、礼品馈赠礼仪、电话礼仪、商务谈判礼仪等常用公务礼仪。商务人员应规范自己的言行举止，才能很好地完成各类公务活动。

综合训练

一、案例分析

一天，某公司负责前台接待的秘书小杨，迎来了一位事先与人事部王经理预约好却提前20分钟到达的客人。小杨立刻通知了人事部王经理，王经理说正在接待一位重要客人，请对方稍等。小杨就如实转告客人说："王经理正在接待一位重要客人，请您稍等。"正说着电话铃响了，小杨赶快去接电话，十分钟之后才发现客人正在办公室走来走去，才意识到应该给客人安排座位，但客人脸色很不好看。

针对此案例，分析说明小杨什么地方违背了公务礼仪的要求。

二、请你判断以下情境中人物做法的正误，并说出理由

1. 上班时间，在办公室里，A女感到没事可干，就顺手拿出化妆品，对着镜子化起妆来。（　　）

2. 办公室的电话响了，B男拿起电话："喂！找谁？"（　　）

3. C到D家里做客，送了一件礼物给她，D接过礼物看了看，说："这种花瓶我有好几个！"（　　）

三、实训检测

实训内容：结合特定的接待场景，进行迎宾、引路、上下楼梯、出入房门、座次安排的礼仪训练。

实训要求：分小组角色扮演，综合运用各种接待礼仪，完成情景展示。

考核项目	考核内容	分　值	实际得分
迎宾	站姿正确	5	
	主动迎宾	5	
	问候得体	5	
引领	手势准确、清楚	5	
	位次正确	5	
	语言、神态结合协调	5	
上下楼梯	位次排列正确、语言清晰	10	

续表

考核项目	考核内容	分 值	实际得分
出入房门	语言文明、位次正确、手势准确	10	
安排座位	位次排列正确、手势准确清楚	10	
介绍	动作准确规范	10	
奉茶	奉茶姿势准确	5	
	顺序正确	5	
	语言神态协调	5	
送客	语言文明得体	5	
	动作准确规范	5	
	神态自然协调	5	

学习情境五
实施商务专题仪式活动

【学习目标】

通过学习,应该达到以下目标:

(1) 知识目标　了解签字仪式、开业典礼、剪彩仪式、商品展销会、新产品发布会的基本概念,掌握各种商务仪式的内容及程序。

(2) 能力目标　熟练掌握各种商务仪式的基本流程,并能结合实际设计相关商务活动。

【情境导入】

1998年8月8日,是千惠购物中心隆重开业的日子。开业典礼在店前广场举行。

上午11时许,应邀前来参加庆典的有关领导、各界友人、新闻记者陆续到齐。正在举行剪彩之际,天空突然下起了倾盆大雨,典礼只好移至厅内,一时间,大厅内聚满了参加庆典的人员和避雨的行人。典礼完毕,雨仍在下着,厅内避雨的行人短时间内根本无法离去。于是,千惠购物中心经理当众宣布:"今天能聚集到我们购物中心的都是我们的嘉宾,这是天意,希望大家能同敝店共享今天的喜庆,我代表购物中心真诚邀请诸位到敝店餐厅共进午餐,当然一切全部免费。"霎时间,大厅内响起雷鸣般的掌声。

虽然千惠购物中心开业额外多花了一笔午餐费,但千惠购物中心的名字在新闻媒体及众多顾客的渲染下却迅速传播开来,接下来千惠购物中心的生意格外红火。

【项目任务】

商务仪式对企业有何重要作用?如何才能成功筹办商务仪式活动?要注意哪些礼仪规范?

【理论知识】

仪式是指在特定场合举行的、具有专门程序、规范化的活动。在商务活动中,常见的仪式包括商务签字仪式、庆典仪式、展销会等。仪式礼仪是指在举行特定仪式时所要遵循的礼仪规范。仪式礼仪主要包括仪式准备阶段的礼仪规范、现场组织阶段的礼仪规范以及参与人员的行为礼仪规范等。举办商务仪式,既可表明企业对活动的重视,又可借机扩大企业的知名度。成功的商务仪式,应该能很好地树立企业形象,为企业创造效益。

一、签字仪式

签字仪式,通常是指订立合同、协议的各方在合同、协议正式签署时所正式举行的仪式。企业之间通过谈判，就某项商务活动达成协议时，一般都要举行签字仪式。举行签字仪式，不仅是对谈判成果的一种公开化、固定化，而且也是有关各方对自己履行合同、协议所做出的一种正式承诺。

（一）签字仪式的准备工作

安排签字仪式，首先，应做好文本的准备工作，包括对相关文本的定稿、翻译、校对、印刷、装订等，同时也要准备好签字用的文具等相关物品；其次，应与对方商定助签人员，并安排双方助签人员洽谈有关细节；再次，应确定签字仪式的参加人员，一方面要求签字人的身份应与待签文件的性质相符合，另一方面双方签字人的身份、职位应大致相当，此外还要求双方出席签字仪式的人数应大致相当。

（二）签字仪式的会场布置

签字仪式的会场布置有两方面的内容，一是签字仪式会场的装饰，二是签字仪式会场的座次排列。

1. 签字仪式会场的装饰

① 签字仪式会场要庄重、整洁、清净。

② 室内应铺设地毯，正规的签字桌应为长桌，其上铺设深绿色的台呢布。

③ 签字桌上，循例应事先放好待签的合同文本以及签字笔、吸墨器等签字时所用的文具。

④ 需要在签字仪式会场布置双方的国旗或标志的，在其位置与顺序上，必须按照礼宾序列。

2. 签字仪式会场的座次排列

从礼仪上来讲，举行签字仪式时，在力所能及的条件下，一定要郑重其事，认认真真。其中最为引人注目者，当属举行签字仪式时座次的排列方式问题。一般而言，举行签字仪式时，座次排列的具体方式共有三种基本形式，它们分别适用于不同的具体情况。

（1）并列式　并列式排座，是举行双边签字仪式时最常见的形式。它的基本做法是：签字桌在室内面门横放；双方出席仪式的全体人员在签字桌之后并排排列，双方签字人员居中面门而坐，客方居右，主方居左。如图5-1所示。

（2）相对式　相对式排座，与并列式签字仪式的排座基本相同。二者之间的主要差别，只是相对式排座将双边参加签字仪式的随员席移至签字人的对面。如图5-2所示。

（3）主席式　主席式排座，主要适用于多边签字仪式。其操作特点是签字桌仍须在室内横放，签字席仍须设在桌后面对正门，但只设一个，并且不固定其就座者。举行仪式时，所有各方人员，包括签字人在内，皆应背对正门、面向签字席就座。签字时，各方签字人应以规定的先后顺序依次走上签字席就座签字，然后即应退回原处就座。如图5-3所示。

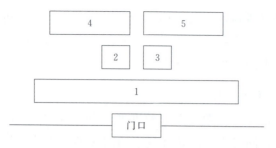

图 5-1　并列式座次排列

1—签字桌；2—客方签字人；3—主方签字人；4—客方参加签字仪式人员；5—主方参加签字仪式人员

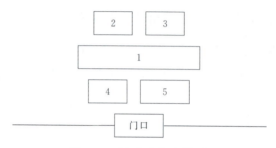

图 5-2　相对式座次排列

1—签字桌；2—客方签字人；3—主方签字人；4—客方参加签字仪式人员；5—主方参加签字仪式人员

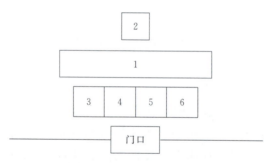

图 5-3　主席式座次排列

1—签字桌；2—签字席；3～6—签字仪式的参加人员

（三）签字仪式的程序

在具体操作签字仪式时，可以依据下述基本程序进行运作。

1. 宣布开始

此时，有关各方人员应先后步入签字厅，在各自既定的位置上正式就位。

2. 签署文件

通常的做法，是首先签署应由己方所保存的文本，然后再签署应由他方所保存的文本。依照礼仪规范，每一位签字人在己方所保存的文本上签字时，应当名列首位。因此，每一位签字人均须首先签署将由己方所保存的文本，然后再交由他方签字人签署。此种做法，通常称为"轮换制"。它的含义是：在文本签名的具体排列顺序上，应轮流使有关各方均有机会居于首位一次，以示各方完全平等。

3. 交换文本

各方签字人此时应热烈握手，互致祝贺，并互换签字用笔，以志纪念。全场人员应热烈鼓掌，以表示祝贺之意。

4. 饮酒庆贺

有关各方人员一般应在交换文本后当场饮上一杯香槟酒，并与其他方面的人士一一干杯。这是国际上所通行的增加签字仪式喜庆色彩的一种常规性做法。

二、开业典礼

开业典礼是指在单位创建、开业，项目完工、落成，某一建筑物正式启用，或是某项工程正式开始之际，为了表示庆贺或纪念，而按照一定的程序所隆重举行的专门的仪式。

开业典礼的礼仪，指的是在开业仪式筹备与运作的具体过程中所应当遵从的礼仪惯例。它主要包括开业典礼的准备工作、活动过程和结束工作三项内容。

（一）开业典礼的准备工作

开业典礼的准备工作主要包括舆论宣传、嘉宾邀请、场地布置、材料准备等几项内容。

1. 舆论宣传

举办开业典礼的目的是在于塑造企业形象，对其进行舆论宣传，以吸引社会各界对企业的关注，争取社会对企业形象的认可和赞赏。在舆论宣传方面所做的准备工作，主要包括选择有效的传播媒介、拟订邀请参与开业典礼现场采访的新闻界人士等。

2. 嘉宾邀请

拟出并经领导同意出席开业典礼的嘉宾名单，印制请柬，提前两三天送交嘉宾。一般来说，嘉宾主要包括地方领导、上级主管部门领导、合作单位领导、媒体人员、社会知名人士等。

3. 场地布置

开业典礼多数是在开业现场举行的。按惯例，举行开业典礼时宾主一律站立，故一般不设置主席台和座椅。为显示隆重与敬客，可在来宾尤其是贵宾站立之处铺设红地毯，并在场地四周悬挂横幅、标语、气球、彩带等，在醒目之处摆放来宾赠送的花篮、匾牌。

4. 开业典礼所需材料及用具

来宾的签到簿、本单位的宣传材料、待客的饮料、音响、照明设备等，都应该事先认真检查、调试，以防其在开业典礼现场使用时出现故障。

（二）开业典礼仪式程序

1. 专人负责嘉宾签到接待

有专人负责嘉宾的签到接待，并安排迎宾人员有礼貌地引导嘉宾入场，且给予热情的服务。

2. 主人致辞

开业典礼开始，主人应先向来宾简短致辞，向来宾及祝贺单位表示感谢，并简要介绍本企业的经营特色及经营目标等。

3. 领导或来宾代表致辞

在主人致辞后，可由领导或来宾代表致辞，对企业开业表示祝贺。

4. 主人回答记者或嘉宾提出的各种问题

（三）开业典礼的结束工作

根据开业典礼的需要，或安排锣鼓、军乐、礼花、礼炮以助兴；或组织座谈、参观；或宴请招待。

三、剪彩仪式

剪彩仪式是指商界的有关单位，为了庆祝公司的成立或周年庆典、企业的开工、商店的开张或开业、展销会或展览会的开幕等而举行的一项隆重的礼仪性程序。

剪彩仪式的程序主要包括剪彩的准备、剪彩的人员、剪彩的程序、剪彩的做法等四个方面。

（一）剪彩的准备

剪彩的准备工作要认真细致、一丝不苟。

1. 场地的布置

剪彩活动对场地要求比较严格，包括对场地的布置、环境的卫生、灯光与音响的设置、现场服务人员等。

2. 用具的准备

剪彩仪式需要一些特殊用具，如红色缎带、新剪刀、白色薄纱手套、托盘以及红地毯等。

（二）剪彩的人员

剪彩的人员必须审慎选择，必要的话可以事先进行培训。剪彩人员主要由剪彩者和助剪人员两部分组成。

1. 剪彩者

剪彩者，即在剪彩仪式上持剪刀剪彩之人。根据惯例，剪彩者可以是一个人，也可以是多个人，但最多不能超过五人。通常，剪彩者多是由上级领导、合作伙伴、社会名流、员工代表或客户代表所担任。

剪彩者是一个人时，其剪彩时居中即可。多人剪彩时，其规矩是：中间高于两侧，右侧高于左侧，距离中间站立者愈远位次便愈低，即主剪者应居于中央的位置。

2. 助剪人员

助剪人员，指的是剪彩者剪彩的一系列过程中从旁为其提供帮助的人员，即通常所称呼的礼仪小姐。在剪彩仪式上服务的礼仪小姐，又可以分为迎宾者、引导者、服务者、拉彩者、捧花者、托盘者。迎宾者的任务，是在活动现场负责迎来送往。引导者的任务，是在进行剪彩时负责带领剪彩者登台或退场。服务者的任务，是为来宾尤其是剪彩者提供饮料，安排休息之处。拉彩者的任务，是在剪彩时展开、拉直红色缎带。捧花者的任务，是在剪彩时手托花团。托盘者的任务，则是为剪彩者提供剪刀、手套等剪彩用品。

礼仪小姐的最佳装束应为：化淡妆、盘起头发，穿款式、面料、色彩统一的单色旗袍，配肉色连裤丝袜、黑色高跟皮鞋。除戒指、耳环或耳钉外，不佩戴其他任何首饰。有时，礼仪小姐身穿深色或单色的套裙亦可。但是，她们的穿着打扮必须尽可能地整齐划一。必要时，可向外单位临时聘请礼仪小姐。

（三）剪彩的程序

剪彩仪式宜紧凑，忌拖沓，在所耗时间上愈短愈好。短则一刻钟即可，长则至多不宜超过一个小时。

通常应包含如下六项基本的程序。

第一项，请来宾就位。在剪彩仪式上，通常只为剪彩者、来宾和本单位的负责人安排坐席。在剪彩仪式开始时，即应敬请大家在已排好顺序的座位上就座。在一般情况下，剪彩者应就座于前排。

第二项，宣布仪式正式开始。在主持人宣布仪式开始后，乐队应演奏音乐，现场可燃放鞭炮，全体到场者应热烈鼓掌。此后，主持人应向全体到场者介绍到场的重要来宾。

第三项，奏国歌。此刻须全场起立。必要时，亦可随之演奏本单位标志性歌曲。

第四项，进行发言。发言者依次应为东道主单位的代表、上级主管部门的代表、地方政府的代表、合作单位的代表，等等。其内容应言简意赅，每人不超过三分钟，重点分别应为介绍、道谢与致贺。

第五项，进行剪彩。此刻，全体应热烈鼓掌，必要时还可奏乐或燃放鞭炮。在剪彩前，须向全体到场者介绍剪彩者。

第六项，进行参观。剪彩之后，主人应陪同来宾参观被剪彩之物。仪式至此宣告结束。随后东道主单位可向来宾赠送纪念性礼品，并以自助餐款待全体来宾。

（四）剪彩的做法

剪彩的做法应标准无误。进行正式剪彩时，剪彩者与助剪人员的具体做法必须合乎规范。

当主持人宣告进行剪彩之后，礼仪小姐即应率先登场。在上场时，礼仪小姐应排成一行行进。从两侧同时登台，或是从右侧登台均可。登台之后，拉彩者与捧花者应当站成一行，拉彩者处于两端拉直红色缎带，捧花者各自双手手捧一朵花团。托盘者须站立在拉彩者与捧花者身后一米左右，并且自成一行。

在剪彩者登台时，引导者应在其左前方进行引导，使之各就各位。剪彩者登台时，宜从右侧出场。当剪彩者均已到达既定位置之后，托盘者应前行一步，到达前者的右后侧，以便为其递上剪刀、手套。剪彩者若不止一人，则其登台时亦应列成一行，并且使主剪者行进在前。在主持人向全体到场者介绍剪彩者时，后者应含微笑向大家欠身或点头致意。剪彩者行至既定位置之后，应向拉彩者、捧花者含笑致意。当托盘者递上剪刀、手套，亦应微笑着向对方道谢。

在正式剪彩前，剪彩者应首先向拉彩者、捧花者示意，待其有所准备后，集中精力，右手手持剪刀，表情庄重地将红色缎带一刀剪断。若多名剪彩者同时剪彩时，其他剪彩者应注意主剪者动作，与其主动协调一致，力争大家同时将红色缎带剪断。

按照惯例，剪彩以后，红色花团应准确无误地落入托盘者手中的托盘里，而切勿使之坠地。为此，需要捧花者与托盘者的合作。剪彩者在剪彩成功后，可以右手举起剪刀，面向全体到场者致意。然后放下剪刀、手套于托盘之内，举手鼓掌。接下来，可依次与主人握手道喜，并列队在引导者的引导下退场。退场时，一般宜从右侧下台。

待剪彩者退场后，其他礼仪小姐方可列队由右侧退场。

不管是剪彩者还是助剪人员在上下场时，都要注意井然有序、步履稳健、神态自然。在剪彩过程中，更是要表现得不卑不亢、落落大方。

[补充资料]

剪彩仪式流程设计范例

09:50　来宾由迎宾人员负责接待指引到贵宾休息处，房间放置饮料及宣传画册。

09:50　签到开始。在剪彩厅门口设立2个签到台，由两个礼仪小姐引导签到，签到采取手写方式。

10:00　剪彩仪式开始。

主持人：贵宾们、女士们、先生们，上午好！欢迎各位参加××集团的奠基仪式，谢谢大家。众所周知，××集团是一家涉及零售、地产等多行业的大型企业集团……

主持人：(介绍来宾)下面请允许我介绍一下出席本次会议的诸位嘉宾……

10:05　相关领导嘉宾依次发言致祝词。

10:30　领导剪彩。

主持人：感谢以上嘉宾的精彩祝词。下面就请各位嘉宾拿起剪刀开始剪彩。

(此时背景音乐激昂欢快，礼仪小姐从一侧手端剪彩银盘步入台上，依次站在嘉宾右侧。彩球落下瞬间，万条彩带、彩絮从天而降。)

10:35　喝庆功酒。

主持人：贵宾们、女士们、先生们，在这万分激动的时刻，让我们端起酒杯为××集团的成功发展祝福！

(背景音乐激昂欢快，礼仪小姐推着一座高脚杯堆成的金字塔出现，××集团与领导、嘉宾每人打开一瓶红酒从最高处倒酒，直至最底层斟满红酒，礼仪小姐鱼贯而出为到场每位嘉宾送上一杯红酒，在浓重的欢乐气氛下大家畅饮一杯庆功酒，把仪式推上高潮。)

10:50　主持人宣布剪彩仪式结束。

主持人：各位来宾、各位朋友，再次向远道而来的政府领导们、社会朋友们表示真心的感谢！本次剪彩仪式到此结束！希望我们的明天会更好！

（全场灯光全亮，背景音乐《明天会更好》）

11:00　主持人宣布此后为产品展示、参观时间。

四、商品展销会

商品展销会是指在固定场所和一定期限内，具有相应资格的若干经营者参加，用展销的形式，以现货或者订货的方式销售商品的集中交易活动。

展销会礼仪，通常是指企业在组织、参加展销会时，所应当遵循的规范与惯例。展销会礼仪主要包括展销会的场地布置、展销会的工作人员、展销会的客户接待以及展销会的组织程序等几方面的内容。

（一）展销会的场地布置

展销会的场地布置要隆重、典雅，体现一种文化氛围。展区布置要富有感染力，能体现出自身鲜明的特点。展销商品的摆放既要讲究艺术性和技巧性，突出产品特色，又要方便顾客购买。

（二）展销会的工作人员

展销会的工作人员直接负责与客户的交流沟通，因此工作人员的行为举止以及素质修养会影响客户对企业的印象。工作人员必须注重自身的礼貌与行为规范，服饰要整洁划一，仪容要修整，佩戴有关标志，面带微笑迎送每一位来宾。

在各个商品展区，要配备专业的讲解人员或咨询服务人员，细心主动地为客户介绍商品，耐心回答客户的咨询。

必要的时候，展销会还需提供医疗服务人员与安保人员，预防突发事件的发生。

（三）展销会的客户接待

对待前来参加展销会的客户应该一视同仁，避免厚此薄彼。在有许多竞争性商品同时参展的情况下，切不可为了推销自己的产品而贬低别人的产品。为了实现自身的利益而贬低别人的产品，是失礼行为。这种情况下，应该客观真实地着重介绍自己产品的特点与优点，而不适合进行比较性的介绍。

（四）展销会的组织程序

主办方在组织展销会时，要遵循一定的程序。

1. 展销会方案筹划

展销会方案筹划包括确定展销会的主题、展销会活动实施方案。可写出提纲，使展品得到有机的排列与组合。

2. 向工商行政管理机关提出举办展销会的申请

工商行政管理机关是商品展销会的主管机关，主管商品展销会的登记，监督举办者的组织管理活动和参展者的经营行为的合法性，保护企业和消费者的合法权益。

主办方举办展销会，必须向工商行政管理机关提出举办申请，经批准后才可举办。

3. 确定展销会的举办场地

主办方在选择举办场地时，要考虑展销会的规模、场地的面积、场地租借费用、交通的便利性等因素。

4. 确定参展单位和参展项目

主办方可采用广告或发邀请函的办法，使可能参展的单位来参展。

5. 布置展厅

布置展厅要有新意，引人注意，展品摆放要讲究艺术性。展厅内环境要优雅、卫生，必要时可设立一些指示标语。

6. 培训工作人员

对展销会的工作人员，如接待员、讲解员、咨询服务员等，要进行严格挑选与培训，以保证其能为顾客提供热情周到的服务。

7. 做好与新闻媒体的联络工作

新闻媒体是扩大展销会知名度的最好媒介，要注意与新闻媒体的合作，实现双赢。要认真制订新闻发布计划，确定发布的内容、发布的时间和发布形式。

8. 做好安全保卫工作

主办方要保证展销会的参展人员和财产的安全，尤其是在顾客人员较多的情况下，要及时疏散人流，保证顾客的人身安全。

9. 评估展销会的效果

在展销会结束后，要通过销售额、与会顾客数量、参展单位数量、新闻报道数量等指标客观评价展销会，收集意见与评价、分析反馈信息，总结经验，以备参考。

五、新产品发布会

新产品发布会，是指企业研制生产了某种新产品或推出了某项对社会有重大影响的革新项目，想通过大众媒介把这些信息广泛地传播出去而举办的商务宣传活动。

新产品发布会是一种两级传播：组织先将信息告知记者，再通过记者所属的大众传播媒介告知公众。它一般具有以下特点：

① 形式比较正规、隆重，规格比较高；

② 记者可以根据自己感兴趣的方面或所着重的角度进行提问，更深入地发掘消息。

（一）准备工作

1. 确定必要性和主题

研究和分析是否有值得广泛传播的信息，传播的信息是否有新闻价值，是否有新闻传播紧迫性，是否是新闻传播的最佳时机等。一般来说，有新产品问世、有新技术开发、有新项目合作、开业或倒闭、合并或转产、重大纪念活动、重大危机事故等，都具有一定的发布价值。

2. 确定发布会日期、地点

举行产品发布会，在时间上应该尽量避开节假日和有重大社会活动的日子，以免记者不能来参加。在地点选择上主要是考虑给记者创造各种方便采访的条件，如录像、拍摄的辅助灯光、视听辅助工具、幻灯或电影的播放设备，适合记者使用的桌椅、电话机、传真机等，以及交通是否方便、地点是否安静等。

3. 确定组织者与参与人员，包括广告公司、领导、客户、同行、媒体记者等

应根据发布会的主题，有选择地邀请有关的新闻记者参加。不同领域有不同的媒介工具或不同的媒介记者，要根据消息发布的范围来确定记者的覆盖面和级别，选择报纸、杂志、广播、电视等媒介记者。

4. 发送邀请函和请柬

邀请对象一经确定，应提前7～10天发出邀请，临近开会时还应打电话联系落实。

5. 选聘主持人、发言人、礼仪人员和接待人员并进行培训和预演

这些人员都是组织形象的化身，因此必须事先选定并作必要的培训和预演。其外表形象的设计应下一番工夫，服饰仪表、言谈举止都应该给人以礼貌真诚的感受。新产品发布会对主持人和发言人提出了很高的要求。主持人和发言人除具有较高的文化修养和专业水平外，还要思维敏捷、口齿伶俐。主持人一般由组织公共关系机构的负责人担任，首先介绍会议基本情况和议程，再由发言人作详细发言。发言人应由组织的高级领导担任，因为他们熟悉组织的整体情况，回答问题具有权威性。

6. 准备好发言和报道提纲，以及宣传辅助材料

应根据会议的主题收集有关信息，写出准确生动的主持人讲话提纲、发言人的发言稿、答记者问的备忘提纲、新闻统发稿、会议报道提纲、所发新闻的有关背景材料和论据材料，以及有关的图片、实物、影像等辅助材料。这样，既为会议的主持人和发言人提供有益的参考提示，也为记者们充分理解所发新闻信息及有关问题提供帮助，并为记者们的采访报道提供方便和参考。需要特别注意的是，会前应将会议主题、发言稿和报道提纲在组织内部通报一下，以防会上口径不一而引起记者猜疑和混乱。

7. 预算会议所需费用

根据新闻发布会的规格和规模做出可行的经费预算。费用项目一般有：场租、会场布置、印刷品、茶点、礼品、文书用品、音响器材、邮费、电话费、交通费等。需要用餐时还应加上餐费。

除以上几点会前准备工作，有时会后还需要组织记者实地参观采访，这项工作需要有专人接待，安排好参观路线和范围。

8. 提前一到两个小时，检查准备工作是否就绪

（二）发布会的程序

① 接待人员负责引导来宾到签到处签到，以便会后统计来宾人数，根据来宾

实到情况制定以后的宣传策略。

② 给来宾发资料，使来宾了解发布会的基本情况。

③ 会议开始，主持人对来宾表示欢迎及感谢，并介绍会议的基本情况和议程。

④ 企业领导人讲话，对产品的研发过程及相关背景作简单介绍。

⑤ 产品专项负责人介绍产品，详细介绍产品的外形、特点、功能、作用等。

⑥ 回答记者提问，更进一步宣传企业产品。

⑦ 会议结束，企业领导及公关人员应站在门口相送，并配合主题组织参观，如有条件，可安排小型宴请。

小　　结

本次教学情境主要介绍了签字仪式、开业典礼、剪彩仪式、商品展销会、新产品发布会等仪式礼仪。每种商务活动都需要注意仪式礼仪，包括仪式程序、工作人员的服饰及行为、场地布置等内容。商务活动仪式既是宣传企业信息的活动，又是塑造企业形象的活动，必须规范、礼貌、周密安排，才能获得成功。

综合训练

一、案例分析

某公司举行新项目开工剪彩仪式，请来了张市长和当地各界名流嘉宾参加，请他们坐在主席台上。仪式开始时，主持人宣布："请张市长下台剪彩！"却见张市长端坐没动。主持人很奇怪，重复了一遍："请张市长下台剪彩！"张市长还是端坐没动，脸上还露出一丝恼怒。主持人又宣布了一遍："请张市长剪彩！"张市长才很不情愿地勉强起来去剪彩。

请指出本案例的失礼之处。

二、请你判断以下情境中人物做法的正误，并说出理由

1. 签字时，双方人员的身份应该对等。（　　）

2. 签字的时候，各方陪同人员分主客两方各自以职位、身份高低为序，自左向右（客方）或自右向左（主方）排列站于签字者之后。（　　）

3. 剪彩时不许戴帽子，或戴墨镜，可以穿便装。（　　）

4. 开业典礼仪式上是由主办单位的负责人来致辞的。（　　）

三、实训检测

实训内容：甲公司与乙公司经过为期半年的艰苦谈判，终于就一项合作项目达成了合作协议。甲公司的刘总经理与谈判小组的全体成员应邀到乙公司签订合作协议。

1. 乙公司该派哪些人员参加合作协议的签字仪式？

2. 签字仪式现场应该怎样布置？

3. 签字仪式的座位应该如何排列？

4. 签字仪式有哪些程序和步骤？

5. 请同学们分组扮演甲、乙两公司的相关人员，并举办模拟签字仪式。

实训要求：分小组角色扮演，充分准备，共同完成情景展示。

考核项目	考核内容	分　　值	实际得分
现场布置	布置好签字厅	10	
	准备好相关文件、物品	10	
位次安排	位置安排得当	10	
流程设计	按要求设计流程	10	
	内容完整	10	
	衔接流畅	10	
角色扮演	角色齐全	10	
	举止得体	10	
	发言清晰	10	
	表情自然	10	

学习情境六
熟识各类商务餐饮活动

【学习目标】

通过学习,应该达到以下目标:

(1) 知识目标　了解宴会的种类,掌握中餐和西餐的基本礼仪。

(2) 能力目标　熟知中餐、西餐各种餐具的使用方法,能根据不同场合熟练运用餐饮礼仪。

【情境导入】

在千惠购物中心的企业内训中讲师引用了著名学者铁歌川先生曾经举过的两个例子:

其一是在某次盛大的宴会上,一位使节按照在国内进餐的习惯,用餐巾去揩拭刀叉,殊不知这种做法是极不礼貌的,仿佛是责备刀叉不干净。主人一见,立即命令侍者将全体客人的餐具一律重新换过,使那位外国使节窘迫难堪。

其二是清朝某官员出使德国时出的洋相。该官员应俾斯麦之邀前往赴宴,由于不懂西餐礼仪,他把一碗吃水果后洗手用的水端起来喝了。当时俾斯麦为不使该官员丢丑,他也将洗手水一饮而尽,见此情形,其他文武百官只得忍笑奉陪。

这是两个比较极端的例子,但也说明了不懂礼仪的危害。因此,餐桌上的礼仪要从一点一滴做起,一丝不苟,既显大方知礼,又不显庸俗。

【项目任务】

在职场中,餐饮活动除了能填饱肚子之外,更重要的是起什么作用?身为商务人员,应该注意哪些礼节?

【理论知识】

自古以来,无论庆功贺会还是会朋交友,设宴款待都是最常用的好方法,美食开怀,往往会达到人意想不到的效果。现在,商业邀宴成为非常有潜力的商业工具,许多人相信餐桌是绝佳的会谈地点,愉悦放松的用餐状态非常有利于进一步达成共识。

但是,餐饮里头学问大,一动一静总关礼。白领参加商务性质餐饮的事情是不可避免的。在商务餐饮时,表现出良好的礼仪礼貌不仅仅是个人的事情,也关系到公司的形象。如果你不懂得礼仪,其危害性也是巨大的,不但令人耻笑,而且会使公司形象大打折扣。

任务一　宴请礼仪

宴请和赴宴是我们礼尚往来的一种交往形式。在现代社会,随着商业和市场经济的繁荣，私人交往和公务交往都很普遍和频繁，而宴请又是其中一个极重要的形式。可以说，每个成功的人士，都是这方面的佼佼者。中西文化在宴请时虽然存在差别，但是在讲究礼仪方面大体是一致的，这大概反映了人类对礼仪追求的共性。因此在社会交往和现实生活中，通晓宴请礼仪，提高社交礼仪的能力和加强社交礼仪修养是大有裨益的。

一、常见的宴请方式

宴会通常指的是以用餐为形式的社交聚会。根据宴请的目的、邀请的对象、人数、时间、地点以及经费开支等各种因素，可以分为多种类型。

（1）正式宴会　是一种隆重而正规的宴请（见图6-1）。西方的习惯，隆重的晚宴也就是正式宴会，基本上都安排在晚上8点以后举行，中国一般在晚上6点至7点开始。举行这种宴会，说明主人对宴会的主题很重视，它往往是为宴请专人而精心安排的，在比较高档的饭店或是其他特定的地点举行的，讲究排场、气氛的大型聚餐活动。一般要排好座次，并在请柬上注明对着装的要求；对于到场人数、穿着打扮、席位排列、菜肴数目、音乐演奏、宾主致词等，往往都有十分严谨的要求和讲究。西方的习惯，晚宴一般邀请夫妇同时出席。如果你受到邀请，要仔细阅读你的邀请函，上面会说明是一个人还是先生或夫人陪同，或者携带伴侣。在回复邀请时，你最好能告诉主人他们的名字。

（2）非正式宴会　又称为便宴，也适用于正式的人际交往，但多见于日常交往。它的形式从简，偏重于人际交往，而不注重规模、档次。一般来说，它只安排相关人员参加，不邀请配偶，对穿着打扮、席位排列、菜肴数目往往不作过高要求，而且也不安排音乐演奏和宾主致词，但仍然有别于一般家庭晚餐（见图6-2）。

图6-1　正式宴会

图6-2　非正式宴会

（3）家宴　也就是在家里举行的宴会（见图6-3）。相对于正式宴会而言，家宴最重要的是要制造亲切、友好、自然的气氛，使赴宴的宾主双方轻松、自然、随意，彼此增进交流，加深了解，促进信任。

通常，家宴在礼仪上往往不作特殊要求。为了使来宾感受到主人的重视和友好，基本上要由女主人亲自下厨烹饪，男主人充当服务员，或男主人下厨，女主人充当服务

图 6-3 家宴

员,来共同招待客人,使客人产生宾至如归的感觉。

(4) 便餐 也就是家常便饭。用便餐的地点往往不同,礼仪讲究也最少。只要用餐者讲究公德,注意卫生、环境和秩序,在其他方面就不用介意过多。

(5) 工作餐 是在商务交往中具有业务关系的合作伙伴,为进行接触、保持联系、交换信息或洽谈生意而以用餐的形式进行的商务聚会。它不同于正式的工作餐、正式宴会和亲友们的会餐。它重在一种氛围,意在以餐会友,创造出有利于进一步进行接触的轻松、愉快、和睦、融洽的氛围。是借用餐的形式继续进行的商务活动,把餐桌充当会议桌或谈判桌。工作餐一般规模较小,通常在中午举行,主人不用发正式请柬,客人不用提前向主人正式进行答复,时间、地点可以临时选择。出于卫生方面的考虑,最好采取分餐制或公筷制的方式。

在用工作餐的时候,还会继续商务上的交谈。但这时候需要注意的是,这种情况下不要像在会议室一样,进行录音、录像,或是安排专人进行记录。非有必要进行记录的时候,应先获得对方首肯。千万不要随意自行其是,好像对对方不信任似的。发现对方对此表示不满的时候,更不可以坚持这么做。

工作餐是主客双方"商务洽谈餐",所以不适合有主题之外的人加入。如果正好遇到熟人,可以打个招呼,或是将其与同桌的人互作一下简略的介绍。但不要擅作主张,将朋友留下。万一有不识相的人"赖着"不走,可以委婉地下逐客令"您很忙,我就不再占用您宝贵的时间了"或是"我们明天再联系。我会主动打电话给您"。

(6) 自助餐 是近年来借鉴西方的现代用餐方式,可以是早餐、中餐、晚餐,甚至是茶点,有冷菜也有热菜,连同餐具放在菜桌上,供客人用。它不排席位,也不安排统一的菜单,是把能提供的全部主食、菜肴、酒水陈列在一起,根据用餐者的个人爱好,自己选择、加工、享用。如果场地太小或是没有服务人员,招待比较多的客人,自助餐就是最好的选择。可以在室内或院子、花园里举行,来宴请不同人数的宾客。采取这种方式,可以节省费用,而且礼仪讲究不多,宾主都方便;用餐的时候每个人都可以悉听尊便。在举行大型活动,招待为数众多的来宾时,这样安排用餐,也是最明智的选择。

(7) 鸡尾酒会 鸡尾酒会的形式活泼、简便,便于人们交谈。招待品以酒水为重,略备一些小食品,如点心、面包、香肠等,放在桌子、茶几上,或者由服务生拿着托盘,把饮料和点心端给客人,客人可以随意走动。举办的时间一般是下午 5 点到晚上 7 点。近年来,国际上各种大型活动前后往往都要举办鸡尾酒会。

这种场合下,最好手里拿一张餐巾,以便随时擦手。用左手拿着杯子,好随时准备伸出右手和别人握手。吃完后不要忘了用纸巾擦嘴、擦手。用完了的纸巾丢到指定位置。

二、宴请礼仪

（一）宴会中主人的礼仪

1. 宴席邀请

向客人发出邀请的形式有很多种，如请柬、邀请信、电话等。宴请大都要发出请柬，这既是礼节、礼貌上的需要，也是起提醒、备忘的作用。除了宴请临时来访人员，或时间紧促来不及提前准备之外，宴会请柬一般应至少提前一周发出，以便客人安排好时间。需要安排座位的宴会，可要求被邀请人收到请柬后给予答复。

2. 宴席座次

（1）座位的礼仪　一般的宴会，除自助餐、茶会及酒会外，主人必须安排客人的席次，不能以随便坐的方式，引起主客及其他客人的不满。尤其有外交使团的场合，大使及代表之间，前后有序，绝不相让。

（2）桌次的顺序　一般家庭的宴会，饭厅置圆桌一台，自无桌次顺序的区分，但如果宴会设在饭店或礼堂，圆桌两桌或两桌以上时，则必须定其大小。其定位的原则，以背对饭厅或礼堂为正位，以右旁为大，左旁为小，如场地排有三桌，则以中间为大，右旁次之，左旁为小。

（3）席次的安排

① 以右为尊，前述桌席的安排，已述及尊右的原则，席次的安排亦以右为尊，左为卑。故如男女主人并座，则男左女右，以右为大。如席设两桌，男女主人分开主持，则以右桌为大。宾客席次的安排亦然，即以男女主人右侧为大，左侧为小。

② 中式宴会女士以夫为贵，其排名的秩序与其丈夫相同。即在众多宾客中，男主宾排第一位，其夫人排第二位。西式宴请则以女主人为第一主人。

③ 要把主宾和主宾夫人安排在最尊贵显眼的位置上，中座为尊，三人一同就座用餐，坐在中间的人在位次上高于两侧的人；面门为上，用餐的时候，按照礼仪惯例，面对正门者是上座，背对正门者是下座；以右为尊，主人右手边的位置是最主要的位置。

④ 主人方面的陪客，应尽可能插在客人之间坐，以便同客人接触交谈。

中式宴会与西式宴会座次排列参考如图6-4、图6-5所示。

3. 席间礼仪

主人在宴会开始之前，便该准备妥当，并随即站立于门前迎接宾客。照例是：作为晚辈的主人，站在最前面，长辈居后。

对每一个来宾，主人都得分别依次招呼，不可疏忽。在客人大部分到齐时，主人就要回到会场中来（但仍要留一两个人在门前招待）分头跟客人招呼、应酬。同时在这时候，场内也要有几个主方的人负责跟众多宾客周旋，做介绍、招待、照顾等项工作。

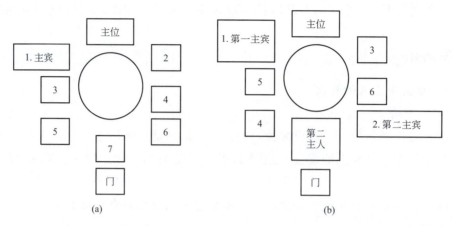

图 6-4 中式宴会座次排列参考

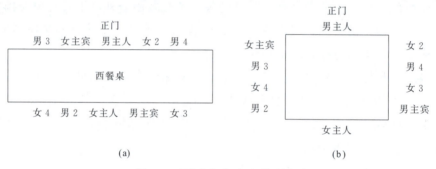

图 6-5 西式宴会座次排列参考

主人对各宾客的态度,必须热诚恳切,一视同仁,不可只顾应酬一两个上宾或主要客人。当你正和某一个客人应酬着,适有另一些客人进来,不能分身时,可先对原来的客人道歉,再前去接待。

主人是比较忙碌的,但不可因为忙乱,怠慢了若干来客,一旦发觉有些来宾孤单无伴,就要找朋友为他们介绍认识,以免使来客冷落。

客人入座之后,主人应首先起立,举杯向客人敬酒。碰杯先后以座次顺序为序,由主到次进行。如安排有正式讲话,一般应在热菜上完之后,先由主人发言,然后请客人讲话。

宴会结束后,主宾告辞,主人迎送至门口,热情话别,并与其他客人一一握手话别,表示欢送之意。

(二)宴会中客人的礼仪

1. 应邀

接到宴会邀请,能否出席应尽早答复对方,以便主人做出安排。接受邀请以后不要随意改动,万一遇到不得已的特殊情况不能出席时,尤其是作为主宾,要尽早向主人解释、道歉,甚至亲自登门表示歉意。应邀出席一项活动之前,要核实宴请的主人,活动举办的时间、地点,是否邀请配偶以及主人对服装的要求。

2. 出席

如果要参加宴会，那么你就需要注意，首先必须把自己打扮得整齐大方，这是对别人也是对自己的尊重。掌握出席时间出席宴请活动，抵达时间的迟早、逗留时间的长短，在一定程度上反映对主人的尊重，应根据活动的性质和当地的习惯掌握。迟到、早退、逗留时间过短被视为失礼或有意冷落。身份高者可略晚些到达，一般客人宜略早些到达。主宾退席后，其他人可陆续告辞。出席宴会根据各地的习惯，正点或晚一二分钟到达；我国则是正点或提前一二分钟到达。出席酒会可在请束上注明的时间内到达。

3. 问候

当走进主人家或宴会厅时，应首先跟主人打招呼。同时，对其他客人，不管认不认识，都要微笑点头示意或握手问好；对长者要主动起立，让座问安；对女宾举止庄重，彬彬有礼。如果是庆祝活动，应表示祝贺。参加庆祝活动，还可以按当地习惯以及两个单位的关系，赠送花束或花篮。参加家庭宴会可酌情给女主人赠送少量鲜花。

4. 入席

入席时，自己的座位应听从主人或招待人员的安排，因为有的宴会主人早就安排好了。如果座位没定，应注意正对门口的座位是上座，背对门的座位是下座。应让身份高者、年长者以及女士先入座，自己再找适当的座位坐下。

入座后坐姿端正，脚踏在本人座位下，不要任意伸直或两腿不停摇晃，手肘不得靠桌沿，或将手放在邻座椅背上。入座后，不要旁若无人，也不要眼睛直盯盘中菜肴，显出迫不及待的样子，可以和同席客人简单交谈。

5. 用餐

用餐时应该正装，不要脱外衣，更不要中途脱外衣。一般是主人示意开始后再进行。就餐的动作要文雅，夹菜动作要轻。而且要把菜先放到自己的小盘里，然后再用筷子夹起放进嘴里。送食物进嘴时，要小口进食，两肘向外靠，不要向两边张开，以免碰到邻座。不要在吃饭、喝饮料、喝汤时发出声响。用餐时，如要用摆在同桌其他客人面前的调味品，先向别人打个招呼再拿；如果太远，要客气地请人代劳。如在用餐时一定要剔牙，需用左手或手帕遮掩，右手用牙签轻轻剔牙。

6. 饮酒

喝酒的时候，一味地给别人劝酒、灌酒、吆五喝六，特别是给不胜酒力的人劝酒、灌酒，都是失礼的表现。宴会中，主人应向来宾敬酒，客人也应回敬主人。敬酒时，不一定个个都碰杯，离得较远时，可举杯用眼睛示意，不要交叉碰杯。

在不了解席间礼仪的情况下，不可贸然行事。比如，服务员送上的第一条湿毛巾，你不可用来揩脸，它的用途是擦手。又如，入席后何时开始动筷，要看主人何时打开餐巾。主人打开餐巾，其他人方可拿起餐巾，铺在膝头上。虽说"不知者不怪"，但在隆重的场合，你应模仿别人的做法，或者老老实实地请教旁人，沉着应付一切。

7. 离席

如果宴会没有结束，但你已用好餐，不要随意离席，要等主人和主宾餐毕先起身离席，其他客人才能依次离席。席间，确实有事需提前退席，应向主人说明后悄悄离去，也可以事前打招呼，届时离席。宴会结束退席时，应向主人致谢，对宴会的组织及菜肴的丰盛精美表示称赞。

【单项训练】

实训内容：阳光公司是一家大型广告公司，岁末打算宴请客户，感谢他们的大力支持，应该选择哪种宴请形式？公司应该做好哪些准备？主客双方该注意哪些礼节？请演示整个过程。

实训要求：分组训练，角色扮演，小组展示，互相点评。

任务二　中餐礼仪

餐饮是一种常见的社交活动。中餐礼仪，是中华饮食文化的重要组成部分。中国的饮宴礼仪号称始于周公，千百年的演进，形成今天大家普遍接受的一套饮食进餐礼仪。同食共餐，这是增进友情的捷径，而吃中国菜就是这条捷径。中国是一个讲究吃的国家，有"民以食为天"的说法。一道菜大家吃，我为你盛菜，你劝我喝酒，大家其乐融融。

中国饭菜是中国传统文化的一个重要组成部分，下面我们就仔细谈一下吃中餐的礼节。

一、菜单的选择

根据我们的饮食习惯，与其说是"请吃饭"，还不如说成"请吃菜"。所以对菜单的安排马虎不得。它主要涉及点菜和准备菜单两方面的问题。

（一）点菜

在宴请前，主人需要事先对菜单进行再三斟酌。在准备菜单的时候，主人要着重考虑哪些菜可以选用、哪些菜不能用。点菜时，不仅要吃饱、吃好，而且必须量力而行。如果为了讲排场、装门面，而在点菜时大点、特点，甚至乱点一通，不仅对自己没好处，而且还会招人笑话。这时，一定要心中有数，力求做到不超支、不乱花、不铺张浪费。可以点套餐或包桌，这样费用固定，菜肴的档次和数量相对固定，省事。也可以根据"个人预算"，在用餐时现场临时点菜，这样不但自由度较大，而且可以兼顾个人的财力和口味。

被请者在点菜时，一是告诉做东者，自己没有特殊要求，请随便点，这实际上正是对方欢迎的。或是认真点上一个不太贵、又不是大家忌口的菜，再请别人点。别人点的菜，无论如何都不要挑三拣四。

(二) 备菜

1. 优先考虑的菜肴

第一类，有中餐特色的菜肴。宴请外宾的时候，这一条更要重视。像炸春卷、煮元宵、蒸饺子、狮子头、宫爆鸡丁等，并不是佳肴美味，但因为具有鲜明的中国特色，所以受到很多外国人的推崇。

第二类，有本地特色的菜肴。比如西安的羊肉泡馍、湖南的毛家红烧肉、上海的红烧狮子头、北京的涮羊肉，在那里宴请外地客人时，上这些特色菜，恐怕要比千篇一律的生猛海鲜更受好评。

第三类，本餐馆的特色菜。很多餐馆都有自己的特色菜。上一份本餐馆的特色菜，能说明主人的细心和对被请者的尊重。

第四类，主人的拿手菜。举办家宴时，主人一定要当众露上一手，多做几个自己的拿手菜。其实，所谓的拿手菜不一定十全十美。只要主人亲自动手，单凭这一条，足以让对方感觉到你的尊重和友好。

2. 需要注意的饮食禁忌

在安排菜单时，还必须考虑来宾的饮食禁忌，特别是要对主宾的饮食禁忌高度重视。这些饮食方面的禁忌主要有以下四条。

（1）宗教的饮食禁忌　例如，穆斯林不吃猪肉，并且不喝酒。国内的佛教徒不吃荤腥食品，它不仅指的是不吃肉食，而且包括葱、蒜、韭菜、芥末等气味刺鼻的食物。

（2）出于健康考虑的饮食禁忌　比如，心脏病、动脉硬化、高血压和脑卒中后遗症的人，不适合吃狗肉；肝炎病人忌吃羊肉和甲鱼；胃肠炎、胃溃疡等消化系统疾病的人也不适合吃甲鱼；高血压、高胆固醇患者，要少喝鸡汤等。

（3）不同地区饮食禁忌　对于这一点，在安排菜单时要兼顾。比如，湖南省的人普遍喜欢吃辛辣食物，少吃甜食。英美国家的人通常不吃宠物、稀有动物、动物内脏、动物的头部和脚爪。

（4）职业的特殊禁忌　例如，国家公务员在执行公务时不准吃请，在公务宴请时不准大吃大喝，不准超过国家规定的标准用餐，不准喝烈性酒。又如，驾驶员工作期间不得喝酒。要是忽略了这一点，还有可能使对方犯错误。

(三) 上菜

一顿标准的中餐大菜，不管什么风味，上菜的次序都相同。通常，首先是冷盘，接下来是热炒，随后是主菜，然后上点心和汤，最后上果盘。如果上咸点心的话，讲究上咸汤；如果上甜点心的话，就要上甜汤。不管是不是吃大菜，了解中餐标准的上菜次序，不仅有助于在点菜时巧作搭配，而且还可以避免因为不懂而出洋相、闹笑话。

二、中餐餐具的使用

和西餐相比较，中餐的一大特色就是就餐餐具有所不同。我们主要介绍一下平时经常出现问题的一些餐具的使用。

1. 筷子

筷子是中餐最主要的餐具。使用筷子，通常必须成双使用。用筷子取菜、用餐的时候，要注意下面几个"小"问题。

① 不论筷子上是否残留着食物，都不要去舔。用舔过的筷子去夹菜，有点倒人胃口。

② 和人交谈时，要暂时放下筷子，不能一边说话，一边像指挥棒似地舞着筷子。

③ 不要把筷子竖插放在食物上面。因为这种插法，只在祭奠死者的时候才用。

④ 严格筷子的职能。筷子只是用来夹取食物的，用来剔牙、挠痒或是用来夹取食物之外的东西都是失礼的。

2. 勺子

勺子的主要作用是舀取菜肴、食物。有时，用筷子取食时，也可以用勺子来辅助。尽量不要单用勺子去取菜。用勺子取食物时，不要过满，免得溢出来弄脏餐桌或自己的衣服。在舀取食物后，可以在原处"暂停"片刻，汤汁不会再往下流时，再移回来享用。

暂时不用勺子时，应放在自己的碟子上，不要把它直接放在餐桌上，或是让它在食物中"立正"。用勺子取食物后，要立即食用或放在自己的碟子里，不要再把它倒回原处。而如果取用的食物太烫，不可用勺子舀来舀去，也不要用嘴对着吹，可以先放到自己的碗里等凉了再吃。不要把勺子塞到嘴里，或者反复吮吸、舔食。

3. 盘子

食碟的主要作用，是用来暂放从公用的菜盘里取来享用的菜肴的。用食碟时，一次不要取放过多的菜肴，看起来既繁乱不堪，又显得没有素养。不要把多种菜肴堆放在一起，弄不好它们会相互"窜味"，不好看，也不好吃。不吃的残渣、骨、刺不要吐在地上、桌上，而应轻轻取放在骨碟里，如果骨碟放满了，可以让服务员换。

4. 水杯

主要用来盛放清水、汽水、果汁、可乐等软饮料时使用。不要用它来盛酒，也不要倒扣水杯。另外，喝进嘴里的东西不能再吐回水杯。

5. 毛巾

中餐用餐前，比较讲究的话，会为每位用餐者上一块湿毛巾。它只能用来擦手。擦手后，应该放回盘子里，由服务员拿走。有时候，在正式宴会结束前，会再上一块湿毛巾。和前者不同的是，它只能用来擦嘴，却不能擦脸、抹汗。

6. 牙签

尽量不要当众剔牙。非剔不行时，用另一只手掩住口部，剔出来的东西，不要当众观赏或再次入口，也不要随手乱弹，随口乱吐。剔牙后，不要长时间叼着牙签，更不要用来扎取食物。

三、用餐的礼仪

1. 注重传统

任何国家的餐饮，都有自己的传统习惯和寓意，中餐也不例外。比方说，过年少不了鱼，表示"年年有余"；和渔家、海员吃鱼的时候，忌讳把鱼翻身，因为那有"翻船"的意思。

2. 注重仪态

用餐的时候，不要吃得摇头摆脑，宽衣解带，满脸油汗，汁汤横流，响声大作。不但失态欠雅，而且还会败坏别人的食欲。可以劝别人多用一些，或是品尝某道菜肴，但不要不由分说，擅自做主，主动为别人夹菜、添饭。不说这样做是不是卫生，而且还会让人勉为其难。

3. 取菜适量

取菜的时候，不要左顾右盼，翻来覆去，在公用的菜盘内挑挑拣拣。要是夹起来又放回去，就显得缺乏教养。多人一桌用餐，取菜要注意相互礼让，依次而行，取用适量。不要好吃多吃，争来抢去，而不考虑别人用过没有。够不到的菜，可以请人帮助，不要起身甚至离座去取。

4. 举止得体

用餐期间，不要敲敲打打、比比划划。还要自觉做到不吸烟。用餐时，如果需要有清嗓子、擤鼻涕、吐痰等举动，尽早去洗手间解决。

用餐的时候，不要当众修饰。比如，不要梳理头发，化妆补妆，宽衣解带，脱袜脱鞋等。如必要可以去化妆间或洗手间。

用餐的时候不要离开座位，四处走动。如果有事要离开，也要先和旁边的人打个招呼，可以说声"失陪了""我有事先行一步"等。

【单项训练】

实训内容：阳光公司岁末打算宴请客户，感谢他们的大力支持，他们选择的是中餐形式。公司应该做好哪些准备？主客双方该注意哪些礼节？请演示整个过程。

实训要求：分组训练，角色扮演，小组展示，互相点评。

任务三 西餐礼仪

西餐是我国人民和其他部分东方国家和地区的人民对西方国家菜点的统称，广义上讲，也可以说是对西方餐饮文化的统称。西餐是饮食形式的一个类型，通俗地讲，是以吃喝为主题的一种进餐方式。西餐不仅以它健康、合理的食品搭配而受到欢迎，它那追求严谨、富于审美情趣的进餐氛围更受到美食家们的赞赏。

当今人们对吃喝的理解已不只是维持生命的一种手段，而是一种享受，同时也是一种交流方式。每种饮食习俗都是其民族文化的体现,带有民族历史和思维方式的很多痕迹和特征。西餐因选材用料、烹饪方式和进餐方式决定了其在各方面都要求有一定的基本规则和礼节。为了使宾客都能愉快顺利地享用西餐,就必须了解其中的规范和道理,了解有关文化知识。

一、5M 原则

(一) Meeting——约会

宴请对象:厉行节约,在照顾各方面关系的前提下,尽量控制人数,以免造成浪费。

宴请时间:提前预约,给对方充足的时间准备;最好先征求被邀主宾意见,选择双方都适宜的时间;不要选择对方工作繁忙的时间,避开外宾重大节假日。

(二) Media——环境

中餐讲究的是菜式丰富,而西餐讲究的是环境与气氛。应选择环境幽雅、卫生方便、服务优良、管理规范的饭店。

(三) Money——费用

商务宴请应做到少而精,不要给人以铺张浪费的感觉。中外有别。国际交往要强调节俭,要强调务实,要强调宴请的少而精,反对铺张浪费,没有必要每件必吃,大吃大喝。

(四) Menu——菜单

在菜单的安排上关键是要了解客人尤其是主宾不能吃什么,排除个人禁忌、民族禁忌与宗教禁忌。

(五) Manner——举止

1. 礼貌入席

首先入席的应该是主人夫妇与主宾夫妇,依次为其他宾客及陪客人员。

当长辈、女士入座时,晚辈、男性应走上前去将他们的座椅拉开,待他们要坐下时(从椅子左边入座),轻轻将椅子向前推一点。

同桌的女士、长者、位高者先落座。

2. 举止文雅

不要当众整理衣饰、抠鼻子、擤鼻涕。

3. 交谈适度

就餐时不言不语是不礼貌的,交谈的对象要广泛,音量要适中,与人交谈时应暂停进食。

4. 正确使用餐具

西餐的一个特点就是餐具多:各种大小杯子、盘子、银器具等。餐具是根据一道道不同菜的上菜顺序精心排列起来的。不同餐具的摆放位置和使用方法都不一样。家庭或餐厅宴会时，餐具的种类和数量因餐会的正式程度而定。越正式的餐会，刀叉盘碟摆得越多，要按照正确的方法使用（见图6-6）。

5. 得体应付意外

自己的餐具掉在地上了，可以向服务员示意，请服务员捡起餐具，并再取一副；不慎将酒水、汤汁溅到他人衣服上，表示歉意并递上手

图6-6 西餐的餐具

帕或餐巾即可，不必惊慌失措，再三赔罪，反令对方难为情；失手打翻酱碟，应向注意到你的人致歉，并请服务生处理即可；席间应关掉手机，或将手机设置在振动挡，如需接听，应向主人及左右客人致歉，并离席接听。

6. 餐桌举止五忌

（1）不布菜　让菜不布菜，可以将有特色的菜肴推荐给客人，但是不可以为客人布菜。

（2）不劝酒　祝酒不劝酒。对方不喜欢喝酒，不要勉强别人。

（3）不出声　在外人面前吃东西不发出声音，用餐时打嗝是大忌。每次送到嘴里的食物别太多，在咀嚼时不要说话。就餐时不可以狼吞虎咽。

（4）不乱吐　吃西餐时，进了嘴的东西，原则上是不应该再吐出来的。万不得已，要用餐巾或手掌加以遮挡。

（5）不整理服饰　不要在餐桌上化妆，用餐巾擦鼻涕。不应在进餐中途退席。确实需要离开，要向左右的客人小声打招呼。进餐过程中，不要解开纽扣或当众脱衣。如果主人请客人宽衣，男客人可以把外衣脱下搭在椅背上，但不可以把外套或随身携带的东西放到餐台上。

二、上菜顺序

西餐菜单上有四或五大分类，分别是开胃菜、汤、沙拉、海鲜、肉类、点心等。

应先决定主菜。主菜如果是鱼，开胃菜就选择肉类，在口味上就比较富有变化。除了食量特别大的外，其实不必从菜单上的单品菜内配出全餐，只要开胃菜和主菜各一道，再加一份甜点就够了。可以不要汤，或者省去开胃菜，这也是很理想的组合（但在意大利菜中，意大利面被看成是汤，所以原则上这两道菜不一起点）。

正式的全套餐点上菜顺序如下。

（1）头盘　西餐的第一道菜是头盘，也称为开胃品。开胃品的内容一般有冷头盘和热头盘之分，常见的品种有鱼子酱、鹅肝酱、熏鲑鱼、鸡尾杯、奶油鸡酥盒、焗蜗牛等。因为是要开胃，所以开胃菜一般都有特色风味，味道以咸和酸为主，而且数量少，质量较高。

（2）汤　和中餐不同的是，西餐的第二道菜就是汤。西餐的汤大致可分为清汤、奶油汤、蔬菜汤和冷汤等 4 类。品种有牛尾清汤、各式奶油汤、海鲜汤、美式蛤蜊汤、意式蔬菜汤、俄式罗宋汤、法式焗葱头汤。冷汤的品种较少，有德式冷汤、俄式冷汤等。

（3）副菜　鱼类菜肴一般作为西餐的第三道菜，也称为副菜。品种包括各种淡水鱼类、海水鱼类、贝类及软体动物类。通常水产类菜肴与蛋类、面包类、酥盒菜肴品都称为副菜。因为鱼类等菜肴的肉质鲜嫩，比较容易消化，所以放在肉类菜肴的前面，叫法上也和肉类菜肴主菜有区别。西餐吃鱼菜肴讲究使用专用的调味汁，品种有鞑靼汁、荷兰汁、酒店汁、白奶油汁、大主教汁、美国汁和水手鱼汁等。

（4）主菜　肉、禽类菜肴是西餐的第四道菜，也称为主菜。肉类菜肴的原料取自牛、羊、猪、小牛仔等各个部位的肉，其中最有代表性的是牛肉或牛排。牛排按其部位又可分为沙朗牛排（也称西冷牛排）、菲利牛排、"T"骨形牛排、薄牛排等。其烹调方法常用烤、煎、铁扒等。肉类菜肴配用的调味汁主要有西班牙汁、浓烧汁精、蘑菇汁、白尼斯汁等。

禽类菜肴的原料取自鸡、鸭、鹅，通常将兔肉和鹿肉等野味也归入禽类菜肴。禽类菜肴品种最多的是鸡，有山鸡、火鸡、竹鸡，可煮、炸、烤、焖，主要的调味汁有黄肉汁、咖喱汁、奶油汁等。

（5）蔬菜类菜肴　蔬菜类菜肴可以安排在肉类菜肴之后，也可以和肉类菜肴同时上桌，所以可以算为一道菜，或称为一种配菜。蔬菜类菜肴在西餐中称为沙拉。和主菜同时服务的沙拉，称为生蔬菜沙拉，一般用生菜、西红柿、黄瓜、芦笋等制作。沙拉的主要调味汁有醋油汁、法国汁、千岛汁、奶酪沙拉汁等。

（6）甜品　西餐的甜品是主菜后食用的，可以算作是第六道菜。从真正意义上讲，它包括所有主菜后的食物，如布丁、煎饼、冰淇淋、奶酪、水果等。

（7）饮料　西餐的最后一道是上饮料，如咖啡或茶。喝咖啡一般要加糖和淡奶油。茶一般要加香桃片和糖。

三、餐具的使用

食盘上方放吃甜食用的匙和叉、咖啡匙。再往前略靠右放酒杯，右起依次是：葡萄酒杯、香槟酒杯、啤酒杯（水杯）。餐巾叠放于啤酒杯（水杯）里或放在食盘里。面包盘放在左手，上面的黄油刀横摆在盘里，刀刃一面要向着自己。正餐的刀叉数目要和菜的道数相等，按上菜顺序由外到里排列，刀口向内，用餐时按顺序由外向中间排着用，依次是吃开胃菜用的、吃鱼用的、吃肉用的（见图 6-7）。

（一）餐巾的使用

1. 餐巾的折叠

餐巾是为了在用餐时防止衣服弄脏而准备的。各餐厅多少有些不同，但大部分都

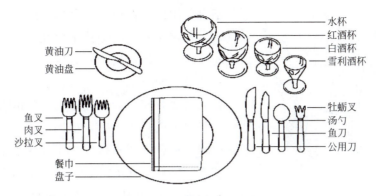

图 6-7　西餐餐具的摆放

是以没有折痕、皱褶的折法放置于桌上。

在餐厅，通常是在点完主菜后才将餐巾打开。在决定餐点之前，只点了开胃酒，由于没有必要担心会滴到衣服上，所以一开始就将餐巾打开是违反餐桌礼仪的。将餐巾对折后放置于膝上，并将开口朝外置于膝上。对折的目的在于防止错拉到餐巾，而开口朝外则是方便拿起擦拭嘴巴。具体的折叠样式如图 6-8 所示。

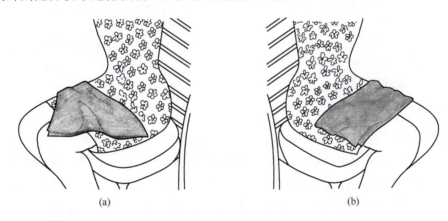

图 6-8　餐巾的折叠样式

2. 餐巾的作用

使用餐巾除了用来擦拭嘴、手、手指以外，也可在吐出鱼骨头或水果的种子时，利用餐巾擦拭嘴唇，使用范围可以说是相当广泛。

擦拭嘴巴时，拿起餐巾的末端顺着嘴唇轻轻压一下，弄脏的部分为了不让人看见，可往内侧卷起。

将鱼骨头或水果的种子吐出时，可利用餐巾遮住嘴后，用手指拿出来或吐在叉子上后再放在餐盘上。也可以直接吐在餐巾内，再将餐巾向内侧折起。通常服务生会注意到并换上一条新的餐巾。

如不想将餐巾弄脏，而取出自己的手帕或面纸使用，是违反用餐礼仪的。用餐时切记：餐巾是可以弄脏的。

图 6-9 暂时离开

不过，用来擦汗或是擦鼻涕，或是将口红整个印在餐巾上等都是不对的。涂了口红的人应在用餐前以面纸轻压，而非将口红印在餐巾上。

3. 餐巾的暗示语

暂时要离开座位时，轻轻地将餐巾折好，很自然地放在餐桌上或是椅子上，如图 6-9 所示。千万不要把餐巾挂在椅背上或是揉成一团放在桌子上。餐巾放在右前方的餐桌桌面上则表示这道菜用光了或这道菜不吃了，如图 6-10 所示。吃完甜点后，就可以将餐巾拿掉了。轻轻地折好放在桌子上就可以离席了，这表示用餐结束，如图 6-11 所示。

图 6-10 这道菜用光了或这道菜不吃了

图 6-11 用餐结束

（二）刀叉的使用

使用刀叉时，从外侧往内侧取用刀叉，要左手持叉，右手持刀；切东西时左手拿叉按住食物，右手拿刀切成小块，用叉子往嘴里送，如图 6-12 所示。用刀的时候，刀刃不可以朝外。进餐中途需要休息时，可以放下刀叉并摆成"八"字形状摆在盘子中央，表示没吃完，还要继续吃，如图 6-13 所示。每吃完一道菜，将刀叉并排放在盘中，表示已经吃完了，可以将这道菜或盘子拿走，如图 6-14 所示。如果是谈话，可以拿着刀叉，不用放下来，但不要挥舞。不用刀时，可用右手拿叉，但需要做手势时，就应放下刀叉，千万不要拿着刀叉在空中挥舞摇晃，不要一手拿刀或叉，而另一只手拿餐巾擦嘴，也不要一手拿酒杯，另一只手拿叉取菜。任何时候，都不要将刀叉的一端放在盘上，另一端放在桌上。

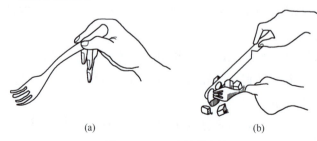

(a)　　　　　　　　(b)

图 6-12 刀叉的使用

图6-13 "八"字形摆放刀叉

图6-14 刀叉并排

四、吃西餐的方法

西餐的具体吃法,和中餐有很大区别。

1. 吃面包

西餐的面包通常是小圆面包和面包条。吃面包和黄油时,自己拿面包和黄油,然后用手把面包掰成几小块,抹一块,吃一块。

吃三明治,小的三明治和烤面包是用手拿着吃的,大点的吃前先切开。配卤汁吃的热三明治需要用刀和叉。

2. 吃肉类

西方人吃肉(指的是羊排、牛排、猪排等)一般都是大块的。吃的时候,用刀、叉把肉切成一小块,大小刚好是一口。吃一块,切一块,不要一下子全切了,也千万不要用叉子把整块肉夹到嘴边,边咬、边咀嚼、边吞咽。

吃牛肉(牛排)的场合,由于可以按自己爱好决定生熟的程度,预定时,服务员或主人会问你生熟的程度。

吃有骨头的肉,比如吃鸡的时候,不要直接"动手",要用叉子把整片肉固定(可以把叉子朝上,用叉子背部压住肉),再用刀沿骨头插入,把肉切开,边切边吃。如果是骨头很小时,可以用叉子把它放进嘴里,在嘴里把肉和骨头分开后,再用餐巾盖住嘴,把它吐到叉子上然后放到碟子里。不过需要直接"动手"的肉,洗手水往往会和肉同时端上来。一定要时常用餐巾擦手和嘴。

吃鱼时不要把鱼翻身,吃完上层后用刀叉剔掉鱼骨后再吃下层。

3. 吃沙拉

西餐中,沙拉往往出现在这样的场合里:作为主菜的配菜,比如说蔬菜沙拉,这是常见的;作为间隔菜,比如在主菜和甜点之间;作为第一道菜,比如说鸡肉沙拉。

如果沙拉是一大盘端上来,就使用沙拉叉;如果和主菜放在一起,则要使用主菜叉来吃。

沙拉习惯的吃法应该是:将大片的生菜叶用叉子切成小块,如果不好切可以刀叉并用。一次只切一块,吃完再切。

4. 喝汤

喝汤时,一定用匙羹,从外向内舀。不用时,一定将它放在盘上。

5. 吃蚝和文蛤

吃蚝和文蛤用左手捏着壳，右手用蚝叉取出蚝肉，蘸调味料用蚝叉吃。小虾和螃蟹的混合物也可以单独蘸调味料，用蚝叉吃。

6. 吃意大利面

吃意大利面，要用叉子慢慢地卷起面条，每次卷四五根最方便。也可以用调羹和叉子一起吃，调羹可以帮助叉子控制滑溜溜的面条。不能直接用嘴吸，不然容易把汁溅得到处都是。

7. 吃水果

在许多国家，把水果作为甜点或随甜点一起送上。通常是许多水果混合在一起，做成水果沙拉，或做成水果拼盘。吃水果关键是怎样去掉果核。不能拿着整个去咬。有刀叉的情况下，应小心地使用，用刀切成四瓣再去皮核，用叉子叉着吃。要注意别把汁溅出来。没有刀或叉时，可以用你的两个手指把果核从嘴里轻轻拿出，放在果盘的边上。把果核直接从嘴里吐出来，是非常失礼的。香蕉可用手剥皮，用刀切成小块吃，整根拿着吃是不雅的。

8. 吃西式快餐和小吃

汉堡包和热狗是用手拿着吃，但一定要用餐巾纸垫住，让酱汁流到餐巾纸上，而不是流到你的手或衣服上。为防止万一，可以一只手拿餐巾纸垫住，另一只手准备一两张餐巾纸备用。

比萨饼可以用手拿着饼块，把外边转向里，防止上面的馅掉出来。但一般晚宴的餐桌上是看不到比萨饼的。

玉米薄饼是一种普遍的用手拿着吃的食物。可以蘸上如甜豆或番茄酱等混合酱后吃。

油煎食品和薯片，可以用手拿着吃，也可以用叉子吃。如果在户外，当然可以用手拿着吃了。

女士还要注意，吃东西的时候，每次都要少放一些到嘴里。小口嚼，避免制造噪声和弄坏唇膏。吃一般的菜时，如果把手指弄脏了，可以请服务员端洗手水来。

9. 喝咖啡

拿咖啡杯的正确姿势：在西餐厅里，餐后喝的往往是咖啡，分量是普通咖啡的一半。而盛咖啡的杯子，杯耳很小，指头无法穿过。正确的拿法是用你的食指和大拇指端起杯子。

餐厅小姐端上咖啡时，一定将杯耳向着顾客的左侧，以便顾客扶着杯耳加糖加牛奶。你在操作时不必握得太紧，也用不着用力搅拌而溅出咖啡，因为糖和牛奶很快就会溶化。不喜欢加糖和加奶的，可把杯耳转向自己的右侧。一般是先加糖后加牛奶。给咖啡加糖时，如果是砂糖，可用汤匙舀取，直接加入杯内；如果是方糖，则应先用糖夹子把方糖夹在咖啡碟的近身一侧，再用汤匙把方糖加在杯子里（见图6-15）。如果直接用糖夹子或手把方糖放入杯内，有时可能会使咖啡溅出，从而弄脏衣服或台布。在用汤匙把咖啡搅匀以后，应把汤匙放在碟子外边或左边。不能让汤匙留在杯子里就端起杯子喝，也切不可使用汤匙来喝咖啡，因为汤匙只是用来加糖和起搅和作用的。刚刚煮好的咖啡太热，可以用咖啡匙在杯中轻轻搅拌使之冷却，或者等自然冷却后再饮用。用嘴试图去把咖啡吹凉，是很不文雅的动作。一般来说，喝咖啡时仅仅只需端起杯子。将碟子一起端起来或用手托住杯底喝咖啡的做法都是失礼的。但参加鸡尾酒会，或在宾馆、饭店的大厅里，如果没有餐桌可以依托，则可以用左手端碟子，右手持咖啡杯耳慢慢品尝，如果坐在沙发上，也可照此办理。

图 6-15　咖啡用具

10.喝酒

在西餐礼仪中，对饮酒的基本原则是：宾主双方量力而行（适量），将别人灌醉是失礼的行为；酒倒八分满，应先欣赏酒的色彩，闻一闻酒的香味，然后轻吸一口，慢斟细酌；祝酒干杯应由男主人提议，客人不可以提议干杯；顺时针敬酒先尊长，先近后远；饮酒干杯时，即使不喝，也应该将杯口在唇上碰一碰，以示敬意；碰杯时应目视对方，人多时可以同时举杯示意，不一定碰杯；交叉碰杯必须避免；当别人为你斟酒时，如果不需要，可以简单地说一声"不，谢谢！"或以手稍盖酒杯，表示谢绝。

[补充资料]

酒的种类

（1）开胃酒　是具有强烈辣味的酒，如鸡尾酒（Cocktail）、苦艾酒（Vermouth）、雪利酒（Sherry）、苏格兰威士忌（Scotch）、马丁尼（Martini）等。

（2）佐餐酒　多选用葡萄酒。在西餐中非常讲究酒与菜的搭配。一般白葡萄酒（White Wine）配海鲜鱼虾；红葡萄酒（Red Wine）配牛肉、猪肉、鸡鸭肉等。红葡萄酒适于在18℃左右饮用，白葡萄酒和粉红葡萄酒则适宜在7℃时饮用，香槟则应冷藏至4～5℃饮用才好。

（3）餐后酒　选用白兰地如法国的勃艮地（Burguildy）、波尔图酒（Pon）、利口酒（Liquard）以提神，去掉吃饱后的疲倦感。

适合温度及酒杯握法

干白：最低温度10～13℃，室温18～20℃，速冻或加冰块，捏杯脚，如图6-16所示。

干红：饮用温度18℃，握杯身，如图6-17所示。

白兰地最佳饮用温度为20℃，无名指中指夹杯脚，杯身坐在掌心，手心加温。

图 6-16　捏杯脚　　　　　图 6-17　握杯身

酒杯的选择

洋酒按色泽分为红酒、白酒、玫瑰色酒；按性质分为低度酒、高度酒；按甜度分为甜酒、中性酒、无甜味酒。西方人对使用酒杯很重视，往往饮不同的酒要用不同的酒杯。一般酒性愈小，所用的酒杯愈大。例如：香槟酒杯＞红葡萄酒杯＞白葡萄酒杯＞雪利酒杯＞波尔图酒杯＞烈性甜酒杯。喝葡萄酒要用大小高脚酒杯，大的用于喝红葡萄酒，小的用于喝白葡萄酒；口小肚大酒杯用来喝香槟酒；长身平底杯用于喝果汁、喝汽水等各种不含酒精的饮料；小酒杯用于喝不兑水的烈性白酒；浅底敞口杯，专用来吃冰淇淋。

【单项训练】

实训内容：阳光公司岁末打算宴请客户，感谢他们的大力支持，他们选择的是西餐形式。公司应该做好哪些准备？主客双方该注意哪些礼节？请演示整个过程。

实训要求：分组训练，角色扮演，小组展示，互相点评。

任务四 饮茶礼仪

我国是茶的故乡，有着悠久的种茶历史，又有着严格的敬茶礼节，还有着奇特的饮茶风俗。我国饮茶，从神农时代开始，少说也有四千七百多年了。茶礼有缘，古已有之。"客来敬茶"，是我国汉族同胞最早重情好客的传统美德与礼节。直到现在，宾客至家，总要沏上一杯香茗。喜庆活动，也喜用茶点招待。开个茶话会，既简便经济，又典雅庄重。所谓"君子之交淡如水"，也是指清香宜人的茶水。我国历来就有"客来敬茶"的民俗。古代的齐世祖、陆纳等人曾提倡以茶代酒。唐朝刘贞亮赞美"茶有十德"，认为饮茶除了可健身外，还能"以茶表敬意""以茶可雅心""以茶可行道"。唐宋时期，众多的文人雅士不仅酷爱饮茶，而且还在自己的佳作中歌颂和描写过茶叶。

饮茶在我国，不仅是一种生活习惯，更是一种源远流长的文化传统。中国人习惯以茶待客，并形成了相应的饮茶礼仪。按照我国传统文化的习俗，敬茶与饮茶的礼仪在任何场合都是不可忽视的一环。

一、敬茶与饮茶

1. 奉茶的礼仪

最基本的奉茶之道，就是客人来访马上奉茶。奉茶前应先请教客人的喜好。俗话说：酒满茶半。奉茶时应注意：茶不要太满，以八分满为宜；水温不宜太烫，以免客人不小心被烫伤。同时有两位以上的访客时，端出的茶色要均匀，并要配合茶盘端出，左手捧着茶盘底部，右手扶着茶盘的边缘。

西方常以茶会作为招待宾客的一种形式，茶会通常在下午4时左右开始，设在客厅之内。准备好座椅和茶几就行了，不必安排座次。茶会上除饮茶之外，还可以上一些点心或风味小吃，国内现在有时也以茶会招待外宾。

上茶时应向在座的人说声"对不起!"再以右手端茶,从客人右方奉上,面带微笑,眼睛注视对方并说:"这是您的茶,请慢用!"奉茶时,应依职位的高低顺序先端给不同的客人,再依职位高低端给自己公司的接待同仁。

以咖啡或红茶待客时,杯耳和茶匙的握柄要朝着客人的右边。此外要替每位客人准备一包砂糖和奶糖,将其放在杯子旁(碟子上),方便客人自行取用。

2. 饮茶者的礼仪

饮茶者注视奉茶者,并诚恳地说声:"谢谢。"在商务活动中,当别人奉茶时不要以手去接,以免增加奉茶者的困扰。但若是领导或长辈亲自给你奉茶,则要起身双手恭敬地迎接。受人接待奉茶时,如无法说谢谢,要以和蔼的眼神予以奉茶者回应,绝不能视而不见,听而不闻,这是非常失礼的行为。

如需调和糖和奶精,应在调好之后将茶匙横放在碟子上,再以右手端起杯子(除非你惯用左手)。喝茶时,不需将杯垫一起端起,以单手端起茶杯,另一手轻扶杯垫,预防杯垫掉落即可。但若坐在矮茶几旁,则必须连同杯垫一起端起,以免不慎打翻。喝茶时不可出声,尤其是喝功夫茶时,不要因怕将茶叶喝入口中而用嘴滤茶,如果发出声音是十分不雅的。女士喝茶先用化妆纸将口红轻轻擦掉些,以免口红留在杯子上。

二、绿茶冲泡饮用礼仪

1. 绿茶简介

绿茶是中国产量最多、饮用最为广泛的一种茶。绿茶是将采摘来的鲜叶先经高温杀青,杀灭了各种氧化酶,保持了茶叶绿色,然后经揉捻、干燥而制成的。清汤绿叶是绿茶品质的共同特点。

绿茶是中国的主要茶类,在初制茶六大茶类里产量最高。绿茶产区最广,其中以浙江、安徽、江西三省产量最高,质量最优,是我国绿茶生产的主要基地。在国际市场上,我国绿茶占国际贸易量的70%以上,销区遍及北非、西非以及法国、美国、阿富汗等50多个国家和地区。在国际市场上绿茶销量占内销总量的1/3以上。同时,绿茶又是生产花茶的主要原料。

2. 绿茶冲泡礼仪

第一道:点香　焚香除妄念
第二道:洗杯　冰心去凡尘
第三道:凉汤　玉壶养太和
第四道:投茶　清宫迎佳人
第五道:润茶　甘露润莲心
第六道:冲水　凤凰三点头
第七道:泡茶　碧玉沉清江
第八道:奉茶　观音捧玉瓶
第九道:赏茶　春波展旗枪

第十道：闻茶　慧心悟茶香
第十一道：品茶　淡中品致味
第十二道：谢茶　自斟乐无穷

三、红茶冲泡饮用礼仪

1. 红茶简介

红茶是在绿茶的基础上经发酵创制而成的。以适宜的茶树新芽叶为原料，经萎凋、揉捻（切）、发酵、干燥等典型工艺过程精制而成。因其干茶色泽和冲泡的茶汤以红色为主调，故名红茶。

红茶创制时称为"乌茶"。红茶在加工过程中发生了以茶多酚酶促氧化为中心的化学反应，鲜叶中的化学成分变化较大，茶多酚减少90％以上，产生了茶黄素、茶红素等新成分。香气物质比鲜叶明显增加。所以红茶具有红茶、红汤、红叶和香甜味醇的特征。我国红茶品种以祁门红茶最为著名，红茶为我国第二大茶类，出口量占我国茶叶总产量的50％左右，客户遍布60多个国家和地区。其中销量最多的是埃及、苏丹、黎巴嫩、叙利亚、伊拉克、巴基斯坦、英国及爱尔兰、加拿大、智利、德国、荷兰及东欧各国。

2. 红茶冲泡礼仪

红茶饮用广泛，这与红茶的品质特点有关。如按花色品种而言，有工夫饮法和快速饮法之分；按调味方式而言，有清饮法和调饮法之分；按茶汤浸出方式而言，有冲泡法和煮饮法之分。但不论何种方法饮茶，多数都选用茶杯冲（调）饮，只有少数用壶的，如冲泡红碎茶或片、末茶。现将红茶饮法介绍如下。

（1）置具洁器　一般说来，饮红茶前，不论采用何种饮法，都得先准备好茶具（见图6-18），如煮水的壶、盛茶的杯或盏等。同时，还需用洁净的水——加以清洁，以免污染。

（2）量茶入杯　通常，结合需要，每杯只放入3～5克的红茶或1～2包袋泡茶。若用壶煮，则另行按茶和水的比例量茶入壶。

（3）烹水沏茶　当量茶入杯后，冲入沸水。如果是高档红茶，那么，以选用白瓷杯为宜，以便观色。通常冲水至八分满为止。如果用壶煮，则先应将水煮沸，而后放茶配料。

图6-18　红茶茶具

（4）闻香观色　红茶在冲泡后，通常经3分钟，即可先闻其香，再观察红茶的汤色。这种做法，在品饮高档红茶时尤为时尚。至于低档茶，一般很少有闻香观色的。

（5）品饮尝味　待茶汤冷热适口时，即可举杯品味。尤其是饮高档红茶，饮茶人需在品字上下工夫，缓缓啜饮，细细品味，在徐徐体察和欣赏之中，品出红茶的醇味，领会饮红茶的真趣，获得精神的升华。

如果品饮的红茶属条形茶，一般可冲泡2~3次。如果是红碎茶，通常只冲泡一次；第二次再冲泡，滋味就显得淡薄了。

四、乌龙茶冲泡饮用礼仪

1. 乌龙茶简介

乌龙茶综合了绿茶和红茶的制法，其品质介于绿茶和红茶之间，既有红茶浓鲜味，又有绿茶清芳香并有"绿叶红镶边"的美誉。品尝后齿颊留香，回味甘鲜。乌龙茶的药理作用突出表现在分解脂肪、减肥健美等方面，在日本被称为"美容茶""健美茶"。

形成乌龙茶的优异品质，首先是选择优良品种茶树鲜叶作原料，严格掌握采摘标准；其次是极其精细的制作工艺。乌龙茶因其做青的方式不同，分为"跳动做青""摇动做青""做手做青"三个亚类。商业上习惯根据其产区不同分为闽北乌龙、闽南乌龙、广东乌龙、台湾乌龙等亚类。乌龙茶为我国特有的茶类，主要产于福建的闽北、闽南及广东、台湾等地。近年来四川、湖南等省也有少量生产。现在乌龙茶除了销往广东、福建等省外，还主要销往日本、东南亚和我国港澳地区。

2. 乌龙茶冲泡礼仪（见图6-19）

第一步：烫杯温壶。将沸水倾入紫砂壶、闻香杯、品茗杯中，让杯内外保持一定热度。

第二步：洗茶。将茶叶放入茶壶，然后将沸水倒入壶中，又迅速倒出，这便是"洗茶"。

第三步：冲泡。功夫茶的冲泡过程中水都高出了壶口，用壶盖拂去茶末儿，最后盖上壶盖，并用沸水遍浇壶身。

图6-19 冲泡乌龙茶

第四步：分杯。茶泡好了，这才开始分杯，用茶夹将闻香杯、品茗杯分组，放在茶托上，再将茶汤分别倒入闻香杯，茶斟七分满，之后才将闻香杯内的茶汤倒在茶杯里。

第五步：品茶。先用双手捧着闻香杯轻嗅其中的余香，然后以三指端起品茗杯，分三口轻啜慢饮，这样一直喝到九杯，这功夫茶才算是品完了全过程。

五、各国饮茶礼仪

1. 泰国人喝冰茶

泰国人饮茶的习惯很奇特，他们常常在一杯热茶中加入一些小冰块，这样茶很快就冰凉了。在气候炎热的泰国，饮用此茶使人倍感凉快、舒适。

2. 埃及人喝甜茶

埃及人喜欢饮甜茶。他们招待客人时，常端上一杯热茶，里面放入许多白糖，同时送来一杯供稀释茶水用的生冷水，表示对客人的尊敬。

3. 印度人喝奶茶

印度人喝茶时要在茶叶中加入牛奶、姜和小豆蔻，沏出的茶味与众不同。他们喝茶的方式也十分奇特，把茶斟在盘子里啜饮，可谓别具一格。

4. 英国人喝什锦茶

英国人常在茶里掺入橘子、玫瑰等佐料。据说这样可减少容易伤胃的茶碱，更能发挥保健作用。

5. 俄罗斯人喝红茶

俄罗斯人喜欢饮红茶。他们先在茶壶里泡上浓浓的一壶红茶，喝时倒少许在茶杯里，然后冲上开水，随自己的习惯调成浓淡不一的味道。

6. 南美洲人喝马黛茶

在南美洲许多国家，人们把茶叶和当地的马黛树叶混合在一起饮用。喝茶时，先把茶叶放入筒中，冲上开水，再用一根细长的吸管插入到大茶杯里吸吮。

7. 北非人喝薄荷茶

北非人喝茶，喜欢在绿茶里加几片新鲜的薄荷叶和一些冰糖，此茶清香醇厚，又甜又凉。有客来访，主人连敬三杯，客人须将茶喝完才算礼貌。

【单项训练】

实训内容：阳光公司总经理会见客人，秘书该如何奉上茶饮？请学生分别演示上开水、上茶、上咖啡，道具有纸杯、玻璃杯、盖杯、咖啡杯、托盘等。

实训要求：分组训练，角色扮演，小组展示，互相点评。

小　　结

本次教学情境主要介绍了宴请礼仪、中西餐礼仪及喝茶礼仪。通过本情境的学习，我们应当认识到，作为商务人员，在商务活动中，应当注意不同形式规格的宴会对参与人员的不同礼仪要求，学会遵守餐饮规范对我们的工作尤为重要。

综合训练

一、案例分析

（一）陈先生到一家西餐厅就餐，他拿起刀叉，用力切割，发出刺耳的响声。他狼吞虎咽，将鱼刺随便吐在洁白的台布上。他随意将刀叉并排放在餐盘上，把餐巾放在餐桌上，起身去了一趟洗手间，回来之后发现饭菜已被端走，餐桌已收拾干净，服务员拿着账单请他结账。他非常生气，与服务员争吵起来。

（二）林先生到一家大公司应聘主管职位，负责招聘工作的副总经理对他很满意，希望他尽快来上班。此时正好公司午间工作餐的时间到了，副总邀请他共进午餐。吃饭时，林先生不言不语，风卷残云，很快就吃完了。午饭后，副总对林先生说林先生缺乏沟通能力，缺少管理人员应有的素质，不能聘用他。林先生想不明白，只不过吃了一顿饭，煮熟的鸭子怎么就会飞了？

请分析案例（一）、（二）中的两位先生哪里做错了。

二、技能训练

（一）将中餐宴会的位次排列于图 6-20 中。

A. 主人　　　　B. 第二主人　　　C. 主宾 1　　　D. 宾 2
E. 宾 3　　　　F. 宾 4　　　　　G. 宾 5　　　　H. 宾 6

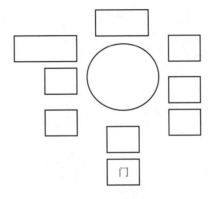

图 6-20　中餐宴会

（二）将西餐宴会的座次分别排列于图 6-21（a）、(b) 中。

A. 男主人　　B. 女主人　　C. 男主宾　　D. 女主宾　　E. 男 2
F. 女 2　　　G. 男 3　　　H. 女 3　　　I. 男 4　　　J. 女 4

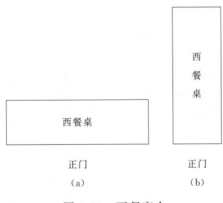

图 6-21　西餐宴会

（三）学习西餐餐具的摆放方法。

三、实训检测

实训内容：以小组为单位，模拟吃西餐的礼仪规范。

实训要求：小组成员分别扮演主人、客人、服务生，充分准备，共同完成情景展示。

考 核 项 目	考 核 内 容	分　　值	实 际 得 分
餐具摆放	各类餐具摆放位置准确	10	
位置安排	按要求安排主、宾位置	10	
餐具使用	按规范使用餐具	30	
言行举止	举止优雅，交谈适度	30	
就餐过程	过程完整，流程正确	20	

学习情境七
掌握职场语言交际礼仪

【学习目标】

通过学习，应该达到以下目标：

（1）知识目标　了解语言交际的基本要求和基本原则，掌握商务交谈的技巧和方法，掌握商务文书和商务演讲的基本内容和要求。

（2）能力目标　具备一定的语言表达能力，能根据不同情形选择恰当的话题，正确运用各种技巧和方法与特定对象交谈；能运用恰当的语言书写简短的商务文书；能根据不同的场合清晰、自如地发表商务演讲。

任务一　语言交际的基本要求

【情境导入】

李女士工作负责，精明能干，被派到千惠购物中心外籍总经理家做管家。有一个星期天，总经理夫妇外出归来，李女士热情地迎上前问："回来了！你们去哪里了？"总经理夫人迟疑良久，才说："我们去逛街了。"李女士接着又问："去哪里逛了？"对方被迫回答："友谊商店。""你们怎么不去国贸大厦和赛特购物中心？那里才热闹呢！"两天后，李女士被辞退了。她一直不明白，自己究竟错在哪里？

【项目任务】

语言交际是人与人之间最直接的交际工具，在职场上，语言交际有没有一定的要求和原则是必须要遵循的？怎么做才是符合礼仪要求的？

【理论知识】

语言交际是人们在日常生活、学习和工作中以语言为工具所进行的一种交流信息和思想感情的活动。在交际活动中，语言的表达作用，集中体现在语言活动的整个过程中。因为语言本身就是人们相互间进行思想交际的手段或工具，所以现代语言学家们认为："语言能力即交际能力。"这种能力不仅是指对语言知识的单纯积累和使用，还包括对所学语言知识的文化背景和社会知识的全面了解和掌握，以及在学习和使用语言时，人的心态、情绪及心理调节能力。从某种意义上讲，交际过程，实际上就是人们的心理活动过程。交际过程中的心理活动，既然是通过言语活动过程反映出来的，那么，言语对于展现交际心理过程就至关重要了。"良言一句三冬暖，恶语伤人六月寒。"交际双方融合还是神离，成功还是不欢而散，在很大限度上决定于言语艺术。

沟通看似简单，似乎是每个人与生俱来的能力，其实这是很多人的一生中最大的误区之一，生活与工作中遇到的很多棘手问题都是源自于沟通不畅。所以，如何达到有效沟通却是一门不折不扣的学问，也是现代社会人的必备技能，对于从事商务活动的商务人员来说更为重要。

一、语言交际的基本要求

首先，要培养一个积极主动的沟通意识。作为一个商务人员，如果不主动去同同事、客户进行积极沟通，则必然是行为松散、缺乏斗志、信息闭塞、效率低下的，是不可能取得成功的。

其次，有效沟通要有一个良好的心态。沟通要谦和、真诚、委婉、不厌其烦，切忌居高临下、盛气凌人、不耐烦。沟通其实是一种联络感情的重要手段，通过有效的沟通能增进双方的信任感和亲和力，对商务活动效率的提升也有很大的促进作用。另外，沟通还是一种相互学习的有效手段，通过沟通了解彼此的理念、思路、方法等，能够弥补个人的认识误区和知识盲点，孔子的"三人行，必有吾师焉"说的就是这个道理，即使和比自己知识、阅历低的人沟通也会有所收获的。如果我们都抱着学习和谦和的心态去沟通，想效果不好都难。

再者，沟通是一定要讲究技巧的。没有技巧的沟通就像是没加润滑油的机器一样，很难想象会有多好的结果，甚至往往会事与愿违。重要的沟通需要事先列一个沟通提纲，并要确定沟通的时间、场合、方式等，在沟通中要注意语言的表达、体态的配合。多用多媒介沟通。只有讲究技巧的沟通才会达到预期的效果。

最后，沟通一定要先解决心情再进行沟通。试想，如果一个人是带着很强的情绪去进行沟通，其结果是怎样？答案是不言而喻的。所以，在有矛盾冲突的情况下，一定要先安抚沟通对象的情绪，只有在心平气和的状态下沟通才会有效果。

二、语言交际的基本原则

1. 言语得体

这是语言得体、有礼貌的首要问题。言语既是交际心理现象，展现交际心理过程，就必须做到说话得体，恰如其分。要做到语言有分寸，必须配合以非语言要素，在背景知识方面知己知彼，明确交际的目的，选择好交际的体式，同时，要注意如何用言辞行动去恰当表现。当然，分寸也包括具体言辞的分寸。该说则说，不该说则一句都不说，说到的程度应视对象和交际目标而定。任何夸大其词，或是不看对象，词不达意，都会影响交际心理的展现，妨碍相互间的交流。

2. 言语有礼

说话有分寸、讲礼节，词语雅致，是言语有教养的表现。尊重和谅解别人，是有教养的人的重要表现。尊重别人符合道德和法规的私生活、衣着、摆设、爱好，在别人的确有了缺点时委婉而善意地指出。谅解别人就是在别人不讲礼貌时要视情况加以处理。

3. 言语真诚

其实言语得体也是出于真诚，话说得恰到好处，不含虚假成分，能说不真吗？然而真诚还有它的另一面，那就是避免过于客套，过分地粉饰雕琢，失去心理的纯真自然。绕弯过多，礼仪过分，反而给人"见外"的感觉，显得不够坦诚。

4. 言语委婉

语言的表达方式是多种多样的，由于谈话的对象、目的和情境不同，语言表达方式也没有固定的模式。说话有时要直率，有时则要委婉，要视对象而定。直时不直，委婉时不委婉，同样达不到交际效果。

当然，言语委婉并不容易做到，它需要有高度的语言修养。如运用什么语气，采用哪一种句式，运用什么言辞，以及"讳饰"、暗喻等，既要有高度的思想修养，也要有丰富的汉语知识。但用得好，批评的意见可以使对方听得舒服，同样的内容可以使对方乐意接受，而且在极大程度上，可以激起对方的兴趣和热情，其作用往往超过一般的直言快语。

【单项训练】

你擅长语言交际吗？请对照分析。

（1）我跟不熟悉的人说话时几乎不微笑（太紧张，笑不出来）。

（2）我和人讲话时一般不看别人的眼睛（不好意思看）。

（3）我平时挺会讲话的，可是一到讲台上就紧张得讲不出来了。

（4）我常常直话直说，容易得罪人。

（5）看她（他）得意的样子，我看不惯，就是要说几句让她（他）难过。

（6）我能说会道，同学们都喜欢跟我聊天，这就够了，为什么要去参加演讲比赛、诗朗诵比赛、辩论大赛？

（7）我们闹矛盾又不是我一个人的错，为什么我要找他道歉？不讲话就不讲话，看谁顶得久！

（8）我各方面都强，为什么不能表现出来？

交谈礼仪

【情境导入】

一位客人走进千惠购物中心电器部，一位男售货员热情地迎上来，满脸职业微笑，主动介绍这种新产品。他的介绍很在行、很流畅，从性能优势到结构特点，从价格比到售后服务，一一道来，并进行演示。可是他连珠炮似的讲着，客人总也插不上嘴，他不管你懂还是不懂，也不管你反应如何，喋喋不休地讲下去，似乎你不掏出钱包他就绝不罢休。如此夸夸其谈后，客人却反而没有了购买的欲望。

【项目任务】

身为商务人员，应该如何与顾客沟通？有什么问题是需要注意的？要避免哪些不当的行为？

【理论知识】

交谈是人与人之间表达思想、交流信息、抒发情感的基本方式，在商务交往中，我们要与不同年龄、不同背景、不同身份、不同性别的人打交道，能不能有效地组织和运用语言进行交谈，直接影响着人与人之间的理解与沟通。俗话说："会说话的令人笑，不会说话的令人跳。"如果说话不讲究艺术，有时会带来不良或严重后果。

一、选择话题

在商务交往中，人与人进行交谈时，首先遇到的问题就是谈话的内容。有下列两个问题需要注意：一是有所不为，也就是我们首先要知道什么话题是不能谈的；二是有所为，就是在明确什么话题不能谈的基础上，哪些话题应该考虑。

1. 避谈的话题

① 避谈政治、宗教等可能人人立场不同的话题。有些人虽基于礼貌并不会当场与你争论，但在心中一定十分不舒服，可能你无意中得罪了人而不自知，这自然也失去了社交的意义了。

② 避谈国家秘密及行业秘密。我国有国家安全法、国家保密法，违法的内容及泄密的内容是不能谈论的。此外，各行各业、各个企业也都有各自的商业秘密，在商务谈话中不应涉及这些内容，以免造成不必要的损失。

③ 避谈格调不高的话题。包括家长里短、小道消息、男女关系、黄色段子等。说出来会使对方觉得我们素质不高，有失教养。更不能在外人面前议论领导、同行、同事的不是，会让人对自己个人的人格、信誉产生怀疑，也会令别人对你的公司、企业的团结合作及信用产生怀疑。

④ 避谈个人隐私。与外人交谈时，尤其是与外国人交谈时，更应回避个人隐私，应做到关心应有度，尊重隐私。具体包括下列"五不问"：不问收入；不问年龄；不问婚否；不问健康；不问个人经历。

2. 宜选择的话题

（1）拟谈的话题　也就是双方约定要谈论的话题，或应该和对方谈论的话题。例如双方约定今天谈论办公用品采购的问题，就不要谈论其他话题。

（2）格调高雅的话题　作为一个现代人，特别是一个有见识有教养的商务人员，应在交谈中体现自己的风格、教养和品位。

（3）轻松愉快的话题　如电影、电视、旅游、休闲、烹饪、小吃等。

（4）时尚流行的话题　可以针对对方感兴趣的时尚话题进行选择，如足球、演唱会、热播电视剧。

（5）对方擅长的话题　谈论交往对象所擅长的话题，让交往对象获得一个展示自己的机会，从而营造一个良好的商谈氛围，何乐而不为？

二、善于表达

（一）沟通顺畅

人和人之间有接触才有了解，有了解才能沟通，有沟通才会互动，这是三个重要的程序。接触是第一个前提。接触了之后才会了解，逐渐了解之后，知己知彼才容易沟通。所谓沟通是双向了解，我理解你，你也理解我。每个人都希望得到尊重和重视，与人交谈时应多从对方角度思考问题。

（二）语气恰当

与人交谈要时刻考虑他人和自己的年龄、身份、地位，学会根据不同的人、不同的情境运用不同的语气。不管什么时候，都不能用命令、高高在上的口气，如"你知道吗？""没见过吧？""告诉你吧！"，而应该说"你一定知道""正如你知道的一样""跟你了解到的一样"。这样的语气会让人感觉到你对他的尊重，令人高兴。

（三）方法正确

1. 从倾听开始

倾听是解决问题的前提。注意不要一直是个人的独角秀，风趣幽默的谈吐一向为众人所欢迎，但是请让其他人也有发言和参与的机会。在倾听的时候，不但要听他表达的内容，还要注意他的语调与音量，这有助于了解他人语言背后的内在情绪。

2. 切勿形成小圈圈

社交的目的就是让大家彼此认识、彼此熟悉，若是你只和自己熟识的人交谈，不但无法达到交友的目的，也会令人讨厌。若有这种情形发生，不妨借去倒酒、上洗手间的方式脱离小团体，再伺机和其他人士交谈。

3. 不可窃窃私语

此种行为以女性居多，是一种不礼貌的举动，会让人有别人当着你的面说你坏话的相同感觉。若真的有私事要交谈时，可以找一个人较少之处或角落私下交谈。

4. 使用通用语言

有不同国际人士在场应一律使用英语，因为在场所有人都有听与说的权利，不可将之排除在外。

5. 主人或宾客发言时请保持安静

主人或宾客在发言时请立即安静下来以示尊重，待发言完毕后可再继续未完的话题，千万不要台上的人大声嚷嚷，台下的人各说各话，似乎各不相干，这种情形是很不礼貌的。

6. 注意运用无声语言

（1）身体距离　一般来说，你与谈话对象之间的个人距离通常约为1.2米，但是不同地区的人对个人距离的偏好是不一样的。例如拉美人、希腊人及阿拉伯人所需的距离就较大，闯入这种个人空间可能会给交流带来障碍。

（2）姿势、面部表情、目光接触和凝视　从一个人谈话时的坐姿和站姿就可以看出他放松或紧张的程度。有些面部表情是很难控制的，比如脸红以及惊讶或高兴的表情。我们往往会下意识地注意这些信号，但遇到面部表情相对少的人就很难判断了。目光的接触也是沟通的一个必要辅助，它表明对方对我们所说的事情很感兴趣。如果没有目光交流，或者直直地盯着对方，那就常常意味着对对方所说的事感到不满或者是他们所说的不是真话。

（3）手势、语调　手势可以提供非常有力的表达线索。如果你不会某种语言，使用手势来模仿你想要表达的意图是个行之有效的方法。从一个人使用其双手的方式中尤其可以看出他的某些想法。一个人的手势豪放是表明他的热情、愤怒还是激动？双手紧握表明他悲痛、愁苦还是正在承受过大压力？音调与音高这个信号告诉我们：当一个人兴奋或烦乱时，音调往往会提高，说话不够连贯；当有难以启齿的事要说时，音调往往都很低。

（4）沉默　沉默也许是对所谈的话题不感兴趣。很多人对沉默极为头疼，想方设法打破沉默，此时转移话题是正确的选择。发言者为了更加有力地强调下一个问题，制造紧张气氛或者为了给刚刚提出的问题作答赢得时间，有时可能会有意沉默片刻。沉默对有些人来说可能是信心的表现，但还有些人在紧张或无法回答问题时也会沉默不语。口误、说错词、使用不完整句子等说话上的失误都是紧张的表现。

【单项训练】

实训内容：以两三人为单位，模拟合适的情景（如入学、坐车、求职、旅游），进行寒暄、交谈。

实训要求：练习与陌生人相见时如何寻找彼此的共同点，进而拉近距离，联络感情。

任务三　商务文书礼仪

【情境导入】

韩国某公司申董事长第一次到千惠购物中心参观访问，得到了主人的热情接待。离开中国时，申董事长对主人再三表示感谢。回到韩国后，申董事长又特别写了一封感谢信给中方董事长，中方也回复了一封热情诚恳的信函。双方都感受到彼此之间的诚意，有了合作的意向。

【项目任务】

在现代商务活动中，商务文书起着怎样的作用？写作商务文书有什么要求？不同的商务文书应该如何写作？

【理论知识】

在现代商务活动中，人与人之间的沟通、联络越来越趋于电子化。虽然电话、传真、E-mail 十分快速便捷，但商务文书仍然具有不可替代的作用。在正式交际与商务往来中，信函显得更慎重、更正式，也更真实。因此，对重要事务的处理，只有通过文书的往来才能作最终决定。

一、邀请

根据商务礼仪的规定，在比较正规的商务往来之中，必须以正式的邀约作为邀约的主要形式，其中档次最高，也最为商界人士所常用的当属请柬邀约。请柬是邀请他人参加某种会议、宴席、聚会活动的书面邀请书。采用请柬方式邀请显示举办者或主人的郑重态度。凡精心安排、精心组织的大型活动与仪式，如宴会、舞会、纪念会、庆祝会、发布会、开业仪式等，只有采用请柬邀请嘉宾，才会被人视之为与其档次相称。

1. 请柬的内容

请柬的内容通常包括：活动的名称、活动的形式、活动的时间和地点、活动的要求、联络方式、邀请人等。

2. 书写请柬应注意的事项

① 将活动安排的细节及注意事项告诉对方。诸如时间、地点、参加人员、人数、做些什么样的准备及所穿的服饰等。

② 为了方便安排活动，如有必要，可注明请对方予以回复看看能否应邀及还有哪些要求等。邀请外方人士时，希望被邀请人收到请柬后给予答复的，则须在请柬上注明 R.S.V.P 或 r.s.v.p. 字样，意为"请答复"。有时为了方便联系，可留下自己的电话号码或地址。请柬上的英文解释如下：

P. M.——备忘；

R. S. V. P.——不论出席与否，均望答复；

Regrets only——不能出席时，请予以答复。

③ 对参加活动的人有什么具体要求可简单地在请柬上注明，比如对服装的要求，要求穿礼服时，须在请柬的右下角注明"Dress：Formal"，较随意时可用"Dress：Informal"。

[补充资料]

请柬正文示例

谨定于 2011 年 8 月 8 日下午 18 时整于本市新都大酒店祥云厅举行金马集团公司成立八周年庆祝酒会，敬请届时光临。

联系电话：××××××

备忘

二、应邀

任何书面形式的邀约,都是邀请者经过慎重考虑,认为确有必要之后,才会发出的。因此,在商务交往中,商界人士接到来自任何单位、任何个人的书面邀约,不论是否接受,都必须按照礼仪的规范,及时、正确地进行处理。如果收到的是邀请信或请柬,最好的回复方式是用信函回复。切不可不打招呼,结果又没参加,这是非常不礼貌的。

1. 应邀需核实的内容

① 核对时间、地点。

② 核实邀请范围,决定是否携带伴侣。

③ 明确活动对服装的要求。

④ 明确活动目的,决定是否携带礼物。

⑤ 明确自己的地位和位置,不要随便坐到主宾席上。

⑥ 活动结束时要同主人及周围的人告别,不能不辞而别。

2. 书写应邀回函的注意事项

① 邀请信一定要写得明确、完整,不可留下任何疑问,使收信人琢磨不定。要写明场合、地点、(年)月、日及钟点。要写得具体。例如,"我公司诚挚邀请您及夫人参加我公司下星期三举办的晚宴",究竟是哪一个星期三呢?这样写法就不够明确,需要加上具体的日期,如"我公司诚挚邀请您及夫人参加我公司 7 月 10 日星期三举办的晚宴"。

② 回信最好不要使用打字机打。回信要像请柬一样地简明,以妻子代表夫妻两人写给女主人,但是在信的正文中应该提及男女主人。

③ 应该给予及时的、有礼貌的答复。如有可能,应该在 24 小时之内答复,并在复信时明确地说明是接受还是不接受。

④ 在你写表示应邀的短笺时,要对受到邀请表示高兴。在你写表示谢却的短笺时,应该写出你的失望和遗憾之情,并具体说明你不能践约的原因。

⑤ 接受邀请时,在回信中要重复写上邀请信中的某些内容,如几月几日、星期几、几点钟等。不应该这样写:"我非常荣幸地接受贵公司的邀请参加贵公司举办的晚宴",而应该写"我非常荣幸地接受贵公司的邀请参加贵公司 7 月 10 日星期三举办的晚宴"。这样写,可以纠正你可能弄错了的日期和时间。

[补充资料]

接受邀约的回函示例

金马集团公司:

环球公司董事长×××先生非常荣幸地接受金马集团公司总裁×××先生的邀请,将于 2017 年 8 月 8 日下午 18 时整准时出席于本市新都大酒店祥云厅举行的金马集团公司成立八周年庆祝酒会。谨祝周年志喜，并顺致敬意。

环球公司
二〇一七年八月五日

拒绝接受邀约的回函示例

尊敬的×××先生：

  非常抱歉，由于本人明晚将飞往上海洽谈生意，故无法接受您的邀请，于2017年8月8日下午18时出席于本市新都大酒店祥云厅举行的金马集团公司成立八周年庆祝酒会，恭请见谅。谨祝周年志喜，并顺致敬意。

  此致

敬礼

×××　敬上
二〇一七年八月五日

三、迎来送往

  在商务活动中，遇到来宾参观、访问或有新员工加入等场合，在见面时，发表热情洋溢的欢迎词必不可少；而每当有朋友或客人离开、同事离职，送上一篇欢送辞，表达出对友情的珍惜，对客人的尊重，会令商务活动更为圆满。贵宾光临、新同事加入，商务人员时常要介绍他人；而在新产品与新技术的展示会、发布会上，商务人员往往又要面对来宾介绍产品，解说其功能与作用。以上这些商务文书，都是我们在日常商务活动中必不可少的。

  1. 欢迎词

  内容：

  ① 称谓。

  ② 向出席者表示欢迎、感谢和问候。

  ③ 概括已往取得的成就以及变化和发展。

  ④ 放眼全局，展望未来。

  ⑤ 结尾再一次表示欢迎和感谢。

[补充资料]

欢迎词示例

各位小姐、先生，大家好！

  我是××公司董事长×××，在各位新员工加入本公司的第一天，很高兴能和大家相识。首先，让我代表公司，向各位表示真诚的欢迎！

  众所周知，我们公司在社会上有着良好的声誉与一定的影响，但在竞争日益激烈的今天，我们依旧需要不断进取，不能有一丝懈怠。今天，见到各位朝气蓬勃的新同事加入本公司，让我看到公司未来的希望，令我感到非常高兴与欣慰。

  相信各位都是有志之士，都希望来这里干一番事业。那么，让我们一道紧密合作，同舟共济，发愤图强吧！

再一次向各位表示欢迎！谢谢大家！

2．欢送词

内容：

① 称谓。

② 向出席者表示欢送、感谢。

③ 概括被欢送者以往取得的成就以及变化和发展。

④ 放眼全局，展望未来。

⑤ 结尾再一次表示欢送及祝愿。

[补充资料]

欢送词示例

各位同事：

今天，是一个既让我们高兴又让我们伤感的日子。我们高兴，是因为我们的同事×××将要荣升为我公司广州分公司经理，让我们向他表示热烈祝贺！我们感到伤感，是因为×××这样一位优秀的人才和亲密的同事，就要与我们分开了，我们都感到依依不舍。

我们都十分清楚地意识到，在过去的几年里，×××的能力与才华，对我们是多么的重要。×××的离去，是我们公司的巨大遗憾。不过想到他能到更为重要的位置上去发挥他的才干，我们都为他感到欣慰，并且都为他感到高兴。

"苟富贵，勿相忘"，我们相信×××一定不会忘记在这里与我们共同奋斗的日日夜夜。我们都会想念他，希望他也能记着我们大家。

祝愿×××前程似锦，万事如意！

3．介绍词

内容：

① 称谓。

② 介绍的原因、目的。

③ 被介绍人的姓名、职衔、学位、单位等个人资料。

④ 被介绍人的特殊专长、突出成绩。

⑤ 表示欢迎和感谢。

[补充资料]

介绍词示例

女士们！先生们！

下面，我十分荣幸地把×××先生介绍给大家。

×××先生是国内外知名的管理学专家。现在，他担任中国××学会副会长、《×××》杂志社社长、××大学特聘教授。

×××先生治学有方，著作等身。他是我国第一部《××管理学》主编，并且成立了《×××》杂志社，为管理学在我国的推广与发展做出了巨大的贡献。他的代表作《××管理学》、《管理行为×××》等，在社会上颇有影响。

今天，×××先生不辞万里，来为我们公司管理人员进行培训指导，我们对他表示热烈的欢迎！相信我们一定会从中受益良多，管理工作一定会更上一层楼！

让我们大家一起认真地对×××先生的指教洗耳恭听，再次对×××先生的光临表示欢迎与感谢！

4. 解说词

内容：

① 称谓。

② 解说的原因、目的。

③ 被介绍产品的名称、品牌、型号、规格等相关资料。

④ 被介绍产品的特征、优势。

⑤ 对来宾表示欢迎和感谢。

[补充资料]

解说词示例

女士们！先生们！大家好！

感谢大家光临我公司的最新款两千万像素手机D880的展示会。请允许我对它略作介绍。

首先，它既有外在美，又有内在美。时尚的多色外壳，正面和机身内部使用了镜面设计，背面则使用的是磨砂设计，洋溢着现代科技与复古浪漫之美。它身材苗条，机身三围只有163毫米×80毫米×7.4毫米。它延续了D8家族的直板造型，既方便携带，又充满个性。超出色的做工设计、绝妙的曲屏设计都足以让人陶醉。

其次，它可以影拍无限。前后两千万像素数码摄像头，拥有10倍数码变焦，高速20张连拍，能在短短数秒间完成对外界环境光线等因素的自我适应。

最后，它具有非常时尚的个性。支持双卡双待和正面指纹识别，虚拟触摸感应键，轻松掌控音乐播放技术，撼动时尚潮流，一展新锐力量。

女士们！先生们！欢迎各位选用我公司最新推出的D880手机。本公司将始终如一地竭诚为您服务。谢谢大家！

四、祝贺词

祝贺词是指在某些仪式上向有关人员祝贺的讲话文稿。祝贺词可用于某人的任职、寿诞，某项重大工程的开工典礼，某展览会的剪彩仪式等，也可以用于重大节日、活动日、纪念日的庆祝活动等。

祝贺词在某些场合要对"祝"和"贺"有所区别。"祝"一般表示祝愿和希望，其祝贺的事情往往刚刚开始，还没结果，人们以祝词表达自己良好的愿望；"贺"一般指事情有了结果，取得了成功，人们以贺词来庆贺道喜。

祝贺词的内容：

① 称谓。

② 祝贺的原因、目的。
③ 概括被祝贺者的成就以及变化和发展。
④ 放眼全局，展望未来。
⑤ 再一次表示祝贺。

[补充资料]

祝贺词示例

各位领导、各位嘉宾；
女士们、先生们：

今天艳阳高照，春意融融，常州××医院带着对常州人民不尽的人文关怀，在大家的热情关注与期盼中激情亮相、隆重开业。在这美好的时刻，我谨代表常州医疗卫生界全体同仁，向创建常州××医院的全体同仁，表示热烈的祝贺！

关爱生命，预防疾病，倡导积极健康的生活方式，向人们提供先进的、现代化的医疗设施与技术，已成为当今社会医疗卫生事业的主旋律。现代医疗卫生事业的终极目标是保障健康，让人们永远飞扬青春般的活力，去充分享受生命、享受生活、享受自然。这一理念与价值观，在当今这个高压力、高节奏、高速度运转的时代，显得尤为珍贵与重要。常州××医院作为一家新型民营医院，为这一理念的张扬，将扮演越来越重要的角色。常州××医院的诞生，必将为常州医疗卫生事业注入新的生命与活力，为本已生机勃勃、你追我赶的医疗卫生市场带来新一轮的竞争和挑战，为推进龙城医疗卫生事业的繁荣，为加快人民小康生活的进程，产生积极而深刻的影响。我们坚信，常州××医院有自身雄厚的实力为依托，有大家的支持与扶助，一定会完美地实现自己的光荣与梦想。

再一次热烈地祝贺常州××医院隆重开业！

谢谢。

【单项训练】

四海公司将于2017年11月21日上午10:00在国际大酒店举办新产品发布会，邀请天马公司总经理刘景明参加。请撰写请柬、接受邀约的回函各一份。

任务四　商务演讲礼仪

【情境导入】

一个成功的政治家至少是一个合格的演说家。但对于英国国王乔治六世来说，这却像一个不可能完成的任务。自小口吃的他无法在公众面前发表演讲。两年后，二战爆发。在罗格医生的帮助下，乔治六世克服了口吃，通过广播发表了一篇鼓舞人心的圣诞节演讲，号召英国人反抗法西斯，成为二战中激励英国人斗志的重要因素。作为商务人员，良好的语言表述能力是必不可少的。千惠购物中心要求员工观看影片，并举行演讲比赛，取得了很好的效果。

学习情境七
掌握职场语言交际礼仪

【项目任务】

在商务场合，商务演讲对商务人员有何作用？商务演讲对语言有哪些基本要求？如何才能自如地在公众面前发表演讲？

【理论知识】

演讲是面对听众，公开发表某种思想、观点、看法的讲话形式。演讲有中心、条理清楚、结构完整，是一种公开叙事和说理的手段。常规的演讲，为了达到说服或感动听众，使自己的观点被听众理解和接受的目的，往往特别注重鼓动性、感染力和论证的严密性。而在商务活动中，商界人士发表的演讲，多数都是礼仪性的。商务人员一般面对的是迎来送往、庆典祝贺、邀约应酬等活动，更多需要准备的，是致欢迎词、欢送词、祝贺词、答谢词、介绍词、解说词等。这类演讲，往往具有临时性、广泛性、应酬性等特点。因此，这类演讲与常规演讲有很大的不同。

在内容上，商务演讲要求短小精悍、言之有物、切合主题。比如欢迎时的演讲重点在"欢迎"，在内容上应郑重地表达欢迎之意，并突出双方之间的友好合作关系；欢送时的演讲内容则应该体现出临别时的惜别之情，突出双方对友情的珍重和对被欢送者的祝福；祝贺时的演讲则要根据不同的情境，表达对对方的称颂、赞扬、肯定，抒发自己的良好祝愿。可见，商务演讲的内容是根据不同的交际目的，侧重点各不相同。

在语言上，商务演讲更注重真诚、朴实。由于商务演讲多为当众的即席演讲，对演讲者语言的组织和表达能力要求更为严格。既不能漫无边际地废话连篇，也不能不切实际地来一番大话、空话、假话，应当尽量生动、形象、幽默、风趣。

在声音上，演讲者应当抑扬顿挫，变化适度，而不能结结巴巴、语无伦次。演讲人的声音要响亮。音量的大小根据会场的大小和人员的多少而定。既不要过高，也不要过低。过高易失去自然和亲切感，过低会使会场出现不应有的紊乱。

在感情上，应当给人以自然、真诚之感，而不应矫揉造作、絮叨烦人。

在表情和动作上，应当根据情境当喜则喜，当悲则悲，恰当运用微笑和目光，而不应面无表情，冷漠以对。商务演讲一般都采用站着演讲的方式，可以辅以适当的手势，但必须符合礼仪规范，不能对听众指指点点、指手画脚。

在态度上，演讲者应当充满自信，面带微笑，要跟听众有眼神的交流，遵守"等距离原则"，而不应只与上司、嘉宾互动，冷落其他人。

在时间上，商务演讲强调点到为止、短小精悍，一般3分钟左右即可，不要超过5分钟，更不能长篇大论，废话连篇，使人昏昏欲睡，不但浪费他人时间，也达不到应有的效果。

一、商务演讲的基本要求

1. 内容要切合主题

内容是演讲的生命。好的商务演讲应当是切合交际情境的内容与良好的表达技巧相结合。单纯追求技巧而内容空洞无物的演讲，不会给人留下深刻印象。

2. 表达要晓畅生动

发表商务演讲应当使用准确规范的口语，用语要通俗流畅，语言朴实而又不失生动形象，杜绝专业术语和华丽辞藻的堆砌。

3. 感情要朴实真诚

商务演讲实质上是人与人之间的互相交流，是为商务活动服务的。因此，商务演讲应当是感情交流的过程，而只有朴实真诚的情感才能打动他人。

4. 态势要自然得体

演讲是由"演"和"讲"两方面构成的，其中的"演"主要是指态势，包括仪表举止、手势表情等，这些都应该是自然流露出来的，与口语相互补充、配合。演讲的态势要服从表达的需要，做到自然得体，体现个性。

二、商务演讲中的个人魅力

演讲的礼仪要求是不卑不亢，雍容大方，彬彬有礼，不失身份。听众对演讲者傲慢的态度、轻佻的作风、随便的举止极为反感。因此，演讲者在演讲过程中要特别注意以下几个方面：

① 演讲的表现与控制。
② 加上你的动作。
③ 让你的声音无法抗拒。
④ 抓住听众的心。
⑤ 成功的着装与礼仪。

演讲者由站起到走向讲坛面对听众站立的短短的十几秒钟里，给广大听众留下的印象非常重要。应该在主持人介绍后，向主持人点头微笑致意，然后稳健地走到讲坛前，自然地面对听众站好，行注目礼及鞠躬礼，而后以亲切的目光环视听众，以示招呼。

演讲过程中，手及头部动作不要太多，走动也不宜过多，更不能一步三晃，扭捏作态；演讲过程中，忌弯腰驼背、双手撑着讲坛或插入衣兜内，这样会显得松垮、懒散；手势动作要和演讲内容一致，和演讲者的身份、职业、年龄一致；演讲时眼睛不能总看讲稿，照本宣科，而应与听众有所交流。

演讲结束后，走下讲坛时应该向听众点头示意或行鞠躬礼，然后含笑退场。如听众鼓掌应表示感谢，态度应真诚、谦逊。

三、商务演讲的语言基本要求

商务演讲往往是一种即席发言。即席发言是一种在特定情景下事先没有准备的临场说话的口语样式，即席发言的特点是即境而发，随机而发，短小精悍。从某种意义上讲，不假思索就可即席发言的能力，比经过长时间精心准备才能登台的能力更为重要。现代生活要求人们必须具备迅速组织自己的心中所想并且能够流利地进行口头表达。这主要是随着社会合作的加强，许多决策过程往往不再由一个人拍板，而是产生在会议讨论中间。个人可以尽情地陈述自己的意见和看法。但是要想使自己的发言起到影响他人、左右全局的作用，他的话语就必须在众人之言中显得特别有分量。因此，商务演讲的基本要求如下。

① 演讲的语言要口语化。商务演讲并非是要做长篇大论的报告，不要往书面语言上靠，把那些不适合演讲的书面语改为口语化的语言。其次，要注意选择那些有利于口语表达的词语和句式。双音节和多音节的词语比单音节的词语容易上口，而且也好听。如"当我面对听众时"就不如"当我面对听众的时候"好听。

② 演讲的语言要个性化。不管"说"也好，"写"也好，都要用自己的语言，而不是别人的语言或现成的语言。有些演讲者，爱使用一些"时髦"词，或是套话，或是从报刊、书籍上摘抄下来的，生硬地拼在一起的话。这样的语言听起来挺"新鲜"，其实却内容干瘪，缺乏生活的真实。用自己的话讲，可能看起来很朴素、很普通，但却更真实自如，更富有吸引力。

③ 演讲的语言要形象化。好的商务演讲，语言应该是切合实际的，应该是生动感人的。要使语言生动感人，必须做到：用形象化的语言，用幽默风趣的语言。即便是事例的叙述，也切忌平淡干巴、枯燥无味，否则便很难吸引听众。

④ 演讲的语言要韵律强。要使演讲富有强烈的语言艺术魅力，需要掌握一定的表达技巧，形成语言的轻重急缓、一抑一扬的语势，使语句显得起伏跌宕，给演讲带来鲜明的节奏韵律感。比如在演讲过程中要注意语句的停顿，要有节奏感；对强调的字词必须重读，演讲时的语气才会有轻重变化；要结合演讲的内容和自己的情绪控制语调的高低与快慢，而不是一马平川，使人昏昏欲睡。

四、商务演讲的训练重点

一般情况下，只要没有明显的语言表达障碍的人，都能够完成不错的有准备的发言。但是，在碰到一个事先没有被告之而无准备的情况下，突然被叫起来讲几句话的时候，能够做到出口成章，并且能够使别人接受，这种能力的具备没有经过一定的训练是难以达到的。要想做好即席发言，主要注意两点：一要迅速构思；二要注意克服紧张心理。

（一）怎样做到迅速构思

首先，要确立中心，明确自己的观点和态度。由于构思时间短，必须想定自己说些什么，并确立发言中心，以及自己的观点和态度。当人们在你毫无准备的情况下请你发言时，多是期望你对某一个你能发表权威言论的题目表示一些意见，或是一种礼仪的需要。这时你最好能就你的专业或礼仪要求范围以内的有关问题发表演说，利用有限的时间来判断现场的情况，决定你演说的主题。

其次，要从实际出发，为发言寻找一个切入点。既是即席演说，就应该简短，因此选择好适合所在场合的主题后，就开门见山，不必道歉说："我没有准备，非常抱歉。"听众已经知道你没有准备。你只需寻找切入点，尽快投入题目中。明确了中心观点以后，最好举例说明问题，增强说服力。使用事例可以让你从容镇定，因为经验是最容易复述的，只要你有经验，不论在什么场合下发表演说，你都可以找出想要说的话。你会随着所说的事例，渐渐切入主题，流畅的表达会使你开始的紧张感飞逝无踪。此外，你可以通过使用事例立即获得听众的注意，这是立刻攫取注意力的万无一失的方法。尤其是在你做简单的演说时，举例是最管用的。

第三，要有切合特定商务情境的开头和结尾。开头最好干净利落，直接入题。可以借当时的场景、情景、会议的主旨等作为开场白，结尾则要强化发言的主要内容。

（二）怎样克服紧张心理

1. 有备无患

发言内容要有必要的准备，当你去参加某项集会或聚餐时，最好能先有个心理准备：如果现在被请起来讲话，到底要讲些什么？这一次最适合讲述自己熟悉的题材里的哪个方面？对于眼前的其他人提出的那些建议，如何措辞以表示赞同或反对？因为你随时都有被邀请说话的可能。如果你预料自己可能被要求发言时，你就要特别留意其他说话者的话，在现场，自己可以想想讲些什么，举什么例子，尽量把你所想的事，以简洁的词语组织一下。一旦上场发言，你就把心中所想的事，以平易的话语说出。充满自信，临场不乱，就能有效地控制紧张心理。

2. 树立信心

许多人当众说话时过分紧张。引用《名单大全》一书的说法，世界上人们首先恐惧的是公开讲话，而不是病菌、身高、深水甚至死亡。要消除这种心理状态并不难。主要是应有自信心，即使自己没有做充分准备，只要有胆子，就可以理直气壮地讲。信心和口才总是如影随形。你讲话的次数越多就会越自信——不仅你的表达能力大长，而且你的总体技能也会得到提升。当你能够更加轻松地摆脱恐惧时，你便真正具有了说服你的上级、同事或者顾客的能力。

3. 随机应变

尽管做了必备的准备，有时还免不了会紧张，这时就可以随机应变，采用一些调节方法。比如，正确的呼吸，注意用鼻子深呼吸，这样一来你就不会轻易感到口渴；逐步放松，暗暗使劲收紧身体各个部分，从足部开始，再逐一放松，濡湿出汗的情况和紧张情绪将会因此得到缓解；放松颈部肌肉，从一侧肩膀至另一侧肩膀活动头部，这可以有助于放松你的喉咙和声带。我们只有克服了紧张心理才有可能做到敢说话，会说话，说得好。

【单项训练】

语言技巧训练：朗读舒婷的《致橡树》，注意控制朗读的节奏、语气、语调、语速。

我如果爱你——
绝不像攀援的凌霄花，
借你的高枝炫耀自己；
我如果爱你——
绝不学痴情的鸟儿，
为绿荫重复单调的歌曲；
也不止像泉源，
常年送来清凉的慰藉；
也不止像险峰，
增加你的高度，衬托你的威仪。
甚至日光。
甚至春雨。
不，这些都来不够！
我必须是你近旁的一株木棉，
做为树的形象和你站在一起。
根，紧握在地下，
叶，相触在云里。
每一阵风过，
我们都互相致意，
但没有人，
听懂我们的言语。
你有你的铜枝铁干。
像刀，像剑，
也像戟；
我有我的红硕花朵，
像沉重的叹息，
又像英勇的火炬。
我们分担寒潮、风雷、霹雳；
我们分享雾霭、流岚、虹霓。
仿佛永远分离，
却又终生相依。
这才是伟大的爱情，
坚贞就在这里：
爱——
不仅爱你伟岸的身躯，
也爱你坚持的位置，脚下的土地。

小 结

本次学习情境主要介绍了语言交际的基本要求、交谈礼仪以及商务文书礼仪、商务演讲礼仪。通过本情境的学习,我们应当认识到,语言是人与人之间交往的最基本的工具和桥梁。作为商务人员,我们不仅是人际交往的积极参与者,而且往往因为工作的需要,会比一般人接触到更多的交际场合,接触到的形形色色的人更多,更有可能成为交际场合的主导者。因此,对商务人员的口才和写作能力都有很高的要求。本模块仅对商务活动中常见的口头表达和书面表述形式作简单论述。

综合训练

一、案例分析

某高级饭店,众多的宾客在恭维台湾吴老先生来大陆投资,吴老先生神采飞扬,高兴地应承着这些祝贺的话。宾主频频碰杯,服务小姐忙进忙出,热情服务。

不料,过于周到的服务小姐偶一不慎,将桌上的一双筷子拂落在地。"对不起"小姐忙道歉,随手从邻桌上拿过一双筷子,褪去纸包,搁在老先生的台上。

吴老先生的脸上顿时多云转阴,煞是难看,默默地注视着服务小姐的一连贯动作,刚举起的酒杯一直停留在胸前。众人看到这里,纷纷帮腔,指责服务小姐。

小姐很窘,一时不知所措。

吴老先生终于从牙缝里挤出了话:"晦气,"顿了顿:"唉,你怎么这么不当心,你知道吗?这筷子落地意味着什么?"边说边瞪大眼睛:"落地即落第,考试落第,名落孙山,倒霉呀,我第一次在大陆投资,就这么讨个不吉利。"

服务小姐一听,更慌了,"对不起,对不起",手足无措中,又将桌上的小碗打碎在地。

服务小姐尴尬万分,虚汗浸背,不知如何是好,一桌人也有的目瞪口呆,有的吵吵嚷嚷地恼火,有的……

就在这时,一位女领班款款来到客人面前,拿起桌上的筷子,双手递上去,嘴里发出一阵欢快的笑声:"啊,吴老先生。筷子落地哪有倒霉之理,筷子落地,筷落,就是快乐,就是快快乐乐。"

"这碗么,"领班一边思索,同时瞥了一眼服务小姐,示意打扫碎碗。服务小姐顿时领悟,连忙收拾碎碗片,"碗碎了,这也是好事成双,我们中国不是有一句老话吗——岁岁平安,这是吉祥的兆头,应该恭喜您才是呢。您老这次回大陆投资,一定快乐,一定平安。"

刚才还阴郁满面的吴老先生听到这话,顿时转怒为喜,马上向服务小姐要了一瓶葡萄酒,亲自为女领班和自己各斟了满满一杯,站起来笑着说:"小姐,你说得真好!借你的吉言和口彩,我们大家快乐平安,为我的投资成功,来干一杯!"

结合案例分析为什么说"语言能力即交际能力"。

二、请你判断以下情境中人物做法的正误，并说出理由

1. 甲男和甲女在门口迎候来宾。乙男下车，甲女上前，道："陈总您好！"呈上名片，说："陈总，我叫李菲，是正道集团公关部经理，专程前来迎接您。"乙男道谢。甲男上前："陈总好！您还记得我吧？"乙男点头。甲男又问："那我是谁？"乙男尴尬不已。（　　）

2. 一男一女交谈，男士问："您多大了？"女士不快："28岁。"男士问："有对象了吗？"女士答："有。"男士又问："结婚了吗？"女士答："早结了。"男士又问："有孩子了吗？"女士："你查户口啊！"（　　）

3. 休闲所在，两女士聊天。甲："前几天我去了一趟上海。"一男士插入："真的？"两女士不理他。男士又说："我怎么不知道？"乙："听说上海衣服很漂亮。"男士又说："千万不要买。上海的衣服不适合你们的，还是广州的好。"（　　）

三、实训检测

实训内容：模拟特定场合，发表欢迎词、欢送词、介绍词、解说词。

实训要求：要求语言、动作、表情相结合，声音洪亮，表达流畅，神态自然。

考核项目	考核内容	分　　值	实际得分
仪容仪表	衣着整齐	5	
	仪容整洁	5	
	领带规范	5	
举止动作	站姿规范	5	
	鞠躬标准	5	
	手势准确	5	
	走姿优美	5	
表情神态	眼神到位	5	
	保持微笑	5	
	表情自然	5	
语言表达	语音规范	10	
	语速恰当	10	
	节奏准确	10	
	轻重得当	10	
	熟练流畅	10	

学习情境八
掌握应聘面试礼仪

【学习目标】

通过学习，应该达到以下目标：

(1) 知识目标　了解面试的基本礼仪，掌握面试前、面试时、面试后的礼仪规范。

(2) 能力目标　熟悉求职信、求职简历的写作方法，掌握自我介绍、回答问题的要点和技巧，熟悉求职面试的基本流程和礼仪规范，能轻松自如地面对求职面试。

【情境导入】

小王是一位获得了会计师证书的毕业生，在人才招聘会上，有多家合资企业需要会计专业毕业的男生，可是，小王走了好几家招聘单位，都没有人理会他。最后，小王使出浑身解数，终于打动了千惠购物中心的人力资源部部长。但该部长和小王说："先给你一张表格填写，如果你能改变你的发型，三天后到我公司面试；如果不能改变，就不用来了。"小王这才明白，是自己这一头自认为很酷的发型让他吃了苦头。

高职刚毕业的小李到千惠购物中心求职。小李一贯注重个人修养，他清洁的衣服、干净的指甲、整齐流畅的发型，就给人良好的第一印象。来到人力资源部，临进门前，小李自觉地敲了敲门，进入办公室后随手将门轻轻关上，看见有长者来到人力资源部，他礼貌地起身让座。同人说话时，他神情专注，注意倾听，从容交谈。很快，小李就被千惠购物中心录用。

【项目任务】

求职应聘前，应该做好哪些准备？应聘过程中应该如何表现自己？面试结束后有何注意事项？

【理论知识】

学生生活数载寒窗，终求一果。即将毕业的大学生，都希望求到一份既与所学专业相吻合，又与自己志向相一致的理想工作，这就需要应聘。应聘是解决企业对人才的需求和人才自我发展需求的手段，是一个人实现职业梦想最重要的环节之一，求职者能否成功被录取，应聘起着决定性的影响。然而，在求职中仅靠专业知识和热情是不够的，还必须利用面试这个重要环节，让用人单位喜欢你。

应聘面试开始之前的礼仪

写好求职信

求职信是无业、待业或停薪留职者写给用人单位的信，目的是让对方了解自己，相信自己，录用自己，它是一种私人对公并有求于公的信函。它与普通的信函没有多少区别，但它与朋友的信函又有所不同，当然也不同于"公事公办"的公文函。求职信是自我表白，其目的和作用主要是让人事主管看。求职信起到毛遂自荐的作用，好的求职信可以拉近求职者与人事主管（负责人）之间的距离，使求职者获得的面试机会多一些。

1. 称呼要得体

① 称呼要准确，要有礼貌。一般来说，收信人应该是单位里有实权录用你的人。要特别注意此人的姓名和职务，书写要准确，万万马虎不得。因为他们第一眼从信件中接触到的就是称呼。最初的印象如何，对于这份求职信件的最终效果有着直接影响，因而要慎重为之。因为求职信往往是首次交往，未必对用人单位有关人员的姓名熟悉，所以在求职信件中可以直接称职务头衔等，如"上海煤气总公司负责人""国发公司经理""北京配件厂厂长"。求职信的目的在于求职，带有"私"事公办的意味，因而称呼要求严肃谨慎，不可过分亲近，以免给人以"套近乎"或者阿谀、唐突之嫌。当然，礼貌性的致辞还是可以适当使用的。

② 称呼之后一般还要加提称语，即用来提高称谓的词语。如对尊长用"尊鉴""赐鉴""钧鉴""崇鉴"；对平辈用"台鉴""大鉴""惠鉴"；对女士用"芳鉴""淑鉴""懿鉴"（对年高者）；对方是夫妇用"俪鉴""同鉴""均鉴"等。书信中的这种请查阅敬语要注意与称呼相配合。

2. 问候要真诚

抬头之后的应酬语（承启语）起开场白的作用。无论是经常通信的还是素昧平生的，信的开头应有问候语。向对方问候一声，是必不可少的礼仪。问候语可长可短，即使短到"您好"两字，也体现出写信人的一片真诚，而不是"应景文章"。问候要切合双方关系，交浅不宜言深，以简洁、自然为宜。

3. 内容需清楚、准确

正文是书信的主体，即写信人要说的事。

正文从信笺的第二行开始写，前面空两格。书信的内容尽管各不相同，写法也多种多样，但都要以内容清楚、叙事准确、文辞通畅、字迹工整为原则，此外还要谦恭有礼，即根据收信人的特点及写信人与收信人的特定关系进行措辞（包括敬语谦词的选择、语调的掌握等）。

4. 祝颂要热诚

正文后的问候祝颂语虽然只几个字，但表示写信人对收信人的祝愿、钦敬，也有不可忽视的礼仪作用。祝颂语有格式上的规范要求，一般分两行书写，上一行前空两格，下一行顶格。祝颂语可以套用约定俗成的句式，如"此致""敬礼""祝您健康"之类，也可以另辟蹊径，即景生情，以更能表示出对收信人的良好祝愿。如对尊长，可写"敬请福安""敬请金安""敬请大安""恭请平安"；给平辈的信，则用"顺颂时棋"，春天可写"敬颂春安"，逢年可写"即请年安""此请岁安"，平时用"敬颂时绥"之类；按对方职业可选用不同的祝颂语，对学界可选用"敬请学安""撰安""编安""文祺""教安""海安"；对政界可选用"恭请钧安""勋安"；对商界可选用"敬请筹安""筹绥""商安""财祺"等。

笺文的最后，要署上写信人的名字和写信日期，为表示礼貌，在名字之前加上相应的"弟子""受业"；给用人单位领导写信，可写"求职者"或"您未来的部下"。名字之下，还要选用适当的礼告敬辞。如对尊长，在署名后应加"叩上""敬亲""叩禀""拜上""敬启""肃上"等；对平辈，在署名后加"敬白""谨启""敬上""拜启"等。

5. 信皮称呼用尊称

信皮（封文）的主要内容除要清楚、准确地写明收信人地址及邮政编码、收信人姓名、发信人地址及姓名以外，还要恰当地选用对收信人的礼貌语词。首先要注意收信人的称呼。封皮是写给邮递员看的，因此应根据收信人的职衔、年龄等，写上"经理（或总经理）""厂长""人力资源部长""人事经理"或"先生""同志""女士"等。其次，要讲究"启封辞""缄封辞"选择。"启封辞"是请收信人拆封的礼貌语词，它表示发信人对收信人的感情和态度。一般对高龄者常用"安启""福启"，对其余长辈用"钧启""赐启"；对平辈，可依照收信人的身份、性别，分别用"力启"（对军人）、"文启"（对教师）、"芳启"（对女士）。"缄"字的用法也有讲究，给长辈的信宜用"谨缄"，对平辈用"缄"。明信片、贺年卡等因无封套，因而无所谓"启"和"缄"。

求职者需注意，切忌用挂号或快件寄求职资料，以免劳神费时。

[补充资料]

求职自荐信范文

尊敬的院领导：

您好！感谢您能在百忙之中抽空阅读这份自荐书，并感谢您给我这个自我推荐的机会。

我是××医学院临床医学系临床医学专业××级学生×××，将于×年×月毕业，届时将获得医学学士学位。素闻贵院管理有方，"不拘一格降人才"，特毛遂自荐，希望能在贵院谋一份工作，施展所学，以解除病人之痛苦。

在校期间，我全面系统地学习了学院开设的必修及各门选修课程，全部合格，无一补考，以良好的成绩，先后通过了国家英语四级（CET-4）和计算机二级考试。本人自进校起历任班组团支书、班组文娱委员、学院团委办公室副主任、学院团委社团部副部长、附属医院实习队副队长等职务，由于工作出色，多次被评为"学院优秀学生干部""学院优秀团干部""系三好学生"，是学院"大学生综合素质四星级证书"获得者。

课余时间，我积极投身于社会实践之中，入校以来一直作为青年志愿者参加医疗宣传活动；多次代表学院、年级、班组参加各项文体活动，在省、市及学院举办的各类文艺演出中多次获奖，代表年级参加院篮球联赛连续两年蝉联第一，一次第二名，代表班级夺得年级乒乓球团体第一；爱好计算机，能熟练地运用 Microsoft Word 等进行文档编辑及操作，并能运用Corledraw、Photoshop等工具软件进行图像设计，掌握了Foxbase数据库等的制作。

在毕业之前一年半的实习过程中，我坚持将理论与实践相结合，在实习教师指导下系统地对内、外、妇、儿、传等各科常见病、多发病进行诊断与治疗，积累了一定的临床经验，掌握了基本技术操作，树立了牢固的无菌观念，并能初步独立进行外科换药、拆线、清创、缝合、胸穿、腹穿、腰穿等基本操作。能在老师指导下完成如阑尾切除、大隐静脉抽剥术、石膏外固定等简单手术；初步掌握呼吸、循环、血液、内分泌、泌尿生殖等各大系统的内用药原则，受到老师、领导、病人及家属的一致好评。

成绩都属于过去，未来更需努力。展望未来，如有幸能在贵院工作，我将以强烈的责任感和事业心、用出色的工作成绩来证明：您选择了一名优秀的医务工作者！

二、准备好简历

简历，顾名思义，就是对个人学历、经历、特长、爱好及其他有关情况所作的简明扼要的书面介绍。简历是个人形象，包括资历与能力的书面表述，对于求职者而言，是必不可少的一种应用文。简历具有"能否有第一次见面机会"的决定权。作为一种自我宣传与自我推销的媒介，其功用也日益为人们所重视。

简历上的细节部分应格外重视，尤其是照片，不能随便拍。

拍简历照片的注意事项如下：

① 照片尽量与自己的气质相符，不要有太大差距。

② 整洁的发型很重要，避免蓬头垢面。

③ 服装尽量挺括，不要皱痕明显。

④ 精神焕发，不要萎靡不振。

⑤ 一定是近照，不要把大一求学时的照片拿出来。

⑥ 对照片重视不等于艺术照片。

[补充资料]

简历范本

本人概况

姓名：×××　　　　　　　　性别：男

民族：汉　　　　　　　　　政治面目：党员

学历（学位）：本科　　　　专业：市场营销

联系电话：12345678　　　　手机：130011112

联系地址：××市××区××大街10号　　邮编：100001

Email Address：12345678@sohu.com

教育背景

毕业院校：××工商学院　1997.9～2000.7　市场营销专业

所学课程：商业经济学、管理学、市场营销学、消费心理学、市场调查、市场预测、公共关系、商务谈判、推销原理与方法、市场信息学、现代广告学、广告策划、国际贸易理论与实务、市场营销策划、新产品开发管理等。

另：其他培训

＊英语通过国家四级考试，具备较好的英语听说读写能力

＊有驾照

工作经历

＊2000.9～2001.9　　××公司

销售代表

负责公司产品在北京、天津、山西等地区的销售，制订季度销售计划，拓展客户群并保持良好合作关系，跟踪销售情况，完成预计销售目标。

＊2001.10～至今　　××公司

销售经理

负责本部销售计划的制订与执行，及时收集销售情况并反馈给销售总部，组织部门销售人员的培训学习，拓展客户群，完成预计销售目标。

个人简介

专业知识的学习以及多年的工作实践，使我积累了丰富的工作经验，并取得了优秀的销售业绩。另外我还从事过部门员工的培训工作，具有一定的管理工作经验。我性格开朗，积极向上，乐于与人沟通，喜欢迎接新的挑战。

另：最重要的是能力，相信贵公司会觉得我是此职位的合适人选！

期盼与您的面谈！

三、服饰要得体

应聘者的外在形象，是给主考官的第一印象。外在形象的好坏在一定程度上会影响到能否被录用。面试时，恰当的着装能够弥补自身条件的某些不足，树立起自己的独特气质，使你脱颖而出。因此，衣着是应聘前进行的物质准备中很重要的一项。新衣服要提前穿，去面试的前一晚就应该准备好面试当天要穿的衣装。

（一）着装原则

应聘面试的着装原则是简洁、大方、合体、舒适。

1. 男士的着装

（1）衣服　应届毕业生允许有一些学生气的装扮，可以穿休闲类套装。有条件的话，男生可准备一身西装。一套质料不错的西装、衬衫、领带同色系的搭配，整齐又适当地穿着就能凸显专业气质，同时体现尊重公司的态度，容易赢得面试主管的好感。考虑到可能面试只穿一次，往后穿着的机会不多，可以直接挑选一件可正式、可休闲的多用途西装，其特色是平日出席正式场合可搭配正统领带，在正式的假日聚会若搭配休闲衬衫不打领带，不仅表示对主人的尊重，又不会太过随便。西服添置价格稍高时，一套西装之外可考虑增加低单价的衬衫、领带，以适应往后工作换洗需要。挑选服装时，衣长应盖过臀部，袖长以长及1/2手背最适宜，裤子长度应达到鞋后跟

底上方1～1.5厘米处较佳。领带打好的长度最好在皮带头部位。衬衫的布料不宜太薄，以免内衣透明而不雅观。

（2）鞋子　穿西装的话一定要配皮鞋。皮鞋鞋面保持锃亮，鞋跟要结实，破旧的鞋跟会使人显得疲软而萎靡，系带的皮鞋一定要检查鞋带是否干净且系紧了。松开或未系的鞋带会给你带来不安全感甚或可以将你绊倒。另外，切勿把黑鞋与棕色西装搭配，这样会十分不协调。

（3）袜子　以能够与西裤颜色相搭配为宜。千万不要穿着白色袜子来搭配整套西装。不要穿颜色鲜亮或花格的袜子。另外，袜子长度最好长及小腿肚，使你在叠起双腿时不致露出有毛的皮肤，这样十分不雅观。袜子要有足够的弹性，使它们不至于从腿上滑下或缩成一团。

（4）饰品　不要戴项链，装饰别针、手镯、耳环等饰物，这是男性求职者面试时十分忌讳的。

2. 女士的着装

（1）衣服　女生如应聘的是办公室工作，就应穿有袖的上衣、长裤。有条件的话也可以着西装、套裙，这是最简单也是最合适的选择。裙子不宜太长，这样显得不利落，但是也不宜穿得太短。低胸、紧身的服装，过分时髦和暴露的服装都不适合面试时穿。春秋的套装可用花呢等较厚实的面料，夏季用真丝等轻薄的面料。衣服的质地不要太薄、太透，薄和透有不踏实不庄重的感觉。色彩要表现出青春、典雅的格调。用颜色，表现你的品位和气质。不宜穿抢眼的颜色。

（2）饰物　简单的职业套装可搭配细微的饰物，一条丝巾或者一枚胸花都可让传统生动起来，活泼又不失庄重。但饰品要少而精，避免佩戴过多、过于夸张或有碍工作的饰物，让饰品真正有画龙点睛之妙。

（3）丝袜　丝袜被称为女性的第二层皮肤，一定要穿，以透明近似肤色的颜色最好。要随时检查是否有脱线和破损的情况。最好带一双备用的。

（4）鞋子　女士面试时如何穿鞋也有学问，总的原则是应和整体相协调，在颜色和款式上与服装相配。面试时不要穿凉鞋，应穿式样简单、没有过多装饰的皮鞋，后跟不宜太高。设计新颖的靴子也会显得自信而得体，但穿靴子时，应该注意裙子的下摆要长于靴端。

（5）包　如果习惯随身携带包，那么包不要太大，款式可以多样，颜色要和服装的颜色相搭配。

（二）选择服装的关键

选择服装的关键是看职位要求。爱美之心人皆有之，但对于求职者而言，其服饰除了要符合一般社交场合服饰的共同要求外，更要注重和突出服饰的职业特点，使你的着装打扮与你应聘的职业相称，给人一种鲜明的职业形象的感觉。如你拟应聘的职业是教师、工程师、干部等岗位，打扮就不能过分华丽、过分时髦，而应该选择庄重、素雅、大方的着装，以显示出稳重、文雅、严谨的职业形象；如果你拟应聘的职业是导游、公关、服务等岗位，你就可以选择华美、时髦的着装，以表现活泼、热情的职业特点。应聘于银行、政府部门，穿着偏向传统正规；应聘公关、时尚杂志等的职位，则可以适当地在服装上加些流行元素。

四、仪容要整洁

1. 头发

（1）男士　去应聘时要保持头发整洁，精心梳理，不要给人油光发亮、湿淋淋的感觉；发型简单、朴素、稳重大方，前面不留刘海，侧面头发不盖耳朵，后面头发不碰衣领，不要留鬓角，最好不要留中分头；胡须最好刮干净，不要留仁丹胡、络腮胡。

（2）女士　头发要梳理整齐，发型上应力求流畅、简洁，与自己的脸形适宜。留长发的女士不要披头散发，前额刘海不要超过眉毛。

2. 手

手是人体中活动最多的部分之一，也常常是人们目光的焦点。因此，求职者在去面试之前，先看看自己的手，必使其洁净而不要留长指甲。女士不要涂艳丽的指甲油。

3. 脸

男性求职者不要化妆，把脸洗干净即可。

对于女性求职者，面试当天化一点妆会显得更精神、更自信。化妆一定要坚持素淡的原则，应以轻柔、优雅的淡妆为主，切忌浓妆艳抹。画眼线、涂口红也是可以做到恰到好处的画"龙"点"睛"的，不过，不宜涂过多的彩色眼影，口红不可以涂得太鲜太亮。

4. 体味

身上的怪味应清除。面试时，应试人和主试人的距离一般不会很远，如果你身上散发出汗臭味、腋臭味、烟味等怪味，主试人闻到了肯定会厌恶，这也要影响面试效果。因此，面试前务必把身上的怪味清除掉。清除怪味的办法有多种。一是面试前的那餐饭菜不要吃洋葱和大蒜，也不要喝酒，以免口腔怪味刺人，酒气熏天。饭后漱漱口，最好刷刷牙。二是面试前洗个澡，这样既可以把汗臭味冲洗掉，把腋臭味冲淡，也可以使你更加精神抖擞。三是面试前别抽烟，烟味会萦绕不散，气味难耐。四是可以在身上适度地抹些香水，香水既可驱散其他气味，又沁人心脾，香水需提前两三个小时抹，可擦在耳后、衣领处、手肘内侧、手腕、胸前及膝盖内侧，不要把香水直接喷在衣服上。香水的味道应选择清淡型的，如玫瑰香型、米兰型和黄角兰型。其他具有性挑逗作用的香水切忌选用。

五、应聘要守时

守时是职业道德的基本要求，提前10～15分钟到达面试地点效果最佳。提前半小时以上到达会被视为没有时间观念，但在面试时迟到或是匆匆忙忙赶到却是致命的。不管你有什么理由，迟到也会被视为缺乏自我管理和约束能力。

如果路程较远，宁可早点出门，但早到后不宜立刻进入办公室，可在附近的咖啡厅等候。

【单项训练】

根据自己的实际情况，准备求职信和个人简历各一份。

 应聘面试进行之中的礼仪

一、走进房间

走进房间的时候，自己的名字被喊到，就有力地答一声"是"，然后再进门。从门口走进来的时候，身体重心稍微前倾，挺胸收腹，上身保持正直，双手自然前后摆动，脚步要轻而稳，两眼平视前方。步伐要稳健，步履自然，有节奏感。需要注意的是，如果同行的有公司的职员或接待小姐，你不要走在他们的前面，应该走在他们的斜后方，距离1米左右。

如果门关着的话，就要以里面听得见的力度敲门，听到回复后再进去。敲2回门是较为标准的。敲门时千万不可敲得太用劲。进门后不要用手随手将门关上，应转过身去正对着门，用手轻轻将门合上。

向招聘方各位行过礼之后，清楚地说出自己的名字。

当面试官的手朝你伸过来之后，握住它，握手应该坚实有力，双眼要直视对方。不要太使劲，不要使劲摇晃；不要用两只手，用这种方式握手不够专业。手应当是干燥、温暖的。如果你刚刚赶到面试现场，用凉水冲冲手，使自己保持冷静。如果手心发凉，就用热水捂一下。

在没有听到"请坐"之前，绝对不可以坐下，面试官还没有开口，就顺势把自己挂在椅子上的人，已经扣掉一半分数了。男士入座时要轻，不要在椅沿上轻坐，要舒服地坐进去，至少要坐满椅子的2/3，后背轻靠椅背，双膝自然并拢或略分开，把手自然地放在上面。不要紧贴着椅背坐，不要坐满，坐下后身体要略向前倾，表示尊重和谦虚。女士入座前应用手背扶裙，坐下后将裙角收拢，两腿并拢，双脚同时向左或向右放，两手叠放于腿上。如长时间端坐可将两腿交叉叠放，但要注意上面的腿向回收，脚尖向下。

二、与考官交流

1. 注视对方

和对方谈话的时候，不能四处张望，显得漫不经心，也不要眼皮低望，显得缺乏自信。要正视对方的眼睛和眉毛之间的部位，和对方进行目光接触，即使边上有其他人。如果不敢正视对方，会被人认为你害羞、害怕，甚至觉得你"有隐情"。交流中目光要注视对方，但万万不可死盯着别人看。如果不止一个人在场，要经常用目光扫视一下其他人，以示尊重和平等。

2. 学会倾听

好的交谈是建立在"倾听"基础上的。倾听是一种很重要的礼节。不会听，也就无法回答好主考官的问题。

倾听就是要对对方说的话表示出兴趣。在面试过程中，主考官的每一句话都可以说是非常重要的。你要集中精力，认真地去听，记住说话人讲话的内容重点。

倾听对方谈话时，要自然流露出敬意，这才是一个有教养、懂礼仪的人的表现。要做到：

① 记住说话者的名字。
② 身体微微倾向说话者，表示对说话者的重视。
③ 用目光注视说话者，保持微笑。
④ 适当地做出一些反应，如点头、会意地微笑、提出相关的问题。

3. 谈吐文雅大方

语言是求职者的第二张名片，它客观反映了一个人的文化素质和内涵修养。面试时对所提出的问题要对答如流，恰到好处，又不夸夸其谈，夸大其词。谈吐上应注意以下几点。

① 口齿清晰，语言流利，文雅大方。交谈时要注意发音准确，吐字清晰，还要注意控制说话的速度，以免磕磕绊绊，影响语言的流畅。为了增添语言的魅力，应注意修辞美妙，忌用口头禅，更不能有不文明的语言。

② 语气平和，语调恰当，音量适中。面试时要注意语言、语调、语气的正确运用。打招呼时宜用上语调，加重语气并带拖音，以引起对方的注意。自我介绍时，最好多用平缓的陈述语气，不宜使用感叹语气或祈使句。声音过大令人厌烦，声音过小则难以听清。音量的大小要根据面试现场情况而定。两人面谈且距离较近时声音不宜过大，群体面试而且场地开阔时声音不宜过小，以用人单位每个人都能听清你的讲话为原则。

③ 语言要含蓄、机智、幽默。说话时除了表达清晰以外，适当的时候可以插进幽默的语言，使谈话增加轻松愉快的气氛，也会展示自己的优越气质和从容风度。尤其是当遇到难以回答的问题时，机智幽默的语言会显示自己的聪明智慧，有助于化险为夷，并给人以良好的印象。

④ 注意听者的反应。求职面试不同于演讲，而是更接近于一般的交谈。交谈中，应随时注意听者的反应。比如，听者心不在焉，可能表示他对自己这段话没有兴趣，你得设法转移话题；侧耳倾听，能说明由于自己音量过小使对方难于听清；皱眉摆头，可能表示自己言语有不当之处。要根据对方的这些反应，适时地调整自己的语言、语调、语气、音量、修辞和陈述的内容，这样才能取得良好的交谈效果。

⑤ 要注意语言逻辑，介绍时层次分明、重点突出。
⑥ 尽量不要用简称、方言、土语和口头语，以免对方难以听懂。
⑦ 当不能回答某一问题时，应如实告诉对方，含糊其辞和胡吹乱侃会导致失败。

4. 注意手势

手势不要太多，太多会过多分散别人的注意力。另外注意不要用手比划，说话时滔滔不绝，令人生厌。手上不要玩纸、笔，在正式场合这样做会显得很不严肃。手不要乱摸头发、胡子、耳朵，这可能被理解为你在面试前没有做好个人卫生。不要用手捂嘴说话，用手捂嘴说话是一种紧张的表现，应尽量避免。

[补充资料]

面试自我介绍范例二则

例1：我叫韩雪，今年22岁，是××学院护理专业的毕业生。入学以来，我的学习成绩在班上一直名列前茅，但我觉得学习成绩的优秀并不能说明整体素质的优秀。作为团支部书记，我努力做好自己的工作，依靠大家的努力，我们支部连续三年被评为优秀团支部，我也连续三年被评为优秀团干部。我在××医院××病房实习了一年，多次受到护士长的表扬。我性格开朗、活泼，待人热情诚恳。我认为我的性格对做好护理工作会有很大的帮助。

例2：我叫李刚，是××职业学院汽修专业的毕业生，今年20岁。我从小就对汽车有着特殊的感情，特别喜欢我的专业。我们所学的主要专业课是汽车构造、汽车修理和汽车电器。我的文化课成绩一般，但专业课在班上数一数二，我还是学校少有的拿到了汽车驾驶执照的学生。

三、面试结束

离去时应询问"还有什么要问的吗"，得到允许后应微笑起立，对考官表示感谢，但不要说得太多。

在走出面试室时先打开门，转过身来向考官鞠一躬并再次表示感谢，然后轻轻将门合上。

【单项训练】

根据自己的实际情况，准备好面试时的自我介绍。要求简单明了、重点突出。

任务三 应聘面试结束之后的礼仪

许多求职者非常注重面试时的礼仪，而忽略了面试后需要注意的事项。实际上，求职者还要注意以下事项。

一、致谢

为了加深招聘人员的印象，增加求职成功的可能性，面试后的两三天内，求职者最好给招聘人员打个电话或写封信表示谢意。感谢电话要简短，最好不要超过5分钟。电话里不要询问面试结果。因为这个电话仅仅是为了表现你的礼貌和让对方加深对你的印象而已。感谢信要简洁，最好不超过一页纸。信的开头应提及自己的姓名、简单情况以及面试的时间，并对招聘人员表示感谢。感谢信的中间部分要重申对公司、应聘职位的兴趣。信的结尾可以表示对自己的信心，以及为公司的发展壮大做贡献的决心。如果平时是通过电子邮件的途径和应聘公司联系的话，那么在面试结束后，发一封电子感谢信，是既方便又得体的方式。

二、查询结果

在一般情况下，每天面试结束后，考官们都要进行讨论和投票，然后送人事部门汇总，最后确定录用人选，可能要等3～5天。求职者在这段时间内一定要耐心等候消息，不要过早打听面试结果。如果在面试两周后或在主考官许诺的通知时间到了，还没有收到对方的答复时，再写信或打电话给招聘单位或主考官，询问是否已作出了决定。打电话询问面试结果，必须是在正常工作日的时间段内打这个电话。尽量避免周一上午和周五下午打电话询问，因为很多公司一般周一上午和周五下午都有开例会的习惯。即使不开例会，周一早上是新的一周的开始，往往还处于适应期，而且还有工作上的事宜需要安排；周五下午又要面临着周末，所以从心理上自然会"排斥"给他添麻烦的事情。

如果知道自己没被录用，可以请教一下原因，可以说"对不起，我想请教一下我没有被录用的原因，我好再努力"。情绪要非常稳定，谦虚有可能赢得对方的好感，同时给你下一次的面试机会。

三、接收录取通知

收到录用通知，请静心思考，慎重选择，不要因为一时冲动自己后悔，同时造成录用单位的麻烦和不满。

① 录用你的公司，是你的第几选择？这份职业真的适合你吗？符合你的职业规划吗？如果不是你能坚持多久？谨慎思考之后做出决定，或许你将少走弯路，不会做你并不喜欢的工作。

② 录取的条件中包括很多内容，比如职务、薪资、报到日期等。现在有一些机构在招聘的时候同时招聘很多岗位。在部分岗位已经满额的情况下，会善意地安排他们认为比较不错的求职者从事其他岗位的工作。问题是，或许对方安排的岗位并不是你的专业特长或你并不喜欢。而且，岗位的不同，薪资待遇等方面也会有所不同。如果录取的条件和面试时的不一样，与你的追求或期望值有一定差距，就值得考虑了。

③ 收到你所心仪的公司的录用通知是一件喜事，但在入职之前应了解公司、了解工作。在正式报到之前，先对所要服务的公司有所了解，这会使你对公司的整体情况和运营情况有所掌握，会对你的新工作、新环境带来很大帮助。收到录用通知后一

定要确认好你去报到的具体时间、地点和联系人,做好准备,准时报到。

【单项训练】

实训内容:观看相关影片,强化所学知识。

实训要求:提出问题,学生分组讨论,教师正确引导。

小　　结

本次学习情境主要介绍了求职应聘前、应聘时、应聘后应当注意的礼仪规范。通过本情境的学习,我们应当认识到,职业是人的第二生命,是人们赖以为生的饭碗,也是实现理想的途径。要想获得理想的职业岗位,离不开实力、胆识、机遇和应聘技巧。为此,我们不仅要树立正确的择业观念,强化职业技能,还要掌握必要的求职方法和技巧。

综合训练

一、案例分析

1. 国内一家杂志社到某高校招一名毕业生作编辑,参加面试的三位同学成绩相差无几,其中一名同学在面试过程中为考官热情倒水、开关门、送考官上车。最后,这位有礼貌者入选。

2. 意大利航空公司在北京招空中小姐,数落原单位者落选。

3. 2007 年,上海建行招聘,几位出言不逊的高材生落选:我能够胜任银行所有工作;你的英语口语没有我好;你们能为我提供什么机会?

4. 一家日本公司招聘:①虚掩的门;②茶几上倒着的胶水瓶;③故意放在桌子上的卷宗。

5. 某家企业招聘推销员,来了许多应聘者。然而,企业人事经理刚和大家见面,便说:"对不起,电梯坏了。"于是,一部分人不慌不忙地待在一楼等电梯修理,另外一部分人拾级而上。可是,该企业位于第 32 楼,太难爬了,一些人半途而废,只有少数应聘者从一楼走到 32 楼。结果,这些不怕累的应聘者被企业聘用。

请分析以上案例中的人物举止行为及情景的正误。

二、把握以下问题的核心,准确回答提问

1. 你的家乡在哪里?

2. 能简单介绍一下你的家庭吗?

3. 你认为你的主要优点是什么?主要缺点又是什么?

4. 你在学校里担任过什么职务?有什么感受?

5. 你在哪里实习?对实习单位的印象如何?

6. 你喜欢你的学校吗?为什么?

7. 你对哪门课最不感兴趣?为什么?

8. 你为什么选择这份工作？你有把握做好这份工作吗？
9. 你对我们公司了解吗？
10. 如果我们录用你，你打算如何尽快进入角色？
11. 你打算为公司服务几年？
12. 你打算在几年内得到提升？你的目标是什么？
13. 你打算继续深造吗？打算采取什么形式？
14. 你最不喜欢哪种人？为什么？
15. 如果上司对你的工作吹毛求疵，甚至严厉批评你，你怎么办？
16. 如果你与同事对某项工作意见不一致，而这项工作又必须尽快完成，你打算怎么办？
17. 你期望的工资是多少？
18. 谈谈你对跳槽的看法。
19. 最能概括你自己的三个词是什么？
20. 怎样看待学历和能力？
21. 如何安排自己的时间？会不会排斥加班？
22. 你工作经验欠缺，如何能胜任这项工作？
23. 你做过的哪件事最令自己感到骄傲（挫败）？
24. 你和别人发生过争执吗？你是怎样解决的？
25. 你还有什么问题要问吗？

三、实训检测

实训内容：模拟面试情境。

实训要求：以小组为单位准备好应聘所需要的相关材料，角色扮演，一人为求职者，另一人为招聘者，完成情景展示。

考核项目	考核内容	分　值	实际得分
应聘前	写好求职信	10	
	注意相关礼仪	10	
应聘时	自我介绍清楚	20	
	回答问题准确	20	
	语言表达清晰	10	
	举止行为得体	10	
	展示过程流畅	10	
应聘结束	文明有礼	10	

学习情境九
了解商务娱乐休闲活动礼仪

【学习目标】

通过学习,应该达到以下目标:

(1) 知识目标　了解参加舞会和观看芭蕾、音乐会、歌剧、体育比赛以及商务旅游等娱乐休闲活动的概念、作用,掌握各种娱乐休闲活动的基本要求。

(2) 能力目标　熟知各种娱乐休闲活动的行为规范,具备在各种群体活动场合做到礼仪规范的能力。

【情境导入】

千惠购物中心外方考察团到某市考察投资环境。当主方询问外商有何具体要求时,外商的回答出人意料:一是希望有麦当劳,二是希望有香格里拉,三是希望有高尔夫球厂,四是希望有一位星期天能休息的市长。

【项目任务】

商务娱乐休闲活动有何作用?在个人形象、行为举止方面与其他商务活动有何不同?

【理论知识】

现代社会人们的工作节奏不断加快,工作压力越来越大,各种娱乐休闲活动能缓解人们因工作压力所带来的紧张心情,从而以轻松愉快的心态迎接工作。娱乐休闲活动多种多样,每种活动都有着各自不同的"游戏规则"。身为商务人员,如果不熟悉和掌握相关的礼仪规范,会令你在公共场合大失颜面,影响自己的个人形象乃至企业形象。

一、舞会礼仪

(一) 舞会概述

舞会是现代人比较喜欢的娱乐活动和社交场所,特别是公关活动中常见的一种社交形式。它的文明程度可直接影响一个人在公众中的形象和公关活动的效果。舞会的种类和形式很多,一般来说主要有家庭舞会、交际舞会以及公关舞会等。

(二) 参加舞会的礼仪

被邀请参加舞会,这是主人对你的敬重,如无其他原因,应愉快接受,准时赴会。每个被邀请者都应注意自己的客人身份,做到文明高雅、彬彬有礼、稳重自尊,表现出良好的涵养和素质。

1. 注意仪表仪容

不管参加哪种舞会，都应注意自己的仪表仪容，其总的要求是仪表大方、仪容整洁。女士应注意自己的发型并应适当化妆，但不能浓妆艳抹，可以佩戴耳环、项链等饰物。衣着要整洁，应与整个舞会的气氛相适应。男士可以穿西装并系领带，也可穿针织服装和其他整齐的服装；女士应盛装打扮，可根据不同季节，分别选用不同质地面料的连衣裙、大摆裙，也可在领袖口、开衩和前襟处加以装饰变化。舞会的着装不论男女都应注意合体，过肥或过瘦的服装都会影响轻盈的舞步和旋转的舞姿，但不宜过分妖艳。跳舞的鞋子一般应穿平底的皮鞋或高跟鞋，但不能穿凉鞋或运动鞋。有条件的话，可以穿格调高雅的礼服、时装、民族服装。若举办者对此有特殊要求，则需认真遵循。在舞会上，通常不允许戴帽子、墨镜，或者穿拖鞋、凉鞋、旅游鞋。在较为正式的民间舞会上，一般不允许穿外套、军装、警服、工作服。穿的服装过露、过透、过短、过小、过紧，动不动就有可能令自己"春光外泄"，既不庄重，也不合适。

[补充资料]

小张是一位很帅气的小伙子，穿着很时髦。临近新年，他买了一件很漂亮的大衣，配上新款墨镜，很是新潮。正好周末公司举行新年舞会，他便来到会场，只见人们都在翩翩起舞，小张兴致很浓，便邀请一位在座位里休息的女士跳舞，那位女士看了他一眼，很礼貌地拒绝了他，接着小张又邀请了两位女士跳舞，结果均被拒绝。

2. 参加舞会前，注意饮食

参加舞会前，不要饮酒和吃葱、蒜之类的食物，以免口中产生异味，使对方产生厌烦情绪；要事先刷牙、漱口，消除口中异味，还可事先准备口香糖之类的食品。

3. 注意邀请和婉拒的礼仪

在舞场，当舞曲响起时，舞客应主动邀请舞伴跳舞。按常规，凡进入舞场的男女，即使互不相识都可以互相邀请，通常是由男方主动邀请女方。邀请时应注意以下礼仪。

① 邀舞时，男方应步履庄重地走到女方面前，稍弯腰鞠躬（弯腰以15度左右为宜），同时微笑轻声说："请您跳个舞，可以吗？"但其动作不能过分，否则会有不雅之嫌。若女方同意，则应马上起身并说声"谢谢"，并可以微笑表示同意，直接起来随男方朝舞池走去。

② 如有意邀请一位素不相识的女性跳舞时，必须认真地观察其是否有男友伴舞。如有，一般不宜前去邀请，以免发生误会。如果是女士邀请男士共舞，男士一般不得拒绝。

③ 在正常情况下，两个女性可以共舞，但两个男性不可以共舞。前者可视为她们没有男性舞伴，后者则表示其不愿向现场的女性邀舞，是对女士们的不尊重。

④ 一曲音乐结束后，男士应将女舞伴送回原来的座位，待其落座后，说一声"谢谢，再见！"然后再离去，切勿在舞毕后，丢下其不管。

⑤ 邀请者表情应谦恭自然，不要紧张和做作，使人生厌，也不要流于粗俗，令人反感。

⑥ 如果因某种原因拒绝别人邀舞，更要注意语言和方法，不能伤了对方的自尊

和感情。可以说"对不起，已经有人邀我跳了，等下一曲吧"，或说"对不起，我累了，想休息一下。"

⑦ 力求舞姿标准、正确。舞姿指的是跳舞时的姿势。舞姿标准、正确的总体要求是整个身体要始终保持平、正、直、稳。男方的右手应在女方腰部正中，双方距离两拳。进退移动，都要掌握好身体的重心，不要让身体左右摇晃，胳膊不要大幅度上下摆动。脸部朝正前方保持微笑，神态自若，声音轻细。男士一定要舞步稳健，动作协调，同舞伴一起享受华尔兹的优美。万一发现女士晕眩，男士一定要做好"护花使者"，护送其回原位。在一支曲子结束后，要礼貌地将女士送回原座位，道谢后，再去邀请另一位女士。

⑧ 选择舞伴的技巧。在舞会自行选择舞伴时，亦有规范可循。有可能的话，不要急于行事，而是最好先适应一下四周的气氛，进行一下细心的观察。一般来说，以下八类对象，是自选舞伴之时最理智的选择。

第一类，年龄相仿之人。年龄相似的话，一般是容易进行合作的。

第二类，身高相当之人。如果双方身高悬殊，未免会令人感到尴尬难堪。

第三类，气质相同之人。邀气质、秉性相近的人一同共舞，往往容易互相产生好感，从而和睦相处。

第四类，舞技相近之人。在舞场，"舞艺"相近者"棋逢对手"，相得益彰，有助于更好地发挥技艺，产生快感和满足。

第五类，无人邀请之人。邀请较少有人邀请之人，既是对其表示的一种重视，也不易遭到回绝。

第六类，未带舞伴之人。邀请未带舞伴的人共舞，成功的机会往往是较大的。

第七类，希望结识之人。想结识某人的话，不妨找机会邀对方或是其同伴共舞一曲，以舞为"桥"，接近对方。

第八类，打算联络之人。在舞会上碰上久未谋面的旧交，最好请其或其同伴跳一支曲子，以便有所联络。

二、观看芭蕾、音乐会、歌剧礼仪

剧院、音乐厅和歌剧院历来被人们视为神圣的殿堂。人们在这里观看演出应有良好的仪表和举止，才能与其典雅的装饰和和谐的气氛相协调。剧院、音乐厅和歌剧院对观众的仪表举止的要求如下。

（一）服装穿戴整齐

西方社会的传统礼仪，要求人们上剧院时应穿晚礼服。如今，只有在首场演出和专场演出才要求观众如此着装。在一般情况下，只要求观众穿戴整齐，男性穿深色西服，女性穿长裙。在冬季观看演出，一定要把大衣、帽子、围巾等存放在衣帽间，而不能将它们带入剧院、音乐厅的演出大厅。

在我国，对高雅文化场所的服饰仪表要求虽没有西方那样严格，但起码也应穿戴整齐。凡出入剧院、音乐厅等场所，着装不能过于随便。穿短裤、背心、运动服、牛仔服及其他太随便的服装出入剧院、音乐厅显然是不合适的。

[补充资料]

"我可以买得起一件晚礼服，但我应付不了这一套礼仪规范。"——一位女士在观看世界歌王帕瓦罗蒂2005年告别舞台巡演之后这样对记者说道。为了欣赏世界歌王帕瓦罗蒂最后的天籁之音，这位女士专门花巨资购买了晚礼服。但来到演出现场之后，她才发现，观看歌剧与观看流行歌手的演唱会完全不同。不能随意鼓掌、尖叫；不能拍照，不能吃零食；必须站有站相，坐有坐相……"我觉得这两个小时比上班还累。"

（二）提前到场，注意入座和退场礼貌

观看芭蕾、听歌剧或交响乐，都应提前到场，买好节目单，熟悉演出内容，然后在开幕前进场坐好。你若迟到，应站在门口欣赏，等到一幕演完后才能入座，以免影响他人欣赏和演员的演出。入座时，要尽量注意少给先到者带来不便，如需在别人面前通过，要一路小声说"对不起"；手中要抱紧所带的包、物，不能碰及他人；如别人从你面前通过，要主动将腿歪斜过来，必要时应站起来，为他人让路。

通常音乐厅内的空间都十分有限，分配到每个人，可供回旋的余地已经很小。这就要求观众入座后行为有度，不可随意超越自己的空间。比如把腿跷到前排座位上、现场随意脱鞋、饮料乱置等都是干扰其他人的行为。

在演出过程中，尽量不要中途离座，以免影响他人观看。如因事确实需要离开，也应向旁人道歉。演出结束后退场，必须等落幕以后，最好在演员们谢幕以后离去，否则是不礼貌的。观众在离开现场时不要把椅子弄出过大响声，特别是不要把垃圾留在座位上。建议观众随身带上一个小袋子，演出结束后将节目单、喝水的纸杯、垫座位的报纸等垃圾装进袋子里带出场外，再丢到垃圾箱里。出场时，切忌大声喧哗，或者立刻评价音乐会。即使与心里想象的情景存在较大的差异，达不到自己满意的结果，也应等出去之后再作讨论。

（三）演出厅要绝对保持安静

在演出过程中，要绝对保持演出厅的安静，避免一切妨碍他人欣赏的举止。具体做法如下。

① 尽量避免"小动作"。安静倾听是音乐会最起码的礼仪，不仅表示对演奏者和其他观众的尊重，也间接表达了自己的修养。所以说，在音乐会中发出噪声是很不礼貌的，因此在欣赏音乐会的同时，不要大声谈笑或交头接耳，否则会令人侧目。此外，还须尽量减少走动以及做一些"小动作"。例如：在座位上移动大衣、将包打开或关上、捡掉到地上的东西、清喉咙以及咳嗽、嚼口香糖、翻腾自己的塑料提袋等，这些行为都有可能导致现场音乐的共鸣，分散其他观众的注意力，都是自私、无礼的行为，应该尽量避免。

② 提防手机"吵"到他人。在演出过程中，如果您的手机突然发出任何的铃声响闹，周围的观众肯定会很反感。为了避免这种不和谐的事情出现，建议您在进场前最好将手机暂时关闭，如果您确实要等待特别重要的电话，务必要将它设置成静音或者振动状态。

（四）适时鼓掌

观看演出时，鼓掌不仅是对艺术家和演员们精彩表演的喝彩，在很大程度上也是礼节。在该鼓掌的时候不鼓掌，不该鼓掌的时候却鼓掌，同样都是失礼的。因此，鼓掌应在合适的时候进行，这就要求我们在实施鼓掌这一行为时应与他人保持一致，别人不鼓掌时，您不要"孤掌独鸣"；别人都在鼓掌，您也不要毫无反应。

一般来说，在乐章之间不能鼓掌。一首交响乐曲通常分为四个乐章，但它们仍然是一个整体，因此您应该把它作为连贯的整体来欣赏。在乐章之间，也就是说作品整体还没有结束的时候，您应该继续欣赏，而不是鼓掌认为它很好。当指挥的手仍然举起在空中的时候，说明音乐还没有结束。当音乐结束之后，您还应该有一段回味的时间。所以音乐结束三五秒钟之后，掌声如潮涌起，才是最高境界。当然，在乐曲进行中需要鼓掌的例子也有，如果指挥需要观众在乐曲中间鼓掌，营造气氛，他会转过身来，向着观众打拍子，您要做的就是跟准节拍鼓掌。

（五）献花要征得同意

一般情况下，演出期间观众不能随意向演员献花，如有特殊情况要求以个人的名义向演员献花，应事先与工作人员联系，由工作人员安排献花活动。

三、观看体育比赛的礼仪

体育馆、运动场，相对剧院、音乐厅等场所来讲比较随便，但还是有许多应注意的礼仪问题。这些礼仪主要有如下几个。

（一）观摩者服装因体育运动项目不同而异

一般的球赛对观摩者的服装没有特殊规定，但是去观看网球、台球这些绅士运动的比赛，就应穿戴整齐，男士可穿日常生活中的衣服，女士应穿过膝盖的裙装。如果夏天在露天场地，也可变通一下。

（二）为运动员鼓掌应公正而不偏袒

在观看比赛中，为运动员鼓掌，在很大程度上是礼节，不论谁赢谁负，我们都应该对他们的辛勤付出和拼搏精神报以掌声，也是对运动员的尊重。因此，在观看比赛时不鼓掌和难得鼓掌是一种不文明、不礼貌的行为。鼓掌和喝彩不能带有倾向性，对自己不喜欢的运动队或运动员喝倒彩、吹口哨、发怪声，甚至骂脏话，这不仅是失礼，而且也有失自己的风度。观看体育比赛时应热情地为双方运动员加油，要给对方运动队、运动员以礼貌的致意；不嘲讽、辱骂裁判员、运动员、教练员，不做有损国格、人格之事。

（三）把握好鼓掌时机

一般来说，在球类比赛中，在开球时或打球的过程中不鼓掌，在等球、等分的间歇时再鼓。在网球比赛中，一般要等得分后才鼓掌，中途和开球时，一定不能鼓掌。

（四）不影响他人观看比赛

在观看比赛时不要一直不停地高声喊叫；看到兴奋之处，也不要站起来手舞足蹈，以免挡住后面人的视线，除非大家都不自觉地站起来；在露天观看比赛时，在雨天或烈日下，打伞必须留意，不要遮挡了别人的视线。

（五）注意个人言行

在观看别人比赛的同时，也应注意自己的言行，做一个文明的好观众。具体应注意如下几点。

① 尽量提前或准时入场，在入口处，主动出示票证请工作人员检验；背包入场必须安检。

② 进出场时，不要拥挤，遇到老弱病残者应主动礼让。

③ 进场后对号入座。如果比赛已开场，应就地入座，比赛中不能随意走动，待中间休息时再寻找自己的座位。

④ 进入比赛场地后，应关闭随身携带的手机等通讯工具。

⑤ 在比赛中，举行升旗仪式时，观众应当面向国旗，肃立致敬，不能嬉笑打闹或者随意走动。对于其他国家的国旗、国徽，也应当本着相互平等、相互尊重的原则，给予应有的尊重和礼遇。

⑥ 观看比赛时，不抽烟，不吃带响声的食品；不大声喧哗，切忌起哄、吹口哨、怪声尖叫、喝倒彩、扔东西。

⑦ 爱护公共设施，不蹬踏座椅，不乱涂写、刻画。

⑧ 在比赛结束后，要等运动员向观众致意后再退场。

[补充资料]

在某次运动会的女子射箭决赛中，观众席上一些省的拉拉队为了影响他省选手的表现，频出损招。在选手聚精会神瞄准靶心的时候，拉拉队在身后高声喊起"4—3—2—1—脱靶！"类似这种情况，在此次运动会上还发生过许多次。

对此种种，运动会组委会后来下发了维护赛场秩序的紧急通知，提出观看比赛要尊重裁判，尊重全国各地运动员、教练员的辛苦劳动，当文明观众、文明东道主。

体育人文学者易剑东称，体育比赛中观众是他最为担心的环节之一。"对运动项目的不了解是个很大的问题，很多过于大胆的举动往往因为无知。"目前我们一个很大的问题是赛场里下发的观众守则太泛泛而谈，没有具体针对某个项目的比赛，实际上最好的做法应该是给每个项目单独印制观众守则。

"在体操比赛中，广播员在比赛间隙不时告诉观众不要使用闪光灯，并且对为什么这样规定作了解释，这就比较容易让人接受。"易剑东说，他的一个比较理想的建议是，在体育比赛的售票环节，就让每个观众在一份观众守则上签字，如果在赛场里还是违反，比如网球比赛时大呼小叫，体操比赛时开了闪光灯，就可以用强有力的手段令其离开赛场。

四、商务旅游礼仪

（一）商务旅游的概念

商务旅游又称商业旅游，是以经商为目的，把商业经营与旅行、游览结合起来的旅游形式。经济、贸易机构的从业人员，跨地区进行贸易洽谈，这些人的旅行称为商务旅游。这种旅游消费档次高，费用远远高于普通游客。

（二）商务旅游礼仪

1. 乘坐交通工具的礼仪

① 乘坐火车时，要购票排队进站，依票所示进入车厢；上火车后，按票对号入座；如非对号入座，应在询问清楚座位无人时方可入座；火车上最好不吃带刺激气味的食物，饮酒要适度，不大声喧哗，果皮纸屑不要随手乱扔，也不要投之窗外，不在禁烟车厢内吸烟。

② 当持票上下飞机时，均有空中小姐站立在机舱门口迎送乘客，乘客应当点头致意，或者向空中小姐问好；上机后对号入座，系好安全带，不大声喧哗，不吸烟，果皮纸屑不要随手乱扔，保持机舱清洁；为保证飞行安全，在飞机上应自觉关闭移动电话。

③ 若乘坐公共汽车，应在规定地点候车，按顺序乘车，不强行上下；乘车及时购票，接受查验；不携带危险品和有碍乘客安全的物品、动物乘车；保持站内、车内环境卫生，不喧哗，不吸烟，不随地吐痰，不乱扔果皮纸屑；爱护车站、车内设施，不蹬踏座椅，不乱写乱画，不损坏公物；照顾老幼病残孕乘客，主动让座，不赤膊乘车。

[补充资料]

刘先生和同事一起乘火车到外地洽谈生意。由于晚上休息不好，刘先生上车后不久就感到很疲倦。于是他将腿伸到过道上，歪在座位上睡了起来。不一会儿，他开始打起了呼噜，头不断地倒在他旁边的一位女士的肩上，那位女士只好频频躲闪。醒过来后，他又取出香烟，与同事吞云吐雾，高谈阔论，邻座的乘客都皱起了眉头。

2. 入住酒店礼仪

到达目的地之后，就可以直奔预约好的饭店。进入大堂后，首先应该到前台登记，如果你带了大量的行李，门童会帮助你搬运行李，你可以礼貌地谢过之后就去登记入住。如果前面有正在登记的顾客，那你应该静静地按顺序等候，与其他客人保持一定的距离等待，不要贴得太近，虽然不必排成一队，也不能乱站乱挤或采取任性无理的态度。入住饭店时要出示身份证或其他证件，例如结婚证或护照等。

进入客房后，应自觉关闭房门，不在房间里喧闹或把电视音量开得很大而影响其他客人。不要穿着睡衣睡裤、内衣内裤、拖鞋在走廊里走动或串门。爱护客房内的公用设施，节约水电，保持室内卫生。对服务员的服务和问候应友好回应。废弃物要扔到垃圾筐里，东西尽量摆放得整齐有序。千万不要把现金或贵重的物品放在房间里，要把它放在前台的保险箱里。房间里的保险箱要设定密码，否则是不保险的。

在准备结账离店之前，可以先给前台打个电话通告一声，如果行李很多，就可以请他们安排一个人来帮你提行李。如果对饭店毛巾、睡衣或其他物品感兴趣，可以到饭店的商店里购买，千万不能随手牵羊，这样会导致令你尴尬的局面。因为饭店对物品的管理非常严格，如果不小心弄坏了饭店的物品，不要隐瞒抵赖，要勇于承担责任加以赔付。

在饭店进餐时应尊重服务员的劳动，对服务员应谦和有礼，当服务员忙不过来时，应耐心等待，不可敲击桌碗或喊叫。对于服务员工作上的失误，要善意提出，不可冷言冷语，加以讽刺。

3. 游览观光礼仪

凡是旅游者，都应爱护旅游观光地区的公共财物。对公共建筑、设施和文物古迹，甚至花草树木，都不能随意破坏；不能在柱、墙、碑等建筑物上乱写、乱画、乱刻；不要随地吐痰、随地大小便、污染环境；不要乱扔果皮纸屑、杂物。不触犯当地的禁忌，到一个陌生的地方前应了解当地的习俗与禁忌，只有这样才不至于出现尴尬的局面。如去一些寺院就不能大声喧哗、指点议论、妄加嘲讽或随便乱走，不可乱动寺庙之物，尤忌乱摸乱刻神像。如遇佛事活动，应静立默视或悄然离开。

尤其是出境旅游更应注意自己的言行，因为你的行为不仅仅是自己个人的代表，更是你所在企业、国家的形象代表。具体的注意细节如下：

① 有些国家规定某些禁区或某些地方禁止拍照，一般都有明显的标志。但在边境口岸、机场、博物馆、新产品展览处、古文物、私人宅院等地，如果没有设立不准拍照的标志，也禁止拍照。

② 不能随意对着不相识的人照相，拍照时注意不要影响、妨碍他人的交通。

③ 外国的街心公园、动物园、植树园里和一些大的家院里常有松鼠、候鸟、鸽子、天鹅等天然动物，禁止用手抓捕和挑逗。

④ 外国的私人宅院、街道两旁、街心公园等均有花草树木，不要随便采花摘叶，攀登树木或践踏绿色草坪。在街上行走，穿越马路要注意安全，遵守交通规则。不要乱扔果皮、纸屑等，应自觉丢入垃圾箱，否则会遭到罚款。

⑤ 在公众场合不得吸烟，在飞机、轮船、火车上则分吸烟和不吸烟座位，在不吸烟座位上不得吸烟。一般在工作、参观、谈判、观看表演时亦不得吸烟，休息时可到休息室吸烟。

⑥ 尽可能了解前往国的历史、政治经济和文化背景等情况。尽量多学几句东道国的语言，如"您好""谢谢""再见"等日常寒暄用语。

小　　结

本次学习情境重点讲述了在商务、娱乐、休闲等场合应遵循的礼仪。主要包括舞会、芭蕾舞演出、音乐会、歌剧、体育比赛等场合应注意的事项和言行。通过本模块

学习情境九
了解商务娱乐休闲活动礼仪

的学习,旨在培养同学们在这些场合中做一名有素养的观看者和参与者。

综合训练

一、案例分析

当普京进入从未有外国领导人踏足的位于缅因州肯纳邦特克波特的美国总统布什家族具有百年历史的庄园做客时,不仅有布什父子陪乘游艇出海兜风,更是顿顿都将大啖龙虾。"你只会邀请你的朋友到你家。"布什这样说。为了显示对东道主的感谢,身着便装的普京向布什的夫人劳拉和老布什的妻子芭芭拉献花,并亲吻了她们的脸颊,显得十分亲热。普京随后在庄园和布什进行了两小时的闲谈。"我们在这里非常地放松休闲,像家人一样围坐在餐桌前,进行了家庭式的对话。"

"我们没有想到会受到布什总统如此热情的招待,普京总统对此感到非常满意。"佩斯科夫说。大家都很清楚,在因美国计划在东欧设立导弹防御基地和指责克里姆林宫民主开倒车等一系列问题引发的美俄紧张状态持续加剧的情况下,这一次的"龙虾峰会"能起到缓解气氛的作用。

这次"休闲外交"起到了什么作用?主客双方应遵循什么样的礼仪规范?

二、请你判断以下情境中人物做法的正误,并说出理由

1. A女士一边欣赏音乐会,一边吃爆米花。(   )
2. 芭蕾舞演出已经开始五分钟了,剧院之内吵吵嚷嚷,很多人还在找自己的位置。(   )
3. 台球比赛中,运动员正聚精会神地瞄准球,全场观众屏住呼吸,鸦雀无声。(   )
4. B先生在火车上旁若无人,边吃花生米边喝酒。(   )
5. C先生入住酒店,把现金存放在酒店的保险箱里。(   )

三、实训检测

实训内容:模拟参加舞会情境。

实训要求:以小组为单位准备好参加舞会所需要的服装道具,角色扮演,完成情况展示。

考核项目	考核内容	分　值	实际得分
服装道具	衣着正确	10	
	道具合理	10	
舞姿运动	邀请规范	10	
	舞姿优美	30	
	结束有礼	10	
表情神态	眼神到位	10	
	保持微笑	10	
	表情自然	10	

学习情境十
熟悉商务涉外礼仪

【学习目标】

通过学习，应该达到以下目标：

（1）知识目标　了解不同文化背景下的国家和地区的见面交往习俗、体态体姿习俗，掌握涉外商务礼仪的基本原则及各国不同习俗。

（2）能力目标　具备比较全面的涉外礼仪知识，能正确把握涉外礼仪规范及各国不同禁忌。

【情境导入】

千惠购物中心在对员工的某次内部培训中，提到以下两个案例：

20世纪80年代，中国女排三连冠。一家对外的杂志用女排姑娘的照片作封面，照片上的女排姑娘都穿着运动短裤。阿拉伯文版也用了，结果有些阿拉伯国家不许进口。

有个酒店入住了一个国外部落团体，团体中美丽的少女们都各戴着一个很漂亮的鸡冠帽。有个酒店男员工出于好奇，用手摸了一下一位少女的帽子，结果族长以为男员工爱上了那位少女，向她求婚。后经酒店领导出面调解，二者以兄妹相称。

听了这两个案例，千惠购物中心的员工觉得又上了一堂课。

【项目任务】

商务人员为什么要学习涉外礼仪？为什么在对外交往中既要遵循国际惯例，又要尊重不同国家和民族的礼仪习俗？

【理论知识】

商务涉外礼仪是指在对外经济交往工作中，用以维护自身和本国形象，对外宾表示尊重、友好的各种礼节规范。随着我国加入WTO，世界贸易范围日益广泛，国际交往更加频繁。我们在与各国的交往中，不可避免地要接触其他民族礼仪，对此，我们不但要将它作为一道异域风情去欣赏，更要将它作为一种国际交往规则去了解、熟悉并遵守。因为涉外活动的交往双方，或为主，或为宾。作为东道主，当然应以礼待客，主随客便；而作为宾客，也要入乡随俗，客随主便。就我国的涉外礼仪而言，既要以我国优秀的礼仪传统和丰富的文化资源来体现我们对宾客的尊重、友好，更要与国际礼仪接轨，熟悉了解各国礼仪习俗。

一、外国人见面交往习俗及体态体姿习俗

在不同的文化背景下的国家和地区里，相同的体态体姿却传递着不同的信息，有

的甚至截然相反。拥抱、亲吻、贴面颊等是外国人见面时常用的方式，特别是拥抱和亲吻在西方国家使用相当普遍，无论是官方或民间，是喜庆还是丧葬的场合均可使用。

(一) 欧美地区

西方人对自己的时间是非常珍惜的，每天的时间都有安排，不速之客是最不受欢迎的。在欧美地区要拜访朋友，一定要提前一两天预约，否则是非常失礼的事情。在吃饭的时间拜访是不礼貌的。

1. 美国人

美国人性格开朗，健谈，喜欢社交活动。讲究礼仪，但客套不多，有时见面，只说声"hello"就算是打招呼了。社交场合习惯行握手礼，熟人施亲吻礼。与人交谈时常保持半米左右的距离，这称为"舒适的范围"。不喜欢被问及诸如年龄、所购物品的价钱等。美国人普遍遵循"女士优先"的社交原则。不能给美国女士赠送香水、衣物和化妆品之类的东西。

美国人的体态体姿习俗介绍如下。

① 见面时目光要直接接触，否则会被理解为无兴趣或暗示厌恶。

② 一般情况下，男士是不能盯着女士看的。两个男士之间也不能对视的时间过长，除非是得到对方的默许。

③ 在美国眨眼、使眼色可以表示几种不同的意思：调情卖俏、友谊、饶有兴趣，或表示"我只是开个玩笑"。

④ 挥手打招呼或挥手告别，都是伸出手臂，手掌向下，在腕关节部位上下挥手。另一种做法是举起前臂，手掌向外，然后把整个手臂和手来回摆动，就像一只倒放的钟摆（在许多国家这样做是表示"不"的信号）。

⑤ 要召唤人有两种做法：一是伸出食指并频频向内弯曲；二是举手，手掌向内，手指向身体挥动。

⑥ 要召唤侍者，只要举手到头部或高于头部。如要表示你要账单，可用两手做写字状。

⑦ 伸出手，掌心向下摆动，是唤狗的意思。

2. 德国人

德国人以遵守公共秩序为荣，注重工作效率。到主人家做客，习惯带一件小礼品，如一束鲜花或一瓶葡萄酒，鲜花要交送女主人，但不能随便赠送玫瑰花。社交场合，德国人习惯行握手礼，亲朋好友相见施拥抱礼。

德国人的体态体姿习俗介绍如下。

① 德国人常常十指交叉地紧握双手并高举过头顶，向大伙表示感谢。

② 绝不要把脚搁在家具上。

③ 男士一般走在女士的左边（德国人认为这是浪漫的表示，因为心脏是位于人体的左边），但在繁忙的街道上，他们走在人行道的外侧。

④ 要召唤侍者，举手并把食指伸出来。

⑤ 挥手告别时，伸手向上，手掌朝外，手指上下挥动。不要像信号旗那样频频挥动手，因为那样表示"不"。

⑥ 把食指放在唇上，指甲向外，表示"请安静"。

⑦ 在德国著名的高速公路上，如果一位驾驶员对另一位驾驶员不满的话，他会把食指指向太阳穴，并且做一个拧螺钉的动作。这被认为非常粗鲁，事实上，它表示"你发疯了！"

⑧ 要表示"祝你交好运"，德国人往往双手握拳，拇指捏在掌心里，然后做敲桌子状。

⑨ 要特别注意不要用"OK"的手势，因为这个手势在德国被认为是非常粗鲁的。

3. 法国人

法国人热情，萍水相逢就能亲热交谈。但邻里间很少来往，更少请人到家做客。法国人时间观念强，工作计划性也强，与他们约会、拜访必须事先约定时间。法国人见面时习惯行握手礼，一定社会阶层的人施吻手礼，少女常施屈膝礼，男女之间、女子之间及男士之间还有亲吻面颊的习惯。社交场合，法国人不愿他人过问个人私事，反感向妇女赠送香水和初次见面就送礼。

法国人的体态体姿习俗介绍如下。

① 不能把脚搁在桌子上或椅子上。

② 不能把手插在口袋里与人交谈。

③ 双手同时捻手指发出劈啪声，或手掌打在握着的拳头上，这两个动作都含有淫秽的意义。

④ 由于法国人认为用手和手指指点别人很不礼貌，因此，当你要召唤侍者的时候，最好只要把头略向后仰，口中说 gaxcon（法语的侍者）便可以了。

⑤ 法国人坐的时候，通常是两腿在膝部交叉。在法国，优美的姿态和端庄文雅的举止被认为是美德。

⑥ 用大拇指和食指形成环，套在鼻子上，再扭动，这是表示"某人喝醉了"。

⑦ "OK"手势（拇指和食指形成环形）在法国某些地区表示"零"或"毫无价值"。

⑧ 法国人做"V"字形手势时，手掌向内或向外都可以，都表示"和平"和"胜利"。

⑨ 假装吹笛子的动作是表达"某人喋喋不休地唠叨，已到讨厌的程度"的信号。

⑩ 如果你开车在法国的公路上看到一个驾驶员高举他的手，五指向上，并前后转动，他的意思是他不喜欢你的驾驶情况。

⑪ 用食指和中指把鼻子向上推，表示"这太容易了，就像把手指放到鼻子上那么容易做"。

⑫ 当法国人以他们著名的方式——耸耸肩膀，伸出手掌，这表示"我并不担心"。但是，如果把手掌抬到胸部那么高，就变成"那你希望我怎么处理呀？"

4. 英国人

英国人爱独处，不经邀请或约定去拜访英国人的家庭被视为对他人私生活的干扰。英国人习惯握手礼，他们虽有拥抱礼和接吻礼，但一般不常用，特别是不在公共场所用。女子一般施屈膝礼。男子若戴着礼帽遇见朋友，则微微掀起以示礼貌。

英国人的体态体姿习俗介绍如下。

① 在餐馆里，要召唤侍者，只要举起手来就可以了。打个手势表示你要账单，则用两只手作好像你在纸上签名的动作即可。

② 在英格兰，捏住鼻子，然后好像拉着一根链子一样往外轻拽，这是表达"糟透了"的信号，是侮辱性动作。

③ 其他的惯例包括：打哈欠时要把嘴遮住；进入室内要脱帽；坐着的时候，男士是把两腿在膝部交叉，而不要把一只脚的脚踝搁在另一条腿的膝上；女士则经常在脚踝部交叉两脚而坐。

④ 要特别注意表示胜利的"V"字形手势。在英国，做这个手势时是把手掌向外的，如果把手反过来，把手掌对着自己，则是粗鲁和无礼的。

⑤ 伸出手指掌心向上并用食指弯曲表示"请过来"。

⑥ 拇指向上伸表示"好""行""不错"，拇指左右伸则大多是向司机示意搭车方向。

⑦ "OK"手势，在英美表示"赞同""了不起""很好""真棒"。

5. 俄罗斯人

俄罗斯人见面时习惯行握手礼和拥抱礼，也有施吻礼的习惯，如朋友之间吻面颊，长辈对晚辈吻额，男子对已婚女子吻手等。

俄罗斯人的体态体姿习俗介绍如下。

① 在公共集会时，如果有人吹口哨，这是表示不同意和不赞成的意思。

② 在剧院里，如果你要走进两排座位之间去就座，又非得在已就座的观众前面走进去，那么你务必要脸朝着他们，绝不能背对着他们走进去。

③ 在俄罗斯，"OK"手势的意义含糊、模棱两可。它可以被认为是从西方引进的手势，它的意义是"好的，太棒了"，但在俄罗斯的某些地方，它可以被认为是一个人庸俗的手势。

④ 举起拳头摇晃，表达了不满和愤怒；握拳竖起大拇指，则表示赞赏。

⑤ 在餐馆里要召唤一名侍者，只要稍微点一下头；如果不行的话，只要举起手或伸出食指。

⑥ 一只手握拳，把大拇指从食指和中指中间伸出来，这种手势表示"什么也没有"。

⑦ 在俄罗斯，认为"左"是灾殃的预兆，"右"是胜利的预兆。自古认为人的身体两侧有两个不同的神灵，左边的是凶神，右边的是守护神。左眼发痒生灾，右眼发痒生吉；左耳鸣必有噩耗传来，右耳鸣则喜事临门。如果有不愉快的事发生，定是今早下地时左脚先着地了。切忌伸出左手与俄罗斯人相握。

（二）亚太地区

1. 日本人

日本人十分注重礼节。见面时一般都互致问候，脱帽鞠躬，表示诚恳、可亲。初次见面，互相鞠躬，交换名片，一般不握手，没有名片就自我介绍姓名、工作单位和职务。如果是老朋友或比较熟的人，就主动握手或深鞠躬，甚至拥抱。妇女则以深深一鞠躬表示敬意。见面时，常用"请多关照""拜托您了""托您的福"等礼貌语。与人交谈时总是面带微笑。

日本人最常使用的行礼方式是"屈体礼"，分为"站礼"和"坐礼"。行"站礼"时，双手自然下垂，手指自然并拢，随着腰部的弯曲，身体自然向前倾。"坐礼"则包括"指尖礼"、"屈手礼"和"双手礼"，一般在日式房间的"榻榻米"上施"坐礼"。

在与日本人会面时，应作自我介绍，递交名片，并说明介绍人的姓名及拜访目的。进屋前要将鞋换下，并将鞋头朝外。拜访中应一切听从主人的安排。天热时未经主人许可，不可随便脱衣服。结束拜访告别主人后，一定不要忘记给主人打个电话报告已安全抵达，并在遇主人时再次表示对主人待客的衷心感谢。日本人不轻易请人做客，待客时，敬茶不敬烟。

日本人的体态体姿习俗介绍如下。

① 不要拍日本人的背部，不要和日本人站得很近，也不要和日本人在公共场所亲吻或有其他过久的体肤接触。然而，在拥挤的公共交通工具里，情况就不一样了。人们对挤入狭小的空间已很习惯，这可以从运输系统的雇员身上体现出来，他的职责就是把人推进公共车辆中去，再关上门。

② 在召开会议的时候，可能会有冷场，这完全可以接受并习以为常，这时，日本人甚至在举目远眺并沉思。

③ 在日本人之间，微笑经常可以遮盖丰富的情感领域：喜悦、恼怒、困惑、愧悔或忧伤。

④ 对着人张开嘴在日本被认为是非常粗鲁的。所以许多日本人，特别是日本妇女，只是掩嘴而笑。

⑤ 日本人很难对一个问题或一件事直截了当地说"不"。但是，在自己脸前来回挥手（手掌向外），是一种表示"我不知道"或"我不明白"的形式——不过这也只是在表示谦卑的情况下使用。

⑥ 正确的姿态在日本非常重要，特别是坐着的时候。因此，绝不要懒散地斜靠在椅子里或把脚搁在桌子或凳子上。不论站或坐，都要端端正正。双脚规矩地放在地上，双手放在腿上或椅子的扶手上。不论是懒散地坐着，还是靠在椅子的靠背上，都可以被理解为表示"我不在乎"的态度。

⑦ 倾听在日本不仅被认为是有礼貌的，而且还被认为是一种宝贵的经营技能。

⑧ 交叉双腿，最好在膝部或踝部，而不要把一条腿的踝部搁在另一条腿的膝上。

⑨ 要召唤人，伸出手臂，手掌向下，手指作搔痒状。

⑩ 如果你四指伸直，拇指弯曲放在掌心处，用这个手势来指人的话，会被认为是侮辱。

⑪ 如果用手指来计数，日本人用大拇指表示数字"5"。

⑫ 在日本，"OK"手势可以被理解为表示"钱"。

⑬ 在许多餐馆里，男人习惯盘腿坐在地上，而妇女则跪坐在自己的腿上或把双腿蜷缩在一边坐着。

⑭ 日本人举起右手抓起自己的头皮，表示愤怒和不满。

⑮ 日本人对话时，目光要落在对方的颈部，四目相视是失礼的。

2. 印度人

印度人大多在旅馆或餐厅里招待外国客人，除非这类宴请纯粹是商务上的应酬，一般都邀请夫人参加。与印度人交谈，良好的话题是家庭、教育、电影及印度的美术和文化。回避的话题是：宗教斗争、同巴基斯坦的关系、工资、贫苦和两性关系。天气不宜作为一种交谈的话题。

印度人的体态体姿习俗介绍如下。

① 印度商人会放纵自己，热情地甚至热烈地拍拍背部或击掌。这主要是表示亲切和友谊。

② 在街上行走时，不要盯着人看，特别是贫穷的人们，因为这会被认为是瞧不起他们。

③ 在靠近寺庙或其他圣地的地方，常有小贩走近你，并伸出手，像是要和你握手，这是为使他们能在你臂上戴上一条宗教性的手镯，然后向你要求捐赠。

④ 在公共场所吹口哨是非常不礼貌的。

⑤ 如果一个印度人微笑并把头猛向后仰，这可以表示"是"。然而，在印度南部，如果有人来回摇头，这表示"是的，我理解你在说什么"。

⑥ 头被认为是身体神圣的部分。因此，不要拍小孩的头，也不要碰年长者的头。

⑦ 女士在进入寺庙等宗教圣地的时候，要把头遮起来。

⑧ 脚和鞋底被看作是身体最低和最脏的部位。因此，切不要用鞋或鞋底去碰触别人，或指着某人。

⑨ 在印度有个独特的动作是抓住耳垂。这表示悔恨和诚实，如一个仆人受到责骂，会这么做。

⑩ 如果你要指点某人或某物，用你的下巴、整只手或者大拇指，但是切不可用其他手指中的一个手指。只有在表示地位低的人时才可用一个指头点。但是对地位高的人或上级也不能用下巴指或点。表示你的注意力在某人或某物的最好办法是用整只手指点。

⑪ 召唤别人的标准方式是伸出手臂，手掌向下，手指作搔痒状。

⑫ 要召唤侍者有不同的方式：当地人可能捻手指并发嘘声，但不要用食指向上

向内钩的方式。

⑬ 欧洲人挥手告别是用手和手臂上下挥动,这在印度可能会被误解为"到这儿来"。

⑭ 尽量避免使用左手,应用右手递赠礼物和其他物品,用右手拿东西吃,用右手指和点。

3. 泰国人

泰国男女"授受不亲",一般是绝不允许男女间握手的。泰国人见面礼仪常用合十礼,小辈应主动向长辈致合十礼,双手要举到前额;长辈也要合十还礼,手可不必高过前胸。因为双手举得越高,表示尊敬的程度越深。平辈间相遇,双手合十于胸前,稍稍低头,互致问候。从坐着的人身旁经过,要略微躬身,以示礼貌。泰国人只有在特定的场合才下跪,无论平民、显贵,在拜见国王及其近亲时要下跪,而包括国王在内的所有泰国人,在叩拜高僧时必须下跪。儿子出家为僧,父母要跪拜在地。泰国行握手礼主要限制在政府官员与知识分子阶层。进入泰国寺庙时要脱鞋。

泰国人的体态体姿习俗介绍如下。

① 在进入房间时,不要踩在门槛上。泰国人想象有门神住在里面,如果踩在上面会得罪门神。

② 人体中最神圣的部位是头部。因此,绝不要触摸任何泰国人的头顶。

③ 相反,人体最低贱的部分是脚,因此,你不应把脚趾、脚跟或脚的任何部分对着人或物。不要用脚移动东西,也不要让你的鞋底给人看见,因为这会被认为是不礼貌的。

④ 把手臂搁在旁边有人坐着的椅背上时,亲热地拍拍别人的肩膀或背,都被认为是不得体的甚至是唐突无礼的。

⑤ 看到两名泰国男子手拉手地在街道上走,这只是友谊的象征。泰国人在公共场所很少表露任何其他柔情。

⑥ 和许多东方国家一样,微笑不仅表示愉快或感兴趣,而且也用以掩盖各种难堪的窘态。

⑦ 用一个手指指点别人,被认为是粗鲁的,而且只能在指物或动物时才用一个手指,绝不能指人。要指人,可用你的下巴或头表示。

⑧ 要召唤人,伸出手臂,手掌向下,手指作搔痒状。不要捻手指头,也不要发嘘声或大声嚷嚷。

⑨ 由于左手被认为是"不洁的",因此,不用左手拿东西吃或给人传递东西。

⑩ 站着和人交谈,把手插在口袋里是不礼貌的。

⑪ 在经过别人面前的时候,特别是地位较高、年龄较大的人的面前时,要略欠身弯腰。

(三) 非洲地区

在非洲,一般不要直接用右手与人相握。非洲人初次相见时,一般先以左手握住自己的右手，然后再用右手与人相握。如果直接用右手与人相握是失礼的。有的地方的人只是将双手伸到将握未握之时便很快抽回，并要躬身吹几口气。有的地方在握手之前，先要用大拇指在手上轻轻弹几下；也有的地方是先伸手拍自己的肚子，然后鼓掌，再与对方握手。

1. 埃及人

埃及人与宾客见面或送别时，一般施握手礼、拥抱礼或亲吻礼。妇女相见吻颊，先右后左；男士相见吻颊，先左后右。

2. 摩洛哥人

摩洛哥人与宾客见面和告别时，习惯施握手礼和拥抱礼。

3. 尼日利亚人

尼日利亚人见面时，习惯先用大拇指轻弹对方手掌后再施握手礼。

4. 埃塞俄比亚人

埃塞俄比亚人与熟人相见，要摘下帽子相互鞠躬问好。同辈人相见，施握手礼并互致问候。久别重逢或亲友相见，一般施亲吻礼，在脸部轻触数次，互致问候。上层人士见面，互吻肩部。孩子见长辈行吻脚礼。平民见官员或下级见上级，行鞠躬礼。喜欢以咖啡待客。

5. 坦桑尼亚人

坦桑尼亚人与客人见面，习惯先伸手拍自己的肚子，然后鼓掌，再与对方握手。妇女则在握手后围着女宾转圈并叫喊。

二、商贸业务礼仪

（一）商务涉外礼仪的十二项原则

1. 维护形象

在国际交往中，人们普遍对交往对象的个人形象倍加关注，并且都十分重视遵照规范的、得体的方式塑造、维护自己的个人形象。在涉外交往中，每个人都必须时时刻刻注意维护自身形象，特别是要注意维护自己在正式场合留给初次见面的外国友人的第一印象。

个人形象在构成上主要包括六个方面。它们亦称个人形象六要素。

（1）仪容　是指一个人个人形体的基本外观。

（2）表情　通常主要是指一个人的面部表情。

（3）举止　指的是人们的肢体动作。

（4）服饰　是对人们穿着的服装和佩戴的首饰的统称。

（5）谈吐　即一个人的言谈话语。

（6）待人接物　具体是指与他人相处时的表现，亦即为人处世的态度。

2. 不卑不亢

不卑不亢是涉外礼仪的一项基本原则。它的主要要求是：每一个人在参与国际交往时，都必须意识到自己在外国人的眼里，是代表着自己的国家，代表着自己的民族，代表着自己的所在单位。因此，其言行应当从容得体，堂堂正正。在外国人面前既不应该表现得畏惧自卑，低三下四，也不应该表现得自大狂傲，放肆嚣张。

3. 求同存异

应当如何对待中外礼仪与习俗的差异性？在国际交往中，究竟遵守哪一种礼仪为好呢？一般而论，目前大体有三种主要的可行方法。

其一，是"以我为主"。所谓"以我为主"即在涉外交往中，依旧基本上采用本国礼仪。

其二，是"兼及他方"。所谓"兼及他方"，即涉外交往中基本上采用本国礼仪的同时，适当地采用一些交往对象所在国现行的礼仪。

其三，则是"求同存异"。所谓"求同存异"是指在涉外交往中为了减少麻烦，避免误会，最为可行的做法，是既对交往对象所在国的礼仪与习俗有所了解并予以尊重，更要对于国际上所通行的礼仪惯例认真地加以遵守。

4. 入乡随俗

入乡随俗是涉外礼仪的基本原则之一，它的含义主要是：在涉外交往中，要真正做到尊重交往对象，首先就必须尊重对方所独有的风俗习惯。之所以必须认真遵守"入乡随俗"原则，主要是出于以下两方面的原因。

原因之一，是因为世界上的各个国家、各个地区、各个民族，在其历史发展的具体进程中，形成各自的宗教、语言、文化、风俗和习惯，并且存在着不同程度的差异。这种"十里不同风，百里不同俗"的局面，是不以人的主观意志为转移的，也是世间任何人都难以强求统一的。

原因之二，是因为在涉外交往中注意尊重外国友人所特有的习俗，容易增进中外双方之间的理解和沟通，有助于更好地、恰如其分地向外国友人表达我方的亲善友好之意。

5. 信守约定

作为涉外礼仪的基本原则之一，所谓"信守约定"的原则，是指在一切正式的国际交往之中，都必须认真而严格地遵守自己的所有承诺。说话务必要算数，许诺一定要兑现，约会必须要如约而至。在一切有关时间方面的正式约定之中，尤其需要恪守不怠。在涉外交往中，要真正做到"信守约定"，对一般人而言，尤须在下列三个方面身体力行，严格地要求自己。第一，在人际交往中，许诺必须谨慎。第二，对于自己已经作出的约定，务必要认真地加以遵守。第三，万一由于难以抗拒的因素，致使自己单方面失约，或是有约难行，需要尽早向有关各方进行通报，如实地解释，并且还要郑重其事地向对方致以歉意，并且主动地负担按照规定和惯例因此而给对方所造成的某些物质方面的损失。

6. 热情有度

热情有度是涉外礼仪的基本原则之一。它的含义是指人们在参与国际交往，直接同外国人打交道时，不仅待人要热情而友好。更为重要的是，要把握好待人热情友好的具体分寸，否则就会事与愿违，过犹不及。

我们中国人在涉外交往中要遵守好"热情有度"这一基本原则，关键是要掌握好下列四个方面的具体的"度"。

（1）要做到"关心有度"

（2）要做到"批评有度"

（3）要做到"距离有度"　在涉外交往中，人与人之间的正常距离大致可以划分为以下四种，它们各自适用不同的情况。

① 私人距离。其距离小于0.5米之内。它仅适用于家人、恋人与至交，因此有人称其为"亲密距离"。

② 社交距离。其距离为大于0.5米，小于1.5米。它适合于一般性的交际应酬，故亦称"常规距离"。

③ 礼仪距离。其距离为大于1.5米，小于3米。它适用于会议、演讲、庆典、仪式以及接见，意在向交往对象表示敬意，所以又称"敬人距离"。

④ 公共距离。其距离在3米开外，适用于在公共场所同陌生人相处。它也被叫做"有距离的距离"。

（4）要做到"举止有度"　要在涉外交往中真正做到"举止有度"，需注意以下两个方面。

① 不要随便采用某些意在显示热情的动作。

② 不要采用不文明、不礼貌的动作。

7. 不必过谦

不必过谦原则的基本含义是：在国际交往中涉及自我评价时，虽然不应该自吹自擂，自我标榜，一味地抬高自己，但是也绝对没有必要妄自菲薄，自我贬低，自轻自贱，过度地对他人进行谦虚、客套。

8. 不宜先为

所谓"不宜先为"原则，也被有些人称作"不为先"的原则。它的基本要求是，在涉外交往中，面对自己一时难以应付、举棋不定，或者不知道到底怎样做才好的情况时，如果有可能，最明智的做法，是尽量不要急于采取行动，尤其是不宜急于抢先，冒昧行事。也就是说，若有可能的话，面对这种情况时，不妨先按兵不动，然后再静观一下周围之人的所作所为，并与之采取一致的行动。

"不宜先为"原则具有双重的含义。一方面，它要求人们在难以确定如何行动才好时，应当尽可能地避免采取任何行动，免得出丑。另一方面，它又要求人们在不知道到底怎么做才好而又必须采取行动时，最好先观察一下其他人的正确做法，然后加以模仿，或是同当时的绝大多数在场者在行动上保持一致。

9. 尊重隐私

我们在涉外交往中，务必要严格遵守"尊重隐私"这一涉外礼仪的主要原则。一般而论,在国际交往中,下列八个方面的私人问题,均被海外人士视为个人隐私问题。

① 收入支出。

② 年龄大小。

③ 恋爱婚姻。

④ 身体健康。

⑤ 家庭住址。

⑥ 个人经历。

⑦ 信仰政见。

⑧ 所忙何事。

要尊重外国友人的个人隐私权,首先就必须自觉地避免在对方交谈时,主动涉及这八个方面的问题。为了便于记忆,它们亦可简称为"个人隐私八不问"。

10. 女士优先

女士优先是国际社会公认的一条重要的礼仪原则,它主要适用于成年的异性进行社交活动之时。"女士优先"的含义是:在一切社交场合,每一名成年男子都有义务主动自觉地以自己的实际行动,去尊重妇女、照顾妇女、体谅妇女、关心妇女、保护妇女,并且还要想方设法,尽心竭力地去为妇女排忧解难。倘若因为男士的不慎,而使妇女陷于尴尬、困难的处境,便意味着男士的失职。

"女士优先"原则还要求,在尊重、照顾、体谅、关心、保护妇女方面,男士们对所有的妇女都一视同仁。

11. 爱护环境

作为涉外礼仪的主要原则之一,"爱护环境"的主要含义是:在日常生活中,每一个人都有义务对人类所赖以生存的环境自觉地加以爱惜和保护。

在涉外交往中,之所以要特别地讨论"爱护环境"的问题,除了因为它是作为人所应具备的基本的社会公德之外,还在于,在当今国际舞台上,它已经成为舆论倍加关注的焦点问题之一。

在国际交往中与此有涉时,需要特别注意的问题有两点。

第一,要明白,光有"爱护环境"的意识还是远远不够的,更为重要的是,要有实际行动。

第二,与外国人打交道时,在"爱护环境"的具体问题上要好自为之,严于自律。具体而言,中国人在涉外交往中特别需要在"爱护环境"方面倍加注意的细节问题,又可分为下列八个方面。

① 不可毁损自然环境。

② 不可虐待动物。

③ 不可损坏公物。

④ 不可乱堆、乱挂私人物品。

⑤ 不可乱扔、乱丢废弃物品。

⑥ 不可随地吐痰。
⑦ 不可到处随意吸烟。
⑧ 不可任意制造噪声。

12. 以右为尊

在正式的国际交往中，依照国际惯例，将多人进行并排排列时，最基本的规则是右高左低，即以右为上，以左为下；以右为尊，以左为卑。大到政治磋商、商务往来、文化交流，小到私人接触、社交应酬，但凡有必要确定并排列具体位置的主次尊卑时，"以右为尊"都是普遍适用的。

（二）商贸业务习俗

不同国家或地区的商人，有着不同的商务习俗，与他们做生意应充分了解这些习俗，并尽量去适应。

1. 欧美商贸业务习俗

欧美商人特别注重守时。在欧美地区无论哪个国家，与商人打交道时，最好是比约定的时间提前 5 分钟到达。如果你迟到，不管怎样解释也无法真正挽回失礼的印象。

欧美各国之间的商务习俗也各具特色，以美商和德商为例。美国商人独来独往，德国商人则总带助手；美国商人随约随往，一般不搞迎送，德国商人则要在阅读企业材料、认真看过样品后，才与你会晤，因此总会稍稍推迟约见日期；美国商人注重现实水平，德国商人却看重学术头衔；美国商人乐意尽快把项目敲定，德国商人却讲究形式，缺乏灵活性等。

"好的商人，不仅要熟悉商品，也要熟悉风土人情。"同在欧洲，英国人深沉，法国人浪漫，德国人严肃，而西班牙人的想法和行为相互有别，甚至大相径庭。在商务活动中，英国商人态度友好，讲究礼仪，但不喜欢别人直接称他们为"英国"人，叫他们"大不列颠"人则易于接受。与英商洽谈时，不要佩戴条纹领带，不要以英国皇家的私事为话题闲聊。法国商人谈判时，喜欢先就主要交易条件达成共识，而后才谈合同条文。他们习惯反复多次地涉及交易的全部内容。他们如与你约会，喜欢采用共进晚餐的方式。芬兰商人总喜爱以"桑拿"的方式与客人同庆合作成功，而且不喜欢客人的拒绝。在西班牙、挪威，成交后的客方应当懂得必须送礼的习俗，这是一种礼貌或者说是一道"手续"，在当地是合情合理又合法的。

欧美不少国家，如英国、法国、加拿大等国的机关、企业多在 7 月到 8 月间休息，洽商应尽量避开这个季节。此外，欧美地区圣诞节、复活节前后的一两周内，以及双休日都要尽量不安排或少安排商务洽谈活动。

2. 中东商贸业务习俗

中东国家多信奉伊斯兰教，其生活方式渗透到商务活动中就形成了非常独特的商务习俗。阿拉伯人的纪元是以公元 622 年为元年算起，使用的伊斯兰教历和公历不同，所以在与阿拉伯商人洽谈时要进行换算，别弄错了日子。一年一度的斋月中，商务活动照常进行，但商务宴请却必须在日落之后。因为宗教要求，伊斯兰教徒每天要面向麦加方位做5次祈祷，商务活动中也不例外。阿拉伯人不太注意守时，既不在意开始的时间，又不节制结束的时间。他们在约会时往往迟到，会谈中却延时。他们会因不断接待新的来访者，让你坐等20分钟，然后可能在同一个场合与不同的对手进行谈判，原定的会谈1小时，被拖长2~3个小时是常事。

阿拉伯人等级观念较明显，你想越过下级直接去找其上司，丝毫不能加快你办事的速度，甚至还可能事与愿违。在办公室或社交场合，喝茶或咖啡以3杯为限，多喝被认为是不懂规矩。若有人在你正谈话时介入，不必诧异，这是阿拉伯民族一种古老的"共同听政"习俗。

沙特人与人约会，一般只说从现在起几小时后，而不能说定几点钟。因为沙特习惯以日落时为零点，不同的地方因日落时间不同，会相差几十分钟（如首都利雅得比吉达市早约30分钟）。沙特是男女之间防范最严的国家，外国妇女申请入境非常困难。商谈前，不可贸然向外商的妻子问好。在禁忌方面，沙特严禁一切偶像，任何人不准携带雕塑、洋娃娃之类物品入境，连商店的服装塑料模特和十字路口的交通招贴画上的人像，都是无头的。他们忌用左手接拿物品。在沙特签署文件或合同，必须有两名沙特见证人在场方能生效。

与科威特人谈生意，多数是在饮酒中进行的。他们并不多说话，通过与对方饮酒，用酒杯来"说出"贸易语言，发表自己的意见。比如，科威特人表示愿意和你做生意时，就会频频举瓶为你斟酒，每次量不大，你也应为他倒酒表示回敬；如果他举杯要你饮酒，自己只饮一两口，又不喝干，则表示他愿意在价格上做些让步；表示达成协议时，就摆上两只酒杯，各盛上饮料和酒，双方各喝两杯，就可签约成交；相反，如果对方把一杯酒喝完后，再把酒杯扣在桌上，则生意告吹，准备告辞走人。所以去科威特商谈，既要懂他们的"酒语"，又要能陪他们喝酒，还不能因量小醉酒而误事。

总之，阿拉伯国家宗教禁忌颇多，这使得其他各地的商人深感不适。在中东经商，务必要尊重阿拉伯人的习俗，尤其是宗教习俗，只有这样才能减少麻烦，获得成功。

3. 亚太地区商贸业务习俗

亚太各国商务习俗大同小异。大多数商人都很客气，崇尚个人的谦恭和与集体的和谐，这实际上抑制了洽谈者个人的特征和情感。当然各国的习俗也不尽一致，所以应区别对待。

泰国商人是闲逸舒适的态度，对待生意漫不经心，也不太主动争取客户。这种商务方式被称为"卧着做生意"。泰国商人喜欢通过共进午餐来开展商务联系，以便能更多地了解你。许多地位高级的商人都有皇室头衔，并醒目地印在名片上，如P-O-C（国王的孙子）、M-R（国王孙子的孙子）等。你接过名片，应认真细读，并以头衔称呼他。泰国在圣诞节或每年 4 月的宋干节期间，商业部门大多是停止营业的，所以与泰国人做生意要先通过信函约定。泰商对你给孩子送小礼品十分欢迎。

马来西亚和新加坡的商人外出频繁，确定商务洽谈的时间，应至少提前一个月联系。若能找到熟人或由银行开份引荐信，会使你建立客户关系和安排约会更顺利，否则你会晤的请求将可能会没有答复。在这些国家洽谈商务需要有耐心，决策不但是缓慢的，而且还可能重新决策。比如价格已达成协议后，对方却试图就此再度协商，这是一种习俗，你不必感到吃惊。去马来西亚进行商务活动，应避开穆斯林斋月和华裔新年，时间最好选在每年的 3 月和 7 月。东南亚诸国近年来对环境保护和禁烟抓得都很认真，赴外洽谈经商时，应充分注意。

韩国近几年来工业发展快，商贸活跃。韩国商人在贸易谈判前，要对客人的情况作细致的了解，否则不轻易与对方坐到谈判桌前。韩国商人在谈判时多采用"声东击西""先苦后甜""以退为进"等策略，用率先忍让的假象去换取对手的让步。而他们自己，即使到了将近签约之时，也仍不放弃"再让价格"的要求。和日本商人相似，韩国商人也多行礼鞠躬。如果结束时鞠躬的时间长于开始的时间，且鞠躬的幅度也加大，则透露出他们对会谈进展是满意的；反之，则意味着会谈还有麻烦。韩国商人还针对不同的谈判对手，经常使用"疲劳战""限期战"等手法与对手周旋。

日本商人在与对方接触洽谈之前，习惯于先建立友好的往来关系。他们往往通过最初几次的会晤来揣摩对手。日商在早期和你见面时，一般不谈工作，而只是自我介绍、彼此引见、互换名片等。要等喝过几道茶，才会言归正传，而此时，他已通过"品茶"在"品你"了。比如，对方的地位、重要性和与谈判班子成员的工作关系等都是他们"品"的内容。日本人第一次洽谈时喜欢互赠礼品、礼物，你可以在还礼时回赠本公司的特色产品给他，但不必借机炫耀产品的商标。礼品的数量只可是三、五、七件，绝不要选四件。在接受日商的礼物时，一定要再三推谢之后才可收下，而再次相遇时，一定要重提和夸赞他送的礼物。根据日本的习俗，送礼时间最好是在年末或七月初的中元节。

日本商人很注意礼仪的运用，你也应当举止从容、态度谦恭。和日商洽谈，发言时要低姿态，施压对他们是不起作用的。阵容应从中级别开始，防止日商有压力感。向日商递名片时，不能倒拿，要让字正对着他递过去。名片最好一面印有日文。日商喜欢把谈判安排在晚上进行，而且持续到凌晨。他们认为"晚上最能了解人的灵魂"。日商谈判往往兴师动众，与欧美商人单车独马的风格不同。谈判中要注意日商的三种表现：第一，报以微笑，这只表示"我们还是朋友"，别无他意。所以日本商人虽然客气，但并不容易接近。第二，他们往往以长时间的沉默不语来思考，并借此考验对手的耐心和态度。这种沉默不是拒绝，也不是默认，而只是一种赢得时间和观察对手的策略。第三，日商的"嗨"只表示"听见了""知道了"，并不是表达"是的""对的"意思，只能理解为是一种礼貌的应和。

小 结

本次学习情境重点讲述了在对外交往中必须遵守的基本原则以及一些国家的礼仪风俗。主要介绍了外国人见面交往习俗及体态体姿习俗、外国的商贸业务礼仪。通过本次学习情境的学习,了解不同国家、不同文化背景下不同的礼仪习惯,这是涉外商务人员与外商合作的必要条件。

综合训练

一、案例分析

1993年,在新加坡旅游的美国人迈克·菲搞了一个恶作剧,在一辆私家车上喷洒油漆,然后又把西红柿、鸡蛋、奶酪等物扔在公共汽车上,并且砸坏了一辆车的车门和反照镜。不仅如此,他还偷盗了新加坡的国旗和公路上的一些交通设施。被抓住后,被一直以低犯罪率和花园城市著称的新方政府视为十分严重的行为,构成犯罪,必须施与鞭刑来惩治。随后新方法院就判处迈克·菲四个月监禁,罚款3500美元,并鞭打六下,其中鞭刑属于附加刑。这个判决一公布,立即引起了美国人的恐慌,毕竟美国人被其他国家施行鞭刑是极不光彩的事。"鞭刑,小人之刑也",这早已刻在了废除鞭刑国家的国民的心里。克林顿总统立即会晤新方高层领导,在总统的说情下,鞭刑被降至四下。在行刑的第二天,克林顿总统还耿耿于怀,一直宣称这种用鞭刑惩处一个异乡的人是"错误"的,然后,美国政府又向全国发出紧急通知,要求去新加坡旅游的人品性必须端正,没有不良行为前科。

为什么新加坡坚持实施美国人认为是"错误"的刑法?在国际交往中我们应该遵循哪些原则?

二、请你判断以下情境中人物做法的正误,并说明理由

1. 刘女士收到法国朋友送的一份礼物,非常高兴,表示感谢之后立刻打开礼物。( )

2. 王先生到泰国商人家做客,见到主人家的孩子,用手轻轻摸了一下孩子的头,称赞道:"您的孩子真可爱啊!"( )

3. 吴先生打算携带一个精美的洋娃娃去沙特阿拉伯,送给合作伙伴的千金。( )

4. 张先生在一商务场合遇到来自韩国的李女士,向她鞠躬问候。( )

5. 何先生去参加一个酒会,推开门后看见身后有两位女士,就拉着门请女士先进。( )

三、实训检测

实训内容:介绍某个国家的礼仪风俗。

实训要求:各小组搜集资料,完成PPT并展示出来。

考核项目	考核内容	分　值	实际得分
内容	内容丰富翔实	20	
	图片视频运用得当	20	
设计	版面设计和谐美观，布局合理	10	
	文字清晰、字体设计恰当、色彩搭配协调	10	
展示	语言表达清晰流畅	20	
	举止得体大方	10	
	表情自然	10	

参 考 文 献

[1] 何伶俐. 高级商务礼仪指南. 北京：企业管理出版社，2003.
[2] 金正昆. 商务礼仪. 北京：北京大学出版社，2004.
[3] 金正昆. 商务礼仪教程. 北京：中国人民大学出版社，2005.
[4] 金正昆. 涉外礼仪教程. 北京：中国人民大学出版社，1999.
[5] 黄琳主编. 商务礼仪. 北京：机械工业出版社，2005.
[6] 王水华主编. 公关与商务礼仪. 南京：东南大学出版社，2001.
[7] 普诚雨主编. 秘书礼仪基础. 北京：高等教育出版社，2004.
[8] 林友华主编. 社交礼仪. 北京：高等教育出版社，2003.
[9] 李莉主编. 实用礼仪教程. 北京：中国人民大学出版社，2002.
[10] 迟铭主编. 礼仪规范教程. 北京：高等教育出版社，2004.
[11] 何浩然主编. 中外礼仪. 大连：东北财经大学出版社，2002.
[12] 杨眉主编. 现代商务礼仪. 大连：东北财经大学出版社，2005.
[13] 李长禄，杨树枫主编. 职业形象设计与训练. 大连：大连理工大学出版社，2004.
[14] 王颖，王慧主编. 商务礼仪. 大连：大连理工大学出版社，2007.
[15] 张百章，何伟祥主编. 公关礼仪. 大连：东北财经大学出版社，2005.
[16] 李柠主编. 国际商务礼仪. 北京：中国财政经济出版社，1995.
[17] 李品媛主编. 现代商务谈判. 大连：东北财经大学出版社，1994.
[18] 萧玉倩编著. 餐饮概论. 长沙：湖南科学技术出版社，2001.
[19] 田晓娜主编. 礼仪全书. 西宁：青海人民出版社，2002.
[20] 张敬慈，罗健，刘一民编著. 公关礼仪. 成都：四川大学出版社，2003.
[21] 张桂蓉编著. 现代营销礼仪. 长沙：中南工业大学出版社，2000.
[22] 陆永庆等编著. 旅游交际礼仪. 大连：东北财经大学出版社，2001.
[23] 张文主编. 酒店礼仪. 广州：华南理工大学出版社，1997.
[24] 张彦，韩欲和主编. 涉外礼仪. 南京：译林出版社，1998.
[25] 张佳平主编. 出国人员实用礼仪手册. 北京：新时代出版社，2003.
[26] 张利民主编. 旅游礼仪. 北京：机械工业出版社，2004.
[27] 杨淑华等主编. 世界习俗面面观. 北京：中国国际广播出版社，1990.
[28] 李斌主编. 国际礼仪与交际礼节. 北京：世界知识出版社，1982.
[29] 杨允祚主编. 国际礼仪手册. 南京：江苏科学技术出版社，1989.
[30] 谭敏，唐苓主编. 国际社交礼仪. 北京：中信出版社，1990.
[31] 黄心川等主编. 世界三大宗教. 北京：三联书店，1979.
[32] 雷镇闻主编. 宗教概论. 郑州：河南人民出版社，1984.
[33] [美] G. G. 莱莉等主编. 国际流行婚礼礼仪. 汪沛霖等译. 上海：百家出版社，1994.
[34] [美] 罗杰·E·阿克斯特尔主编. 世界礼仪大观——身势语. 万明玉译. 上海：上海译文出版社，1998.
[35] [韩] 金永汉著. 三星销售人员五日集训. 广州：广东经济出版社，2005.
[36] 中国礼仪网. http://www.welcome.org.cn.
[37] 中华礼仪培训网. http://www.liyipeixun.org/.